ANTIGUAS RUTAS
DE
ASIA CENTRAL

ANTIGUAS RUTAS DE ASIA CENTRAL

BREVE RELATO DE TRES EXPEDICIONES POR EL INTERIOR DE ASIA

POR

AUREL STEIN

Ecos de Oriente

Título original: *On Ancient Central-Asian Tracks: Brief narrative of three expeditions in innermost Asia and northwestern China.*

Año original de publicación: 1933

Autor: Sir Aurel Stein

© 2023, de la traducción: Daniel Jorge Hernández Rivero

Todos los derechos reservados. Queda prohibida la reproducción total o parcial del contenido de esta obra sin autorización.

Primera edición: Julio 2023

© de esta edición: Ecos de Oriente

www.ecosdeoriente.com

ISBN: 978-1-7391512-3-2

Foto de cubierta: Aurel Stein y su grupo fotografiados durante su segunda expedición en el desierto al norte de Qira (o Chira), en China. Autor: Aurel Stein. Dominio público.

Nota sobre la edición

Es la misión de Ecos de Oriente publicar obras inéditas en español, de viajes y aventuras, siempre respetando la integridad de los textos originales. Sin perder de vista estos principios, en la presente edición se han incluido cambios para ayudar a la comprensión del relato, dichos cambios son:

- Conversión de unidades en el sistema anglosajón a unidades en el sistema métrico.

- Uso del sistema pinyin para la transcripción del chino (en vez de Wade-Giles), puesto que el uso del pinyin está muy extendido hoy día tanto en literatura como en prensa.

- Tanto la geografía como la configuración política del llamado Turquestán oriental (la actual provincia china de Xinjiang) han cambiado en el curso de los últimos cien años. En especial, muchos topónimos mencionados en el texto han desaparecido o caído en desuso. En la mayor parte de los casos se ha optado por mantener la toponimia del texto original, ya que varios cambios han tenido lugar después de que la primera edición en inglés fuera publicada en 1933.

- Se han añadido notas a pie de página donde se ha considerado oportuno (por ejemplo, para aclarar algún que otro topónimo). El original no incluía notas.

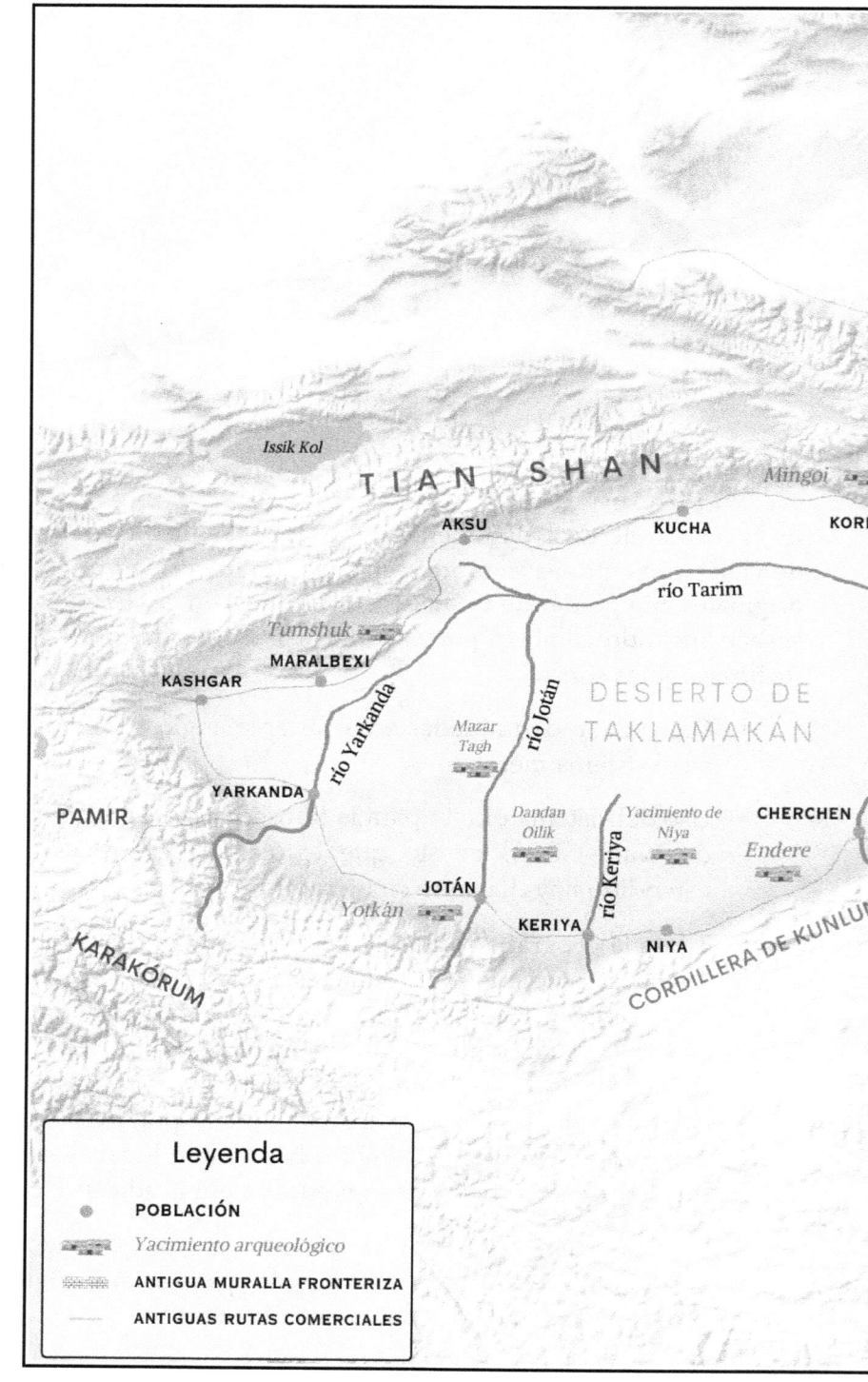

Expediciones de Aurel Stein (1900-1915)

Índice

Prefacio..11

1. Un vistazo general sobre el Asia más recóndito............................15
2. La expansión china en Asia central..29
3. A través del Hindukush hasta el Pamir y Kunlun.........................46
4. Primeras exploraciones en un yacimiento enterrado en la arena. 61
5. Descubrimientos en el yacimiento de Niya...................................79
6. Regreso al yacimiento de Niya y las ruinas de Endere................100
7. Las ruinas de Miran..115
8. Exploraciones en la antigua Loulan...137
9. Siguiendo la antigua ruta a través del mar desecado de Lop.....155
10. Descubrimiento de una antigua línea fronteriza........................171
11. Hallazgos a lo largo del antiguo *limes* chino.............................185
12. Los santuarios rupestres de los Mil Budas..................................203
13. Descubrimientos en una capilla oculta.......................................217
14. Pinturas budistas en las cuevas de los Mil Budas......................229
15. Exploraciones en la cordillera de Nanshan................................257
16. Del Etsin Gol al Tian Shan..264
17. Entre las ruinas de Turfán...275
18. Del Kuruk Tagh a Kashgar..293
19. De Kashgar al Pamir de Alichur...306
20. Por la parte alta del Oxus..321
21. De Roshán a Samarcanda..333

Prefacio

ESTE libro pretende presentar un relato sucinto de las exploraciones, tanto arqueológicas como geográficas, que tuve la suerte de llevar a cabo en el Turquestán chino y las partes adyacentes del Asia más remoto. Los años dedicados a duros viajes por esas regiones poco conocidas, de difícil acceso por sus características físicas, permanecen entre los recuerdos más felices de mi vida. Pero aún más agotadores y largos fueron los años necesarios para la elaboración de los abundantes resultados científicos que mis tres expediciones centroasiáticas aportaron.

Con la publicación de los relatos personales de los dos primeros viajes y de once pesados volúmenes de informes detallados en total, puedo creer que he cumplido con mi deber en materia de documentación. Pero con la excepción de *Ruins of Desert Cathay*, que contiene un relato completo de las experiencias personales en mi segunda expedición (1906-08), todas las publicaciones mencionadas han dejado de imprimirse hace mucho tiempo y ahora son difíciles de conseguir.

Desde que se publicó el último de aquellos trabajos, veintisiete años después de mi regreso del primer viaje, he podido dedicarme a nuevos campos de exploración arqueológica más al sur. Pero mis recuerdos de aquellos fructíferos años pasados en los desiertos y montañas del Asia más recóndito siguen estando tan frescos y entrañables como antes. Por eso, cuando el presidente de la Universidad de Harvard me invitó amablemente a pronunciar una serie de conferencias en el Instituto Lowell de Boston, aproveché gustoso la oportunidad que se me ofreció para describir los viajes y descubrimientos de aquellos años de forma condensada y adaptada a un público más amplio.

Teniendo en cuenta la gran extensión y el carácter variado de las exploraciones, habría sido aún más difícil lograr la condensación requerida si no hubiera podido ilustrar adecuadamente mi relato de las mismas en una pantalla. Esta necesidad se hizo sentir también al presentar aquí estas conferencias impresas con las adiciones y cambios adecuados. De ahí que deba sentirme agradecido por la perspicaz consideración de mis editores, que ha hecho posible proporcionar suficientes ilustraciones tanto de las escenas de mis exploraciones como de los fondos obtenidos de los antiguos yacimientos.

Antes de llevar al lector a la lejana región de Asia sobre la que se extendieron aquellas exploraciones, pareció necesario esbozar de modo general sus rasgos físicos característicos. Igualmente útil parecía hacer un recuento sumario de la historia de los últimos dos mil años de esa región, cuyo destino fue influenciado principalmente por su geografía. Para estos capítulos introductorios pude valerme en gran parte de lo que tuve ocasión de exponer en mi conferencia sobre «Asia interior; su geografía como factor de la historia», pronunciada en 1925 ante la Royal Geographical Society.

En el curso de tres largas expediciones llevadas a cabo sobre una vasta zona en la que las rutas practicables están limitadas por grandes obstáculos naturales, fue inevitable que consideraciones geográficas y tareas arqueológicas hicieran que ciertas partes de ella fueran visitadas por mí más de una vez. Esta circunstancia ha hecho aconsejable ordenar mi relato de las principales fases de mi trabajo exploratorio según las localidades que las presenciaron, en lugar de ceñirme a una estricta secuencia cronológica.

Los resultados de esas expediciones, que en total se prolongaron durante casi siete años, no habrían podido alcanzarse si yo no hubiera contado desde el principio, y durante todos los años que exigió el estudio y registro de los resultados, con la ayuda muy voluntaria y eficaz de muchas partes. Las publicaciones anteriores me han brindado la oportunidad de reconocer en detalle estas múltiples obligaciones. Aquí debo contentarme con un breve testimonio de gratitud.

Con el ilustrado apoyo del Gobierno de la India, al que tuve el privilegio de servir primero en su Servicio Educativo y más tarde en su Departamento de Arqueología, estoy en deuda por brindarme la libertad y los medios necesarios para llevar a cabo las tareas que he elegido. Las autoridades del Museo Británico, además de proporcionarme una parte del coste de mi segunda expedición, me prestaron una ayuda muy valiosa concediéndome alojamiento para el arreglo y estudio de las antigüedades traídas de todos mis viajes y permitiendo que expertos de su personal me ayudaran en estas tareas.

Desde el punto de vista geográfico, me siento muy en deuda con el Departamento de Topografía de la India, que me proporcionó sobre el terreno topógrafos indios bien formados y muy trabajadores, y publicó, con un gasto considerable, los resultados de los levantamientos topográficos, realizados por ellos bajo mi dirección y con mi ayuda, en grandes series sucesivas de mapas. En la misma dirección, el Consejo de la Royal Geographical Society me ha prestado en todo momento su generosa ayuda y estímulo, como lo demuestra la concesión en 1909 de la medalla de oro del fundador.

Me habría sido imposible hacer justicia al variado interés e importancia de las antigüedades descubiertas, que incluyen abundantes reliquias de antiguas artes y oficios, así como restos de manuscritos antiguos en una docena de lenguas diferentes, si un gran número de distinguidos eruditos orientalistas y estudiantes de arte oriental no me hubieran ofrecido su experta colaboración. Los nombres de estos valiosos colaboradores son demasiado numerosos para mencionarlos aquí. Así que debo contentarme con las referencias que se hacen en algunos capítulos a aquellos eruditos a los que se debe el esclarecimiento de clases particularmente importantes de hallazgos documentales.

En relación con el presente volumen, tengo que dejar constancia de mi especial agradecimiento al Gobierno de la India, y al Departamento de Educación, Tierras y Salud, por el permiso para utilizar aquí una selección de fotografías tomadas en mis viajes; así como al Alto Comisionado para la India en Londres, que autorizó la reproducción a partir de mis detallados informes —*Ancient Khotan; Serindia; Innermost Asia*— de láminas que ilustran ciertas antigüedades. Por el mapa aquí incluido, estoy agradecido al secretario de la Royal Geographical Society, que amablemente permitió que se reprodujera a partir del publicado con el artículo citado anteriormente en el Geographical Journal. Con respecto a la disposición de los materiales ilustrativos, me complace especialmente reconocer la misma valiosa ayuda que mi amigo artista y ayudante, el señor Fred H. Andrews, ha tenido la amabilidad de prestarme en todas mis publicaciones anteriores.

Durante los últimos treinta años, las tareas derivadas de los resultados de mis exploraciones me han impuesto prolongados periodos de trabajo de escritorio en la civilización, más exigentes para mí en algunos aspectos que los esfuerzos sobre el terreno. El hecho de que la mayor parte de este trabajo haya podido realizarse bajo el cuidado protector y el estímulo constante de esos amigos tan amables bajo cuyo techo siempre hospitalario escribo ahora, es una bendición por la que no puedo sentirme demasiado agradecido.

Aurel Stein,
Corpus Christi College, Oxford.
18 de septiembre de 1932.

CAPÍTULO I

Un vistazo general sobre el Asia más recóndito

Estos pasajes pretenden revivir fases características de aquellas exploraciones que tuve la suerte de llevar a cabo bajo las órdenes del Gobierno indio en tres expediciones sucesivas a las partes más recónditas de Asia. Estas expediciones se iniciaron en 1900-01 y continuaron de 1906 a 1908 y de nuevo de 1913 a 1916. En total, duraron cerca de siete años y me permitieron recorrer a caballo y a pie distancias que sumaron más de cuarenta mil kilómetros.

Los viajes realizados con tales métodos de locomoción casi arcaicos y a través de distancias tan grandes, tan prolongados en el tiempo y acompañados de estudios sistemáticos, proporcionaron los medios adecuados para familiarizarse con una región vasta en extensión y que presenta un interés excepcional tanto por sus características físicas como por los vestigios de su historia humana.

Las tierras fronterizas del Turquestán chino están ubicadas en la región del río el Oxus en el oeste y China al este. Aunque la mayor parte del territorio es desértico, tanto en las montañas como en las llanuras arenosas sin drenaje, este ha desempeñado un papel muy importante en la historia. Durante siglos sirvió de canal para el intercambio de las primeras civilizaciones de la India, China y el oeste helenizado de Asia, y dio lugar a un capítulo fascinante de la historia cultural del continente. Estas civilizaciones han dejado tras de sí abundantes huellas en forma de restos de todo tipo, que la aridez de la tierra ha contribuido a preservar para nosotros. La búsqueda de estos restos de civilizaciones antiguas, junto con los problemas planteados por las condiciones físicas actuales de la región, constituyeron el mayor incentivo de mis exploraciones.

Pero desde el punto de vista moderno, la importancia económica y política de esas tierras en el corazón de Asia es pequeña, y menor aún el interés por sus atractivos recursos naturales. Esto hace necesario, en primer lugar, familiarizar al lector con el carácter general de la región y facilitarle así la comprensión de las razones que explican su importancia en el pasado. Me propongo, por tanto, en los capítulos introductorios, ofrecer una visión resumida, a vista de pájaro, por así decirlo, de toda esa región y, a continuación, esbozar a grandes rasgos lo que sabemos de la historia de la que ha sido escenario.

La parte más recóndita de Asia de la que se ocuparon mis exploraciones puede describirse *grosso modo* como la que comprende esas vastas cuencas, elevadas y sin drenaje, que se extienden de este a oeste, casi hasta la mitad del cinturón central de Asia. Su borde longitudinal está bien definido en el norte por la gran muralla del Tian Shan, las «montañas celestiales», y en el sur por las cordilleras nevadas de Kunlun que dividen dichas cuencas del Tíbet. El límite oriental de la región puede situarse donde el Nanshan, a su vez una continuación del Kunlun, forma la divisoria de aguas hacia la zona de drenaje del océano Pacífico. Al oeste, linda con la poderosa masa montañosa del Pamir, llamada Imaos por los antiguos, que conecta el Tian Shan con el Hindukush y en sus flancos occidentales da lugar a la cabecera del río Oxus.

Al observar el mapa, bien podría parecer que esta vasta región hubiera sido concebida por la naturaleza para servir de barrera entre las tierras que han dado a nuestro globo sus grandes civilizaciones, en vez de facilitar el intercambio de sus influencias culturales. Porque dentro de esta zona, que mide unos dos mil cuatrocientos kilómetros en línea directa de este a oeste y, en su parte más ancha, más de ochocientos kilómetros de norte a sur, el suelo apto para la vida sedentaria se limita estrictamente a hileras de oasis, todos ellos, con unas pocas excepciones, comparativamente pequeños. El resto de esta zona está ocupado por enormes extensiones de desierto. Tanto si se extienden sobre altas cadenas montañosas, como sobre amplias franjas estériles de estribaciones con sus glacis de grava, o sobre llanuras invadidas por arenas movedizas, estos desiertos carecen casi siempre de agua.

Es esta extrema deficiencia de agua la que inviste, con mucho, la mayor parte de la zona que estamos considerando con el carácter de lo que puedo llamar «verdadero desierto». Hago hincapié en el epíteto «verdadero» para dejar bien claro que el terreno por el que tendré que pedir al lector que me siga difiere en gran medida de esos desiertos con los que las historias bíblicas, las descripciones de paisajes árabes, americanos o sudafricanos y similares han hecho que muchos de nosotros, en cierto sentido, estemos familiarizados. Estos «desiertos mansos», como me atrevería a llamarlos a modo de distinción, pueden impresionar al habitante de la ciudad, especialmente si viene de nuestros centros de humanidad congestionada, con su sensación de soledad, vacío y, permítanme añadir, paz. Pero los desiertos en los que tribus enteras pueden deambular durante largos periodos con la seguridad de encontrar agua y pastos para sus rebaños, al menos en ciertas estaciones regulares; donde las poblaciones expulsadas de sus asentamientos o acosadas por los enemigos pueden refugiarse con seguridad durante un tiempo, no son como los que tenemos ante nosotros en la mayor parte de la enorme cuenca entre el Tian Shan y el Kunlun.

La mayor parte de esta cuenca está ocupada por el desierto de Taklamakán, cubierto de dunas, y los yermos de costra dura de sal o arcilla erosionada por el viento del desierto de Lop, que se extienden casi ininterrumpidamente a lo largo de más de mil trescientos kilómetros de oeste a este. En ellos, la ausencia de humedad prohíbe no sólo la existencia humana, sino prácticamente toda vida animal y vegetal. Las condiciones son casi igual de prohibitivas en las altas montañas y mesetas del Kunlun. Allí, la vegetación sólo se encuentra a grandes alturas, donde la proximidad de los glaciares proporciona humedad y permite que la vegetación crezca durante unos pocos meses al año en condiciones semiárticas, o bien en el espacio extremadamente reducido que los arroyos alimentados por esos glaciares dejan en el fondo de las gargantas estrechas y profundas. Los oasis diseminados a lo largo de los bordes de esta cuenca y de las cuencas adyacentes hacia el este deben su existencia exclusivamente al agua arrastrada por estos arroyos, ya que en ninguna parte es posible el cultivo de ningún tipo a menos que el riego sea proporcionado por canales. Es evidente que la ausencia casi total de humedad atmosférica que tales condiciones implican resulta directamente de la posición geográfica de las cuencas. Basta echar un vistazo al mapa para darse cuenta de la inmensidad de las distancias que las separan por todos lados de los mares y de sus vapores vivificantes.

Donde la naturaleza ha sido tan cautelosa con los dones que crean los recursos necesarios para la existencia humana y favorecen la ocupación cercana, es obvio que el suelo, por extenso que sea, no puede ofrecer más que poca variedad de paisajes. Sin embargo, hay grandes accidentes geográficos que dividen este terreno en varias zonas bien marcadas, y nuestro rápido estudio debe tomarlas sucesivamente.

Podemos empezar por la barrera montañosa del oeste, no sólo porque fue desde ese lado desde donde la influencia más temprana del mundo clásico, de la India y de Persia pasó al interior de Asia y de ahí a China; sino también porque la barrera montañosa que hay que cruzar allí ha atraído más interés que el resto de las cordilleras circundantes. Me refiero a la gran cordillera meridional que, desde los altos valles abiertos adyacentes hacia el oeste, puede denominarse convenientemente Pamir. Une el Tian Shan, al norte, con el helado Hindukush al sur, y ya era conocido por los antiguos con el nombre de Imaos. En su obra *Geografía*, Ptolomeo la describe correctamente como la cordillera que divide las dos Escitas, *intra* y *extra* Imaón. Estos términos corresponden estrechamente a la Tartaria interior y exterior de la geografía de nuestros abuelos y encuentran sus equivalentes en el Turquestán ruso y el Turquestán chino de nuestros días. En esta cordillera se encuentra la divisoria de aguas entre las zonas de drenaje de los ríos Oxus y Tarim. Pero es interesante observar que la línea de mayores elevaciones, que culmina en picos que se elevan a más de siete mil quinientos metros de altitud, se extiende al este de la cuenca.

A los valles altiplánicos del Pamir, que se extienden al oeste de esta línea y que en su mayor parte están drenados por las cabeceras del Oxus y sus principales afluentes, no es necesario referirse más que de pasada. Los visitaremos en capítulos posteriores y entonces tendremos ocasión de mencionar las rutas que han servido desde la antigüedad como arterias para las relaciones comerciales y culturales que unen China, y la cuenca del Tarim, con la región del Oxus y de ahí con la India.

Si seguimos hacia el este las rutas que acabamos de mencionar, llegaremos, a través de tortuosos desfiladeros áridos, al margen occidental de la inmensa cuenca del Tarim. Antes de visitar el gran desierto de arenas movedizas del Taklamakán, que ocupa la mayor parte de la cuenca, podemos pasar a grandes zancadas por las grandes cadenas montañosas que la rodean, pues si no fuera por el agua que sus glaciares envían a la cuenca y que el río Tarim recoge antes de secarse en las marismas de Lop Nor, toda esta vasta zona estaría desprovista de vida.

En el flanco sur de la cuenca se extiende, en una línea ininterrumpida, la poderosa muralla montañosa del Kunlun. Partiendo de la ladera del Pamir, encontramos sus cordilleras apuntalando, por así decirlo, en varias altas cordilleras paralelas la gran cuenca cubierta de glaciares que el Karakórum forma hacia la cuenca del Indo. A través de estas cordilleras se abren paso el río Yarkanda y sus afluentes, principales alimentadores del Tarim. Los pastos que se encuentran en las cabeceras de sus valles son muy escasos y apenas alcanzan para los rebaños de algunos campamentos kirguises dispersos. Todas las rutas que suben por estos valles convergen en el paso de Karakórum. A una altitud de unos cinco mil quinientos metros sobre el nivel del mar, este paso es la única línea de comunicación practicable para acceder a Ladakh y al valle más alto del Indo. Pero no tenemos constancia de su uso en la antigüedad.

Más al este, el Kunlun levanta una barrera prácticamente impenetrable para cualquier tipo de tráfico. Los dos ríos que riegan el oasis de Jotán, el Kara Kash y el Yurung Kash, atraviesan efectivamente la cordillera principal más septentrional, que mantiene a partir de aquí una línea de cresta de casi seis mil metros a lo largo de una distancia de al menos quinientos kilómetros, pero su paso discurre en gran parte a través de desfiladeros extremadamente profundos y en su mayor parte bastante inaccesibles. Incluso allí donde se puede ganar terreno menos estrecho en la cabecera de sus valles, el carácter extremadamente accidentado de las laderas septentrionales de la cordillera revestida de glaciares bastaría para cerrar el paso a cualquiera que no fuera un montañero experto. Pero una barrera igual de grande es la carencia absoluta de recursos en la meseta tibetana sin drenaje, de una altitud media de cuatro mil a cinco mil metros, que colinda y se extiende a lo largo de muchas marchas hacia el sur. Carecen de pastos, combustible y, en muchos lugares, incluso de agua potable.

Muy diferente en carácter, y, sin embargo, casi igual de prohibitivo y estéril, es el aspecto que presentan las laderas exteriores del Kunlun sobre la sección Jotán de la cuenca. Aquí, al lado de amplias penillanuras cubiertas de loess, encontramos zonas donde la erosión ha producido un perfecto laberinto de crestas escarpadas y dentadas y profundas gargantas. Tal condición sólo puede deberse a la acción prolongada del agua, y, sin embargo, sólo en raras ocasiones estas laderas estériles, desprotegidas por la vegetación, reciben alguna fuerte caída de lluvia o nieve.

Al este de las tierras altas bordeadas de glaciares donde nacen las fuentes del río Yurung Kash, la cadena que domina la cuenca del Tarim sigue durante más de cuatrocientos kilómetros una tendencia hacia el noreste. A lo largo de toda la cadena, el pie de sus laderas septentrionales está formado por un glacis de grava de piedemonte, que alcanza en algunas partes una anchura de sesenta kilómetros o más, y en todas partes es completamente estéril.

Al sur del punto donde el curso terminal del Tarim gira y muere en los pantanos de Lop Nor, la muralla montañosa que rodea la gran cuenca reanuda su rumbo hacia el este y se hunde a un nivel más bajo. Lhasa está a más de mil kilómetros del pequeño oasis de Charklik, que corresponde al antiguo reino chino de Shanshan y es ahora prácticamente el único asentamiento permanente en esta parte de la cuenca del Tarim. Sin embargo, hay razones para creer que las rutas que descienden por aquí han servido en ocasiones para las invasiones tibetanas desde el sur y también para las incursiones nómadas. La humedad vivificante que puedan recibir los altos valles y mesetas hacia el Tíbet y Tsaidam, ya sea de las corrientes monzónicas que atraviesan la India o del lado del océano Pacífico, ciertamente no penetra hasta el extremo de la cuenca del Tarim al norte de esta parte de la cordillera circundante. Un glacis ancho y completamente estéril, en partes de grava desnuda, en otros lugares recubierto por grandes crestas de arena a la deriva, se extiende en este punto hasta ese enorme desperdicio de corteza de sal dura que marca el lecho seco del antiguo mar de Lop. Más adelante volveremos sobre este tema.

Al otro lado del extremo oriental de la cuenca del Tarim, el Kunlun se funde imperceptiblemente en el Nanshan, las «montañas del sur» de los chinos. En su parte occidental, donde el Nanshan domina la depresión del Sulo Ho a lo largo de más de trescientos kilómetros, sus laderas septentrionales, con su aridez y su erosión muy avanzada, reproducen fielmente las características físicas que ya conocemos del Kunlun.

Pero, al pasar al este de la depresión de Sulo Ho, en la parte central del Nanshan, la evidencia de un clima mucho más húmedo se manifiesta en un grado cada vez más llamativo. Este síntoma indica la proximidad de la zona de drenaje del Pacífico, que a lo largo del Huang He o río Amarillo se extiende a las partes adyacentes de la provincia de Gansú y a las tierras altas del noreste del Tíbet. Favorecida por la humedad que las corrientes de aire del océano Pacífico transportan en diferentes estaciones del año, la abundante vegetación cubre los valles desde los límites más occidentales del drenaje del río Suzhou. Para los ojos acostumbrados a la esterilidad del Kunlun es una experiencia impresionante ver el excelente pastoreo de verano que ofrecen los valles abiertos en las cabeceras de los ríos Suzhou y Kanchou,* a pesar de la gran elevación, en partes muy por encima de los tres mil metros. Aún más al sudeste, el aumento de la nieve y las precipitaciones permite el crecimiento de abundantes bosques en los valles drenados por el río Kanchou en la cordillera más septentrional del Nanshan.

Hemos llegado cerca de la divisoria de aguas de la región que el Huang He drena en el océano Pacífico, y, por lo tanto, a la frontera oriental de ese amplio cinturón del Asia más remoto con el que estamos tratando. Esto se hace evidente por el hecho de que, desde el borde del oasis de Kanchou hacia el este, las condiciones climáticas a lo largo del fértil pie del Nanshan permiten el cultivo sin irrigación y dependen únicamente de la lluvia y la nieve. Pero nada de esta humedad llega al océano.

Desde aquí debemos regresar para completar nuestro circuito de las montañas. Al oeste del Etsin Gol,† que lleva las aguas del Nanshan a una cuenca sin drenaje, se extienden las áridas cordilleras y mesetas del Beishan —las «montañas del norte»—. Éstas se funden con las cadenas de colinas igualmente áridas conocidas con el nombre turco de Kuruk Tagh, las «montañas secas». Éstas continúan el gran cinturón de tierra incapaz de albergar vida sedentaria o incluso ocupación nómada a lo largo de otros seiscientos cincuenta kilómetros hacia el oeste. Beishan y Kuruk Tagh forman conjuntamente una barrera, nunca inferior a trescientos kilómetros de ancho, entre los lugares más cercanos donde el cultivo es posible hoy en día.

En las porciones oriental y occidental de este «Gobi», pueden encontrarse pozos o manantiales salobres a intervalos poco frecuentes

---

* Actual Zhangye.

† Río conocido en la actualidad como río Ejin o Ruo Shui.

en las depresiones entre las cordilleras muy deterioradas, lo que hace practicable una travesía para pequeños grupos a la vez. Violentos vientos, principalmente del noreste y helados incluso a finales de la primavera, soplan a través de toda esta región a intervalos frecuentes y hacen que su cruce sea temido por los caminantes.

Al este del oasis de Hami* comienza la gran cadena montañosa del Tian Shan, las «montañas celestiales», que se extiende ininterrumpidamente hacia el oeste más allá de la cuenca del Tarim y forma su muralla septentrional. Varía considerablemente en altura y anchura, pero en todas partes constituye una línea divisoria fuertemente marcada, en el clima y todo lo que depende de él, entre esa gran cuenca y las regiones que colindan con ella hacia el norte. Éstas comprenden las amplias mesetas de Zungaria, que se extienden hacia el norte hasta el extremo sur de Siberia, así como grandes valles fértiles. Debido a un clima claramente más húmedo, el pastoreo se encuentra allí tanto en llanuras como en valles, y esto ha atraído en todo momento a oleadas de naciones nómadas, desde los hunos hasta los turcos y los mongoles.

A pesar de la continuidad de su muralla, la cordillera de Tian Shan ha ofrecido oportunidades a los vecinos nómadas del norte para realizar incursiones de saqueo en los oasis y rutas comerciales del sur. Estas oportunidades se deben a que la muralla montañosa está perforada a intervalos por pasos practicables durante una parte considerable del año por hombres montados a caballo o transporte.

Así, al suroeste de la depresión de Turfán, desciende desde las mesetas de pastoreo de Yulduz el amplio valle de Karashar, que ha servido en todo momento de puerta abierta para las incursiones nómadas en el extremo nororiental de la cuenca del Tarim. Más al oeste, observamos que en condiciones similares los grandes oasis de Kucha y Kashgar son igualmente susceptibles de ser atacados a través del Tian Shan.

De las barreras montañosas que encierran la cuenca del Tarim podemos pasar ahora a un estudio resumido de la propia cuenca. El

---

* Actual Kumul.

hecho de que se extienda de oeste a este sobre una distancia directa de unos mil quinientos kilómetros da una idea adecuada de sus vastas dimensiones. Su anchura máxima es de quinientos treinta kilómetros. Por vastas que sean estas dimensiones, la uniformidad de las condiciones reinantes facilita la observación a vista de pájaro de las diversas zonas representadas en esta cuenca y su breve descripción. La mayor de ellas, con mucho, es el enorme desierto central de dunas de arena desnuda, conocido popularmente como el Taklamakán.

Ninguno de los numerosos ríos que descienden del nevado Kunlun logra abrirse paso a través del Taklamakán, excepto el río Jotán, y eso sólo durante algunos meses de verano. Todos los demás se pierden en este «mar de arena» a mayor o menor distancia de la línea que ocupan los oasis o las zonas de vegetación desértica con las que colindan. Pero, en tiempos históricos, algunos de estos cursos fluviales terminales llevaban sus aguas bastante más al norte. Los antiguos yacimientos que he explorado en el Taklamakán lo demuestran de forma concluyente.

Estas exploraciones me han familiarizado con la uniformidad que prevalece en el carácter de este enorme desierto, probablemente el más formidable de todos los desiertos cubiertos de dunas de este globo. Tanto si el viajero se adentra en él desde el borde de las tierras cultivadas de los oasis, como si lo hace desde los cinturones selváticos a lo largo de los lechos fluviales, atraviesa primero una zona de vegetación desértica, en su mayor parte en forma de tamariscos, álamos silvestres o juncos, que sobreviven en medio de arenas bajas a la deriva. Una característica muy peculiar e interesante de esta zona son los «conos de tamarisco», montículos de forma cónica, a menudo muy juntos. La lenta, pero constante acumulación de arena a la deriva alrededor de los tamarindos, al principio bastante bajos, los ha ido formando a lo largo de los siglos hasta alcanzar alturas de quince metros o más. Más lejos, en el Taklamakán, sólo emergen de las dunas troncos de árboles marchitos y blanqueados, muertos desde hace siglos, o conos de arena con tamarindos de los que ha desaparecido la vida incluso en su parte superior. Éstos también desaparecen finalmente entre acumulaciones de arena totalmente desnuda, que en algunos lugares se amontonan en crestas que se elevan treinta metros o más.

Es la erosión de los vientos la que produce el material que compone estas dunas, todo arcilla fina desintegrada y en sí misma perfectamente fértil. Los vientos que durante una parte considerable del año soplan con gran fuerza a través de la cuenca del desierto, especialmente desde el noreste, erosionan constantemente la superficie del suelo arcilloso blando, dondequiera que haya una superficie desnuda de tierra no cubierta por dunas o protegida por la vegetación del desierto. En los antiguos yacimientos del desierto, todas las ruinas de viviendas o incluso los restos de antiguos huertos y glorietas ocupan a menudo terrazas en forma de isla que se elevan por encima del suelo desnudo erosionado por el viento. Los escombros de los muros o los troncos caídos de los árboles habían protegido el suelo de la erosión y conservado así el nivel original, mientras que el terreno circundante se iba excavando a su alrededor cada vez más bajo.

La posibilidad de un asentamiento humano permanente en la cuenca del Tarim se limita a la pequeña zona de oasis que queda entre el Taklamakán y las cordilleras que lo rodean. Debido a la extrema aridez, el cultivo depende totalmente del riego por canales. La misma carencia de humedad atmosférica limita el pastoreo a las estrechas franjas de selva ribereña. Esto explica por qué las grandes tribus migratorias de wusun, sakas, yuezhi, hunos, turcos, mongoles y demás, que durante los últimos dos mil años estuvieron en posesión sucesiva de las laderas septentrionales del Tian Shan, estuvieron siempre dispuestas a asaltar o hacer tributarios los oasis de la cuenca del Tarim, pero nunca cruzaron la cordillera para ocuparla permanentemente. Para ellos la vida laboriosa y estrechamente circunscrita del agricultor en estos oasis irrigados no podía ofrecer sino poca atracción mientras hubiera grandes campos de pastoreo abiertos que mantener o conquistar.

El terreno cultivado dentro de la cuenca del Tarim nunca podría haber tenido más que una proporción extremadamente pequeña con respecto a la extensión del desierto absoluto que comprende. Como muestra el mapa, los oasis verdes de la cuenca parecen meras manchas y salpicaduras en el gran lienzo amarillo y marrón claro que constituye el desierto. La aridez del clima explica la sorprendente uniformidad de las condiciones físicas que prevalecen en todos estos oasis. Cualquiera que sea su posición o tamaño, el viajero ve por todas partes los mismos campos de trigo, maíz o algodón ligeramente aterrazados para el riego; las mismas callejuelas serpenteantes bordeadas de álamos y sauces blancos; las mismas pequeñas glorietas o huertos que invitan con su sombra y su abundante producción de frutas europeas.

Dentro de la cuenca del Tarim nos queda por visitar la depresión terminal de Lop en su extremo oriental. El rasgo central y geográficamente más llamativo de esta depresión es el gran lecho marino incrustado de sal que, según nuestros estudios, se extiende a lo largo de ciento sesenta kilómetros de suroeste a noreste, con una anchura máxima de unos noventa kilómetros. Esto marca la posición de un mar salado prehistórico que fue alimentado por el drenaje de la cuenca del Tarim cuando el clima de Asia central era más húmedo. Cuando los chinos lo conocieron, hace más de dos mil años, ya presentaba el mismo aspecto inhóspito que en la actualidad. Pero en el terreno, ahora igualmente sin vida, que linda con este mar desecado por el noroeste, todavía se pueden rastrear, en una zona de arcilla desnuda invadida por arena ligera a la deriva y ahora sometida a una excesiva erosión eólica, una serie de lechos fluviales secos bien marcados. Nuestros estudios han demostrado que pertenecen a un antiguo delta formado por el desecado Kyruk Darya, el «río seco». Este, durante los primeros siglos antes y después de Cristo, transportaba las aguas del río Konche, que drena el valle de Karashar, junto con aguas del Tarim, hasta el territorio entonces parcialmente ocupado de la antigua ciudad de Loulan. En los últimos años, un notable cambio hidrográfico ha devuelto estas aguas a una parte considerable de este desolado territorio.

Abundantes pruebas arqueológicas, sacadas a la luz en varios yacimientos en ruinas de Loulan, desde que el doctor Hedin descubriera uno de ellos por primera vez, permiten asegurar que las aguas del Kyruk Darya alcanzaron aquí un antiguo oasis terminal hasta principios del siglo IV d. C. A través de esta tierra antaño habitable, y a través de la difícil extensión incrustada de sal del mar desecado más allá de ella, había pasado la más antigua ruta china que conducía desde el canal del Sulo Ho a la cuenca del Tarim. En un capítulo posterior describiré el aspecto verdaderamente prohibitivo de este terreno, ahora completamente inerte, y daré cuenta de las difíciles exploraciones mediante las cuales pude rastrear los vestigios de la antigua ruta a través de este formidable desierto.

Esta antigua ruta china cruzaba el lecho marino incrustado de sal al este de Loulan y luego giraba por una depresión parecida a un valle hacia el noreste. Esto nos lleva a través de un lecho de lago seco rodeado por un laberinto de terrazas de arcilla fantásticamente erosionadas hasta la parte más baja de la cuenca del Sulo Ho, que contiene el delta de este río y sus actuales marismas terminales.

Deshabitada, excepto por el oasis de Dunhuang y algunos oasis menores, la cuenca del Sulo Ho no necesita detenernos mucho tiempo, pues a pesar de su extensión de unos trescientos cincuenta kilómetros de este a oeste, sus características naturales son notablemente uniformes, como lo fue su papel a lo largo de la historia. Su importancia radica en que, flanqueada por altas montañas en el sur y desiertos en el norte, forma un «corredor» natural que conduce desde el noroeste de China hasta Asia central. En un capítulo posterior describiré cómo descubrí y exploré las ruinas del antiguo *limes* chino, o línea fronteriza fortificada destinada a proteger este corredor.

Más allá de la cuenca del Sulo Ho, en el famoso Paso Jiayuguan de la Gran Muralla china, llegamos a la más oriental de las zonas no drenadas que nos ocupan. Se extiende desde la cabecera del río Kanchou y la cuenca del Pacífico en el sureste hasta los lechos pantanosos de los lagos en los que desemboca el Etsin Gol, que lleva las aguas unidas de los ríos Suzhou y Kanchou.

Al descender por la cordillera de Nanshan, en el extremo septentrional, a través de valles que la humedad del Pacífico ha cubierto de abundantes bosques, llegamos a un amplio cinturón de fértiles abanicos aluviales que se extienden a lo largo del pie de la cordillera, a una altitud de entre mil y mil quinientos metros. Debido a sus características físicas favorables, este cinturón estaba destinado a convertirse en una «tierra de paso» muy importante en la historia de China y Asia central.

CAPÍTULO II

La expansión china en Asia central y el contacto entre civilizaciones

CON el repaso de las tierras al norte del Nanshan al que nos ha llevado el capítulo anterior, hemos completado nuestro estudio de la vasta región que durante casi mil años sirvió como escenario principal de ese importante proceso histórico, la temprana intersección de las civilizaciones del Lejano Oriente, India y Occidente. Es desde este lado del área estudiada que podemos comenzar la rápida revisión de las principales fases de la historia política de toda la región que es necesaria para la correcta apreciación de ese gran proceso. Afortunadamente, podemos conocer las primeras fases a partir de una fuente muy fiable y precisa, los anales dinásticos chinos.

Los esfuerzos continuados durante siglos para proteger el imperio de esos vecinos siempre amenazadores, los hunos, del lado de Mongolia, condujeron a la conquista, bajo el gran emperador Wu (140-87 a. C.) de la dinastía Han, de las laderas septentrionales del Nanshan. Puede decirse que la historia comienza con la aventurera misión centroasiática de Zhang Qian. Alrededor del año 138 a. C., el emperador Wu de Han envió a este joven oficial a la tribu de los yuezhi, que más tarde se convertirían en los gobernantes indoescitas del noroeste de la India. El objetivo era obtener su ayuda contra esos enemigos históricos de China, los xiongnu, destinados a aparecer más tarde como los hunos en la historia europea. Estas poderosas tribus nómadas, unidas en una gran confederación, habían hostigado durante siglos desde el lado de Mongolia las marchas septentrionales del imperio. Los yuezhi, a quienes habían expulsado unos veinte años antes de sus antiguos asentamientos a lo largo del pie septentrional del Nanshan, habían emigrado lejos hacia el oeste y establecido un nuevo reino en el Oxus, en lo que hasta hacía muy poco era el territorio de Bujará. Cuando Zhang Qian, tras muchas pruebas y dificultades, incluido un cautiverio de diez años entre los hunos, llegó por fin a los yuezhi, se negó a dar marcha atrás y vengarse de los hunos. Aunque la misión encomendada a Zhang Qian fracasó en su objetivo principal, estaba destinada a abrir una nueva época en las relaciones económicas y políticas de China con el mundo exterior.

Zhang Qian, tras una ausencia total de trece años, logró regresar a China a través de la cuenca del Tarim, con sólo un compañero superviviente de los cien con los que había partido. Trajo información precisa sobre los países centroasiáticos que había atravesado, incluyendo en el oeste los ricos territorios correspondientes a las actuales Ferganá, Samarcanda, Bujará y Balj, así como sobre las regiones aún más lejanas de Persia y la India. Fue él quien reveló por primera vez a los chinos la existencia de grandes poblaciones civilizadas más allá del anillo de tribus bárbaras por las que estaban cerradas todas sus fronteras terrestres. El emperador Wu se dio cuenta rápidamente de la gran importancia de asegurar el acceso a estas poblaciones para el comercio y la ayuda militar, y el estado de consolidación interna que aseguró el reinado de este monarca capaz y enérgico, favoreció singularmente la expansión.

Al principio, el objetivo declarado de esta política era abrir el camino que conducía a través de la cuenca del Tarim a los grandes territorios de la región del Oxus. El dominio de los hunos en las laderas septentrionales del Nanshan bloqueaba el acceso a la verdadera vía de la naturaleza desde China hasta las tierras pobladas de Asia occidental. Así que el esfuerzo chino se dirigió contra ellos. Y aquí la fortuna de la guerra pronto recompensó los persistentes esfuerzos del emperador Wu. Tras una serie de exitosas campañas, los territorios que corresponden a las actuales Liangzhou* y Kanchou fueron liberados de la dominación huna en 121 a. C. Finalmente, los hunos se vieron obligados a retirarse al norte del desierto, y en 115 a. C. el control de la frontera recién asegurada se unió bajo el mando con sede en Jiuquan.

Este avance militar a lo largo de la gran vía hacia Asia central fue acompañado de una rápida organización de misiones políticas chinas a los diferentes estados, tanto dentro de la cuenca del Tarim como más allá, incluso hasta Bactriana y Persia. Su objetivo era impresionar a los estados con el poder de China y su riqueza industrial. No cabe duda de que entre los productos industriales chinos transportados por estas misiones destacaban los finos tejidos de seda que empezaron a llegar al Mediterráneo a través de Partia y Siria, y que pronto llevaron la fama de los «seres tejedores de seda», es decir, los chinos, a los grandes centros de la civilización griega y romana. Es fácil darse cuenta de la importancia económica de este comercio de seda para China, ya que durante siglos la producción de seda siguió siendo su monopolio celosamente guardado.

El pionero de la expansión de China hacia el oeste, dignamente honrado por el emperador con el alto rango del «gran viajero», murió aproximadamente un año después de su regreso de la primera de esas misiones en 115 a. C. Pero las relaciones de las que había sido pionero se desarrollaron y aumentaron rápidamente, hasta que las embajadas asistidas por varios cientos de hombres se sucedieron a lo largo de la ruta.

En interés del desarrollo de los recursos internos de China, era muy importante utilizar la ruta recién abierta para el acceso directo a nuevos mercados para los productos industriales de China, y en particular para los más valiosos de ellos, sus textiles de seda. De hecho, existen numerosas pruebas en los documentos chinos que demuestran que el gran movimiento hacia el oeste iniciado por el emperador Wu de Han respondía tanto a consideraciones económicas relacionadas con el comercio como a objetivos políticos. Pero incluso si no

* Hoy día Liangzhou es un distrito de la ciudad de Wuwei.

hubiera existido el deseo de obtener aliados contra los temidos hunos en tribus belicosas como los yuezhi y los wusun al norte del Tian Shan, los problemas derivados de las relaciones recién establecidas con Occidente pronto habrían forzado al gobierno chino a una expansión política y militar en la misma dirección. No pasaron muchos años antes de que las misiones chinas en su camino a través de la cuenca del Tarim sufrieran graves problemas por parte de los jefes y habitantes de pequeños territorios que les cortaban el suministro de alimentos, obviamente con fines de chantaje, o directamente les atacaban. Peor aún, el poder de los hunos al norte del Tian Shan permanecía intacto, y pequeñas partidas de estos formidables jinetes a veces «interceptaban a los enviados que se dirigían al oeste» cuando pasaban por Loulan o Lop.

Así, se hizo patente muy pronto la necesidad de protección militar más allá del territorio recién conquistado a lo largo del pie septentrional del Nanshan. Los chinos tampoco estaban desprevenidos. Inmediatamente después de la primera conquista de ese gran «corredor» natural, habían empezado a establecer colonias militares a lo largo del mismo y a construir una muralla que extendía hacia el oeste la línea fronteriza defensiva de la Gran Muralla que Qin Shi Huang, el predecesor de la dinastía Han, había creado para protegerse de las incursiones de los hunos.

No cabe duda de que esta extensión occidental de la anterior Gran Muralla tenía como principal objetivo proteger la recién abierta vía principal hacia Asia central. Sin embargo, mientras que la Gran Muralla de Qin Shi Huang parece haber tenido ese carácter puramente defensivo que estamos acostumbrados a asociar con la conocida muralla china de construcción medieval tardía, la muralla del emperador Wu de Han estaba destinada a servir como instrumento de una «política de avance» concebida a gran escala. La analogía que ofrece con los anteriores sistemas del *limes* en las fronteras del Imperio romano es muy sorprendente. En un capítulo posterior describiré los interesantísimos restos de este antiguo *limes* chino que pude rastrear y explorar a lo largo de una distancia total cercana a los seiscientos kilómetros.

Los acontecimientos se precipitaron. Como ocurre a menudo en la historia, los objetivos del avance pacífico en interés del comercio y las relaciones civilizadas exigieron en poco tiempo el apoyo de la influencia política y la acción militar. No era raro que la bandera tuviera que proteger el comercio. Desde el principio, la política china de expansión centroasiática parece haber fijado sus esperanzas de un comercio rentable mucho más en los grandes y fértiles territorios de lo que hoy es el Turquestán ruso que en los dispersos y comparativamente pequeños oasis de la cuenca del Tarim. Pero las distancias que separaban China de estos territorios occidentales de Asia central eran grandes. Confiando en la protección que les brindaban, los habitantes de Ferganá trataron durante un tiempo a las misiones chinas con escasa consideración. En un triste episodio, robaron y mataron a unos enviados imperiales que habían sido enviados para conseguir una famosa raza local de caballos para su amo.

El prestigio chino exigía un castigo rápido por semejante ofensa, por lo que en 104 a. C. se envió una expedición punitiva contra Ferganá, que terminó en un completo fracaso. La gran fuerza se agotó por las dificultades de la ruta seguida a través del «pantano salado», es decir, el lecho seco del mar salado de Lop, y por la falta de suministros más allá, mucho antes de que sus supervivientes llegaran a Ferganá. Allí fue completamente derrotada mientras sitiaba una ciudad. Cuando en su retirada alcanzó Dunhuang, se nos dice que «sólo quedaban uno o dos de cada diez soldados». Para reparar tan señalada derrota, se agotaron todos los recursos del Imperio. En 102 a. C., el general chino Li Guangli pudo partir de nuevo de Dunhuang con un nuevo ejército de sesenta mil hombres, apoyado por una enorme caravana y un comisariado.

Esta vez el poder de la organización inteligente china triunfó sobre todas las dificultades de la naturaleza. La fuerza de treinta mil hombres con la que el general chino llegó a la capital de Ferganá bastó para asegurar la victoria y la sumisión de su pueblo. El prestigio de China se vio tan reforzado por esta gran hazaña que todos los pequeños estados de la cuenca del Tarim aceptaron la soberanía imperial. A partir de entonces, el control chino de las grandes vías naturales, proporcionadas por las cadenas de oasis de la cuenca del Tarim, permaneció prácticamente ininterrumpido durante más de un siglo, hasta que el desorden interno en China provocó la caída de la antigua dinastía Han poco después del comienzo de nuestra era.

Este prolongado mantenimiento del control chino se debió mucho más a la exitosa diplomacia de los representantes políticos del imperio en estos territorios, y al prestigio basado en la superior civilización china, que a la fuerza de las armas. Por las referencias de los autores clásicos a las famosas «fabricaciones de seric», es decir, las sedas, sabemos que estos productos de la habilidad industrial china viajaron entonces hacia el oeste en un flujo ininterrumpido. A cambio, China debió de recibir, sobre todo del Irán oriental, muchos de los artículos de origen extranjero, tanto naturales como manufacturados, cuya introducción desde Occidente se puede rastrear claramente en los registros literarios chinos.

Es al mismo periodo de la «ruta abierta» a través de Asia central que podemos atribuir con seguridad las etapas iniciales de esa estrecha mezcla de influencias culturales de China, Persia y la India que las exploraciones arqueológicas en los antiguos sitios de la cuenca del Tarim han revelado tan claramente como el rasgo característico de la civilización que prevaleció en toda esa región durante la época premahometana. Es cierto que los primeros vestigios de esa civilización que han salido a la luz no se remontan tan lejos. Pero hay muchas razones para creer que el pueblo que cultivaba los oasis de la cuenca del Tarim, en la época en que se abrió por primera vez esa gran vía entre China y Occidente, era de la misma raza y hablaba igual que aquellos cuyos documentos y restos literarios, escritos principalmente en una variedad de lenguas indoeuropeas, hemos recuperado de ruinas abandonadas desde el siglo III d. C. en adelante.

En aquella región excepcionalmente árida, las condiciones climáticas sólo permitían la existencia de comunidades comparativamente grandes sobre la base de un sistema de regadío altamente organizado. Una población tan sedentaria y dependiente de un régimen ordenado era especialmente apta para la absorción y transmisión de influencias culturales procedentes tanto de Extremo Oriente como de Occidente. En otros aspectos, la geografía también parece haber preparado singularmente la cuenca del Tarim para este principal papel histórico. Al negar tierras de pastoreo a la vasta cuenca entre Kunlun y Tian Shan, la naturaleza la había protegido para que nunca se convirtiera en escenario de grandes movimientos migratorios y de las convulsiones que inevitablemente los acompañan.

Los hunos del norte seguían siendo vecinos peligrosos, pues bloqueaban la ruta a lo largo del pie septentrional de la cordillera de Tian Shan. Sin embargo, alrededor del año 60 a. C., los chinos se hicieron también con la posesión de la pequeña cuenca periférica de Turfán, que contenía una extensión bien cultivada al sur del Tian Shan oriental, y se aseguraron así una importante protección de flanco para la gran ruta comercial que conducía a través de los oasis al norte del Taklamakán.

La línea alternativa de comunicación a lo largo del borde meridional de la cuenca, más allá de Cherchen[*] y Jotán, estaba eficazmente protegida del peligro de agresión nómada por la poderosa barrera del Kunlun, y aún más, quizás, por la absoluta esterilidad de la alta meseta tibetana que colinda con ella. No fue hasta unos ocho siglos más tarde, después de que el Tíbet hubiera pasado de ser un conglomerado de tribus bárbaras a un estado centralizado de poder militar, cuando el Turquestán oriental experimentó una invasión desde ese lado.

Es necesario tener bien presentes la importancia y las ventajas excepcionales que la cuenca del Tarim poseía para los chinos como línea de paso segura para el comercio y la expansión política hacia el oeste, si queremos comprender las razones que les indujeron a afrontar y superar las prohibitivas dificultades naturales que dificultaban el acceso a ella a través del desierto de Lop. Las exploraciones lleva-

---

[*] Actual Qiemo.

das a cabo durante mis campañas de invierno de 1907 y 1914 me permitieron trazar la ruta utilizada para las empresas del emperador Wu de Han a través de los formidables yacimientos de arena, grava desnuda y sal que fueron atravesadas. En los capítulos octavo y noveno daré cuenta de estas exploraciones y describiré con cierto detalle los interesantes descubrimientos que nos acompañaron en aquel terreno verdaderamente prohibitivo.

Las relaciones así establecidas a través de Asia central sufrieron su primera interrupción hacia el principio de nuestra era a causa de la rápida decadencia del orden interno que tuvo lugar en China durante los breves reinados de los dos últimos emperadores de la antigua dinastía Han (años 6 y 5 a. C.). Con el consiguiente debilitamiento del control chino en la cuenca del Tarim, «los principados de los territorios occidentales», se nos dice en los *Anales de los últimos Han*, «se dividieron y formaron cincuenta y cinco territorios». Durante unos sesenta años, la cuenca del Tarim estuvo abandonada a la merced los hunos, hasta que por fin la necesidad de proteger eficazmente sus fronteras noroccidentales de las incursiones de los hunos obligó al Imperio chino a emprender de nuevo una «política de avance» en Asia central.

El primer movimiento realizado en el año 73 d. C. bajo el emperador Ming se dirigió directamente contra los hunos con la toma de Hami. Este oasis, de gran importancia estratégica, era la clave de la «ruta del norte» que pasaba por el pie del Tian Shan oriental y por la depresión de Turfán. Estaba destinado por la naturaleza a servir de camino más fácil hacia la cuenca del Tarim, siempre que pudiera protegerse de los ataques nómadas desde el otro lado del Tian Shan. Pero el primer esfuerzo chino fracasó, y los chinos no volvieron a ocupar Hami hasta trece años más tarde.

Entretanto, la cuenca del Tarim se había convertido en el escenario de acontecimientos que, a la postre, colocaron al Imperio de nuevo en posesión indiscutible de ese gran pasaje de tierra. Mediante una serie de notables hazañas, el famoso Ban Chao, el más grande de los soldados-estadistas que jamás haya servido a la política centroasiática de China, logró restablecer la autoridad imperial efectiva en toda la cuenca del Tarim. Comenzando por la vieja ruta del desierto desde el lado de Lop, fue ganando poco a poco el dominio sobre los jefes de Jotán, Yarkanda y Kashgar, no tanto por la fuerza de las armas como por un audaz farol y una hábil diplomacia. La máxima de Ban Chao, según declaró él mismo en un interesantísimo memorial al emperador, era «utilizar a los bárbaros para atacar a los bárbaros».

Como consecuencia de los triunfos de Ban Chao, la influencia política china se extendió hacia el oeste, incluso más allá del Pamir. Se establecieron relaciones diplomáticas con los partos y se buscó el contacto directo con la lejana Daxin, o Siria, por medio de una misión que en el año 97 parece haber llegado hasta el golfo Pérsico. En 102 d. C., cuando Ban Chao, ya anciano y cargado de honores imperiales, regresó a la lejana capital para terminar allí sus días, puede decirse que el prestigio y el poder chinos en Asia central habían alcanzado su punto culminante. Es en esta época cuando podemos suponer que *Scythia extra Imaón*, o la cuenca del Tarim, fue recorrida por los agentes comerciales de aquel mercader macedonio, Maës Titianus, cuyos informes permitieron a Marino de Tiro y, a través de él, a Ptolomeo, el geógrafo alejandrino, proporcionarnos información sobre la ruta seguida por las caravanas que llevaban a Occidente la seda de la lejana Serike, la tierra de los Seres, es decir, China.

Pero las incursiones de los hunos y las revueltas locales pronto empezaron a cambiar las condiciones favorables a las relaciones pacíficas. El prestigio imperial decayó gradualmente en las regiones occidentales durante el siglo de creciente debilidad interna que precedió a la caída final de la dinastía, en el 220 d. C., mientras que el comercio de la seda con el Imperio romano se dirigía cada vez más hacia la ruta marítima, que para entonces se había abierto a través del océano Índico y el mar Rojo.

El periodo histórico de los Tres Reinos que siguió a este acontecimiento vio a China dividida entre dinastías rivales. No era probable que China mantuviera un control efectivo sobre toda la cuenca del Tarim en aquellos tiempos turbulentos. Sin embargo, hay pruebas de que esos territorios seguían abiertos al comercio y a las influencias culturales tanto de Oriente como de Occidente. Las pruebas a las que aludo las aportan, afortunadamente, los abundantes restos de dos yacimientos en ruinas muy interesantes que he podido explorar. Me refiero al antiguo asentamiento sacado a la luz en las arenas del desierto, más allá de la desembocadura del río Niya, y a las ruinas de la antigua estación china de Loulan y sus alrededores. En los capítulos quinto, sexto y séptimo, tendré ocasión de tratar con cierta extensión los múltiples e interesantes aspectos de las condiciones de vida y administración que han revelado los abundantes descubrimientos realizados allí. En ambos yacimientos tenemos pruebas concluyentes de que la ocupación continuó hasta aproximadamente finales del siglo III de nuestra era y luego cesó por completo.

En el yacimiento de Niya es particularmente fácil reconstruir las condiciones de vida que allí se llevaban. La cuidadosa construcción de las casas que ocupaban los funcionarios locales o los terratenientes, los restos de muebles y utensilios domésticos de buena factura, así como los objetos de arte decorativo en forma de finas tallas de madera, etcétera; atestiguan un estado de civilización muy desarrollado. Los productos de la artesanía industrial local muestran claramente la prevalencia de una fuerte influencia helenística transmitida desde el este de Irán y las fronteras noroccidentales de la India.

Los hallazgos de objetos de culto budista demuestran con certeza que el budismo ya había adquirido en aquella época una posición predominante en la vida religiosa e intelectual de la población indígena de la cuenca del Tarim. Esta fuerte influencia de la cultura india se refleja también de forma muy llamativa en la gran cantidad de registros escritos recuperados en las viviendas en ruinas y en los basureros adyacentes. En el yacimiento de Niya encontré cientos de documentos de madera que incluían correspondencia, principalmente oficial, contratos, cuentas, memorandos diversos y similares, todos escritos en la lengua sánscrita y la escritura karosti que durante los primeros siglos antes y después de Cristo se utilizaron en la frontera noroeste de la India y en las zonas adyacentes de Afganistán.

Podemos reconstruir casi con la misma claridad los aspectos físicos de la vida que una vez presenciaron estos yacimientos. Los huertos y árboles muertos en las cercas durante dieciséis siglos, pero todavía claramente reconocibles en los materiales empleados para los edificios, etcétera; apuntan claramente a que las condiciones de cultivo y clima local fueron esencialmente las mismas que las observadas ahora en los oasis de la cuenca del Tarim situados de forma similar y todavía ocupados.

Al igual que en los actuales oasis terminales de la cuenca del Tarim, el cultivo en esos lugares debió depender totalmente del riego. Si no hubieran prevalecido ya en la antigüedad condiciones de extrema aridez, sería imposible explicar la supervivencia en casi perfecta conservación de una multitud de objetos, muy perecederos por naturaleza, en sitios tan expuestos como simples montones de basura fuera de las casas. Lo que nos han enseñado las exploraciones arqueológicas en otros yacimientos antiguos de la cuenca del Tarim es exactamente lo mismo. Las condiciones climáticas de los periodos inmediatamente anteriores al abandono debieron ser prácticamente tan áridas como lo han sido desde entonces y lo son ahora.

Este hecho uniforme e importante tiene una relación directa con una cuestión geográfica clave y muy discutida de la que se suele hablar como «desertificación». Este es un tema muy amplio para ser tratado a fondo aquí. Si hace dieciséis siglos las condiciones climáticas eran tan secas como lo son ahora, ¿cómo se explica que el cultivo en esos dos sitios antiguos y en otros también se haya vuelto totalmente imposible desde su abandono?

Creo que la explicación en lo que respecta a la cuenca del Tarim viene dada por la disminución del caudal de los ríos de los que depende totalmente el cultivo. La causa más probable de esta disminución puede buscarse en la contracción de los glaciares de las altas cordilleras que alimentan principalmente esos ríos. La contracción misma puede explicarse suponiendo, como lo han sugerido sir

Sidney Burrard y el profesor von Picker, que esos glaciares comprenden grandes reservas de hielo que han quedado del último periodo glacial y que desde entonces han sufrido una reducción lenta pero más o menos continua debido a condiciones climáticas más benignas. Este proceso de agotamiento de lo que podríamos llamar «hielo fósil» bastaría para explicar la disminución de las fuentes de irrigación durante los tiempos históricos sin que el clima de la cuenca en su conjunto hubiera sufrido ningún cambio apreciable.

Pero reanudemos ahora, aunque sea rápidamente, nuestro estudio del papel que la cuenca del Tarim, por su función geográfica de gran «corredor», desempeñó en fases posteriores de la historia de Asia central. Durante más de tres siglos, nuestro conocimiento de esta historia ha sido muy escaso, ya que, con la desaparición del control político chino, nuestras principales fuentes de información histórica fidedigna sobre las «regiones occidentales» se agotaron en su mayor parte. Mientras la propia China estaba dividida entre dinastías rivales, varias de ellas de origen extranjero, los hunos, en el transcurso del siglo IV, habían iniciado hacia el oeste el gran movimiento que finalmente les llevó a abrevar sus caballos en el Danubio, el Rin y el Po. Después de un intervalo, toda la cuenca del Tarim, junto con vastos territorios al norte y al oeste, pasó durante aproximadamente un siglo bajo el dominio de una rama de los hunos conocida en Asia occidental como los heftalitas o hunos blancos.

Ni esta dominación desde el exterior ni el periodo de soberanía disputada en el interior, que la precedió, parecen haber afectado seriamente al firme asentamiento que la civilización china había adquirido en los oasis, ni haber interferido con el flujo constante en la dirección opuesta de la doctrina budista y las influencias literarias y artísticas del Irán más oriental y de la India. La cercanía de las relaciones religiosas e intelectuales así establecidas se refleja en los relatos que nos han llegado de los viajes de los peregrinos budistas chinos, que en este periodo se dirigían a través de Asia central a los lugares sagrados del budismo en la lejana India.

A mediados del siglo VI, una nueva oleada en la corriente de migración nómada que se desplazaba hacia el oeste a lo largo del Tian Shan, unas veces lenta y otras veces rápida, había situado a la gran confederación de tribus turcas, conocida por los chinos como los turcos occidentales, en posición ascendente sobre la vasta región centroasiática anteriormente dominada por los hunos blancos. Al igual que sus aliados, los turcos del norte, en el este, eran vecinos problemáticos para el Imperio chino, que en 589 d. C., tras casi tres siglos de división, había vuelto a unirse.

La consolidación gradual del poder chino, que continuó después de la llegada de la gran dinastía Tang en el año 618 d. C., fue acompañada al principio por una política de rígido aislamiento en las marcas del noroeste. Pero esto pronto daría paso a una «política de avance» a gran escala que durante más de un siglo hizo que el poder imperial chino bajo la dinastía Tang se expandiera por regiones más amplias de Asia central de lo que nunca antes lo había hecho. El poder de los turcos occidentales ya estaba debilitado por las disensiones tribales que la diplomacia china fomentó hábilmente. Primero Kami, y después Turfán, fueron arrebatadas a la supremacía turca. En el año 660 d. C., las fuerzas del emperador Gaozong acabaron con ella. De este modo, China sucedió a los turcos occidentales en la reclamación de un vasto dominio que se extendía desde las montañas Altái hasta más allá del Hindukush.

Pero el hecho de que China reclamara ahora la sucesión de los amplios dominios que una vez estuvieron en manos de los turcos occidentales estaba destinado a convertirse con el tiempo en una fuente de problemas y debilidades. Las fuerzas chinas estacionadas en lo que se llamó las «cuatro guarniciones» tenían que vigilar no sólo los oasis de la cuenca del Tarim, sino también los territorios al norte del Tian Shan. Estos territorios ofrecían atractivos pastos a los nómadas y, por lo tanto, estaban constantemente expuestos a ser perturbados por las inquietas tribus turcas, como las que aún revolotean entre el Altái y el Tian Shan. Más grave aún era el peligro que representaba la agresión de los tibetanos, que se estaban convirtiendo rápidamente en una nueva potencia militar.

Hacia mediados del siglo VIII, a la presión ejercida por los tibetanos en el sur, se añadió el peligro que representaba en el oeste el avance constante de la conquista árabe en la cuenca del Oxus. Los tibetanos intentaban unirse a los árabes como enemigos comunes de la supremacía centroasiática china. Al descender por el valle del Indo y atravesar después los territorios del Hindukush, que corresponden a las actuales Gilgit y Yasín, llegaron al valle más alto del Oxus. Este cruce amenazaba la posición china en la cuenca del Tarim con ser flanqueada simultáneamente tanto por el este como por el oeste. Para evitar este grave riesgo estratégico, el general chino Gao Xianzhi llevó a cabo en el año 747 una extraordinaria expedición militar a través del «techo del mundo», el Pamir, y el paso de Darkot, en el Hindukush coronado de hielo. En los capítulos tercero y vigésimo daré algunos detalles sobre esta memorable empresa china. Se destaca como una prueba sorprendente de la capacidad china para superar obstáculos geográficos formidables.

El prestigio que la expedición de Gao Xianzhi dio a las armas chinas fue merecidamente grande. Pero no les salvó de ser significativamente peores dos años después. En una batalla cerca de Tashkent, Gao Xianzhi fue completamente derrotado por los árabes y las tribus turcas sublevadas, sus aliados. Hacia 750 d. C., los tibetanos del sur se hicieron con el dominio de Dunhuang y las zonas adyacentes a los pies del Nanshan, cortando así toda comunicación directa de la cuenca del Tarim con el Imperio chino. Sin embargo, los administradores y guarniciones chinos de la cuenca del Tarim, a pesar de su aislamiento, lograron resistir durante otros cuarenta años, un capítulo heroico pero oscuro de la historia.

El espacio de unos cuatrocientos años que siguió a la desaparición del dominio Tang es, en su mayor parte, un periodo oscuro en la historia de la cuenca del Tarim. Sabemos que la dominación tibetana en esa región no duró ni un siglo y también que el Islam se estaba extendiendo bajo los jefes turcos que adquirieron el control de Kashgar y otros oasis en la parte occidental de la cuenca del Tarim. Desde mediados del siglo X en adelante, esto condujo al derrocamiento gradual de la doctrina y la cultura budistas, tanto por la fuerza como por medio de la propaganda.

Sin embargo, en la parte nororiental y en el territorio periférico de Turfán, el budismo continuó floreciendo mucho más tiempo, codo con codo con el maniqueísmo y el cristianismo nestoriano, bajo la protección de los jefes uigures. Al predominio de esos jefes y a la capacidad demostrada también en otros lugares por las tribus turcas para digerir otros elementos raciales procedentes de poblaciones conquistadas más avanzadas en civilización, debemos atribuir el hecho de que en toda la cuenca del Tarim el turco oriental sea ahora, y lo haya sido durante siglos, la única lengua hablada. Sin embargo, la población aún conserva en su mayoría el tipo de raza alpina, preservado en su pureza por los montañeses de habla iraní de la región del Pamir, y representado también en Europa occidental, y muestra una ligera mezcla de verdadera sangre turca.

Es difícil creer que, en las condiciones políticas imperantes entre los siglos IX y XII, la cuenca del Tarim pudiera haber desempeñado un papel tan importante como canal de intercambio de influencias culturales entre Asia occidental y China. Fue una época en la que China, bajo el debilitado dominio de los Tang y más tarde bajo la dinastía Sung, se vio obligada a mantener hacia Asia central una política de defensa pasiva, cuando no de rígida reclusión.

El fenomenal ascenso de los mongoles bajo el mando del gran Gengis Kan, en el primer cuarto del siglo XIII, provocó grandes cambios en las condiciones políticas de toda Asia. Cuando murió en Gansú, en 1227, sus asombrosas conquistas habían puesto a todos los países, desde el mar Negro hasta el río Amarillo bajo el control directo del «gran kan» mongol. Las operaciones continuadas por sus sucesores inmediatos terminaron unos treinta años más tarde con la unificación de toda China bajo la misma dinastía mongola que, a través de sus diversas ramas, dominó toda Asia central hasta Persia, y también gran parte de Europa oriental. El establecimiento de una soberanía en toda Asia volvió a allanar el camino para las relaciones y el comercio directos entre China, Oriente Próximo y Europa.

Durante más de un siglo, las rutas comerciales al norte y al sur del Tian Shan registraron un tráfico ininterrumpido. Los relatos que nos han llegado de enviados, comerciantes y viajeros de la Europa de entonces que buscaban la lejana Catay* nos hablan mucho de esas rutas y del terreno que atravesaban. Ninguno de estos relatos se acerca, en precisión de detalles e interés humano, al inmortal registro de Marco Polo, el más grande de los viajeros medievales.

El dominio mongol sobre China, que Marco Polo vio aún en toda su grandeza bajo el emperador Kublai Kan, llegó a su fin por decadencia interna, un siglo después de la ascensión de Kublai Kan. La dinastía china de los Ming, que la sustituyó, se contentó con salvaguardar las fronteras noroccidentales en Gansú contra nuevas incursiones mongolas mediante una política de estricta reclusión que ahogaba el comercio.

La utilización de la ruta marítima hacia China, muy desarrollada por los árabes y cada vez más importante tras los primeros viajes portugueses a la India, había privado a esta antigua carretera centroasiática de su antiguo valor para el comercio occidental. Pero hacia finales del siglo XVII el creciente poder de los oirates o zúngaros, tribus mongolas establecidas al norte del Tian Shan, forzó un nuevo avance hacia el interior de Asia sobre China después de que ésta hubiera pasado bajo la dinastía Manchú, entonces joven y vigorosa. Por otra parte, no fue hasta 1755 cuando las expediciones organizadas por el gran emperador manchú Qianlong pusieron finalmente bajo administración china directa toda la cuenca del Tarim, así como Zungaria, al norte de la misma. Una vez más, al igual que bajo los Han y los Tang, una política puramente defensiva en su origen había dado lugar a la expansión china sobre vastas regiones centroasiáticas hasta los Pamires y los montes Altái.

El control chino sobre estas regiones ha continuado hasta nuestros días, a pesar de la creciente debilidad interna del imperio y de la

---

* Catay es el nombre histórico usado en Europa para denominar a China.

gran agitación causada por la rebelión mahometana de los dunganes en el tercer cuarto del siglo pasado. La explicación reside en el hecho de que, por primera vez en la historia, las fronteras centroasiáticas de China habían quedado contiguas a las de una gran potencia civilizada, como era el Imperio ruso, capaz de dominar a las poblaciones fronterizas y de frenar progresivamente las migraciones nómadas. Fue la ocupación temporal por Rusia de Gulja y del fértil valle del Hi, lo que facilitó la reconquista del nuevo dominio en 1877, después de que la gran rebelión mahometana sumiera a la cuenca del Tarim, durante un decenio, primero en la anarquía y después en un desgobierno opresor bajo Yakub Beg, un usurpador del Turquestán occidental.

Las cadenas de oasis entre el Tian Shan y el Kunlun ya no son una gran ruta comercial. Los valientes y pacientes camellos que transportan el tráfico tan eficientemente como en los tiempos de Zhang Qian o Marco Polo aún no han sido sustituidos por el veloz automóvil o el bullicioso ferrocarril. Las tradiciones del gran pasado de China como potencia de Asia central siguen protegiendo la paz de la región. Sólo el futuro podrá demostrar si también serán suficientes para evitar los problemas y sufrimientos que su vecino menos aislado, el Turquestán ruso, ha padecido durante los últimos años.

CAPÍTULO III

A través del Hindukush hasta el Pamir y Kunlun

E NTRE todas las múltiples influencias culturales, religiosas, raciales y lingüísticas de las que a lo largo de la historia, y en particular durante el periodo budista, el Turquestán chino ha sido lugar de encuentro, ninguna ha dejado su impronta más claramente en los restos de sus ruinas que las recibidas de la India. Hay buenas razones para creer que en casi todos los casos estas influencias habían emanado directa o indirectamente de ese extremo noroeste de la India que en los siglos inmediatamente anteriores a la época de Cristo y durante varios siglos después había sido una sede principal del culto y la fe budistas. Esta región fronteriza entre la India y el Irán más oriental, donde los sucesivos conquistadores de la India en tiempos antiguos habían asegurado invariablemente su primer punto de apoyo, ha ejercido sobre mí, desde mi juventud, la mayor fascinación.

Ha sido una bendición personal que en el glorioso paisaje alpino de Cachemira, que forma la parte más atractiva de esa región fronteriza, haya encontrado, desde el comienzo de mi carrera hace cuarenta y cinco años, la base para las búsquedas y trabajos eruditos que mejor se ha adaptado a mis gustos y cualificaciones personales. Allí he pasado felices vacaciones en viajes arqueológicos relacionados con el trabajo sobre la historia de Cachemira, tal como se recoge en su antigua crónica sánscrita. En los últimos años, he pasado periodos aún más largos acampado en la cima de una montaña a tres mil trescientos metros sobre el nivel del mar, trabajando intensamente en los resultados de las exploraciones que me habían llevado a lugares mucho más distantes en el norte. Esta vida de muchos años en pacífica reclusión alpina me ha hecho considerar mis campamentos en Cachemira como mi único verdadero hogar.

Fue consecuencia tanto de la situación geográfica de Cachemira como de mi apego a esta tierra montañosa el que sirviera de punto de partida para todas mis expediciones a Asia central. Por supuesto, me preocupé de elegir en cada ocasión una nueva ruta a través de esas altas cordilleras del Hindukush, la porción más occidental del Himalaya, que dividen el valle del Indo de los Pamires y los confines suroccidentales del Turquestán chino. En mis tres viajes, mi paso por esa porción más occidental del Himalaya, tan árida y, sin embargo, tan atractiva en su grandeza, me ha dejado recuerdos imborrables.

En la primera expedición, en 1900, mi ruta desde Cachemira a territorio chino pasaba por Gilgit y Hunza, esta última una zona montañosa que ofrecía el paisaje más grandioso. Desde que a finales de los ochenta del siglo pasado se construyó un buen camino de herradura hasta Gilgit para mantener allí una pequeña guarnición de tropas del Servicio Imperial, y desde que en 1891 los jefes de las colinas de Hunza y Nagar quedaron bajo control británico, esos valles han llegado a ser bastante conocidos. Para el tercer viaje, en 1913, pude seguir una línea de aproximación que me permitió visitar, como primer europeo, dos territorios de colinas, Darel y Tangir, nunca antes explorados, y luego apostarme en el Pamir de Taghdumbash por el lado chino a través de una sucesión de difíciles pasos nevados. Pero la ruta que más me atrajo, quizá por su variado interés geográfico y etnográfico, así como por sus asociaciones históricas, fue la que seguí en 1906 al comienzo de mi segunda expedición. Así que elegiré esta ruta para conducir al lector a las escenas de mis exploraciones centroasiáticas.

Esta ruta, normalmente vedada al viajero europeo por consideraciones políticas, debía llevarme desde el distrito de Peshawar, en el extremo noroccidental de la frontera administrativa india, a través de

las zonas tribales de Swat y Dir hasta el territorio dardo de Chitral.*
Desde allí se podía acceder al valle superior del Oxus y al Pamir
afgano a través del paso de Broghil. Mi difunto jefe, el coronel sir Harold Deane, entonces comisario jefe de la provincia de la Frontera del
Noroeste, había aceptado de buen grado mi proyecto, mientras que
una auspiciosa constelación política había hecho que el difunto emir
Habibulá, rey de Afganistán, me concediera permiso para cruzar una
porción de su territorio, por lo demás celosamente vigilada, con una
prontitud que yo no me había aventurado a esperar.

A finales de abril, la fecha más temprana para partir hacia el norte a través de los pasos nevados, mi pequeño grupo se movilizó
debidamente. Como en mis tres expediciones sólo contaba con ayudantes indios, el Departamento de Topografía de la India, siempre
dispuesto a ayudarme en mis tareas topográficas, me había enviado
una vez más a uno de sus excelentes topógrafos nativos, Rai Ram
Singh, que me había acompañado en mi primer viaje. También estaba Naik Ram Singh, cabo del Primer Cuerpo Bengalí de Zapadores y
Mineros, quien, gracias a una sólida formación técnica en su cuerpo,
demostraría ser un «manitas» muy capaz. Jasvant Singh, un enjuto
rajput de Kangra que ha actuado como cocinero en todos mis viajes,
estaba incluido en el grupo. Ojalá yo mismo hubiera podido beneficiarme alguna vez de los servicios de un seguidor indio tan fiable y
de modales tan caballerosos. Pero, desgraciadamente, su elevada casta le impedía prestar servicios en tal calidad a un europeo, por lo que
el puesto de cocinero de mi propia persona tuvo que ser ocupado por
un indio mahometano, acerca de cuyas cualidades, profesionales y
personales, cuanto menos se diga, mejor.

Me limito a mencionar estos detalles, ya que mi modesto personal
siguió siendo prácticamente el mismo también en mis otras expediciones. Por supuesto, hubo que añadir potros y camelleros turcos
cuando llegué a suelo chino y tuve que organizar mi propio transporte para las exploraciones en el desierto. También entre esos
hombres locales me aseguré un núcleo de fieles seguidores. Teniendo

---

* En referencia al grupo de lenguas dárdicas habladas en dicho territorio.

en cuenta todo lo que nuestro equipo tenía que incluir en cuanto a instrumentos científicos, aparatos fotográficos y placas de vidrio, y un mínimo de provisiones indispensables que probablemente durarían dos años y medio, había motivos para sentirse satisfecho de que catorce mulas bastaran, en principio, para todo el equipaje.

El 27 de abril partimos del fuerte que guarda el paso de Malakanda y con él el acceso al gran valle de Swat. Desde que la importante ruta militar a Chitral se abrió por primera vez en 1895, Malakanda y el valle que lo rodea habían sido escenario de duros combates tribales. Era un terreno apropiado para iniciar un viaje que me llevaría no sólo a regiones lejanas, sino también muy atrás en el tiempo. Aquellas primeras etapas atravesaban valles transfronterizos que más de veintidós siglos antes habían visto pasar a Alejandro y sus macedonios hacia la conquista de las marchas indias. Allí se veían también ruinas de santuarios budistas que atestiguaban una antigua civilización desaparecida desde que el último de los gobernantes que solía acuñar monedas con leyendas griegas había dejado de dominar la tierra y de proteger con su prosperidad también sus lugares sagrados budistas.

El 3 de mayo nos encontramos al pie del temido paso de Lowari, a más de tres mil metros de altitud, y nuestro cruce, efectuado antes del amanecer a través de desfiladeros profundamente bloqueados por la nieve de las avalanchas, algunas bastante recientes, demostró que las dificultades que se habían esgrimido localmente contra un paso anterior hacia el norte apenas habían sido exageradas. Para el transporte de nuestras pertenencias se necesitaron más de cincuenta robustos miembros de la tribu, que partieron en varios destacamentos para disminuir los riesgos. Una vez salvado este obstáculo, pude remontar rápidamente el profundo valle de Chitral hasta Fuerte Drosh, el puesto más septentrional del poder militar británico en la India. Desde allí, una larga marcha doble por el río, con la enorme masa helada del pico Tirich Mir —de unos siete mil seiscientos metros de altitud— a la vista, me llevó a la capital de Chitral, un pequeño y encantador oasis en este laberinto de estériles montañas escarpadas.

Los pocos días que pasé allí me permitieron recoger una amplia cosecha antropológica. En su población autóctona, Chitral alberga una importante rama de esa raza dárdica que por su antigüedad y afinidades étnicas y lingüísticas bien puede reclamar un interés especial. Ya en la época del Imperio aqueménida su asiento en estas montañas era conocido por Ctesias.* Pero los rincones montañosos de Chitral han dado cobijo una y otra vez a restos de tribus incapaces de mantenerse en otros lugares. Así pude tomar medidas antropológicas exactas de montañeses de habla iraní del otro lado del Hindukush y de refugiados de aspecto salvaje de Kafiristán. Eran los últimos restos paganos de las tribus kafir que habían resistido durante siglos en las montañas a la conquista afgana y a la conversión forzosa al islam.

La supervivencia de muchos conocimientos antiguos en costumbres, tradiciones, artesanía e incluso arquitectura doméstica hace de Chitral y los valles adyacentes un campo fascinante para el estudioso de la civilización india primitiva. Pero diversas razones prácticas me impulsaron a seguir hacia el Oxus y el «techo del mundo». A pesar de lo rápidas que tuvieron que ser mis marchas río arriba por el río Yarjún y a través de Mastuj, pude rastrear y estudiar aquí una interesante serie de grabados rupestres budistas primitivos, emplazamientos de fortalezas premahometanas, etcétera. Resultaba curioso observar con qué frecuencia la tradición local relacionaba estos últimos vestigios con periodos de dominación china tenuemente recordados. La tenacidad de esta tradición local en una región montañosa aislada es significativa en vista de la extensión temporal del poder imperial chino a través del Pamir e incluso al sur del Hindukush bajo la dinastía Tang, a la que me he referido brevemente en el capítulo anterior.

---

* Ctesias de Cnido, historiador y médico griego nacido en la segunda mitad del siglo V a. C.

Fue en un terreno mucho más interesante donde pronto pude verificar la exactitud de esos cronistas chinos que son nuestros principales guías en la historia y geografía primitivas de Asia central. Años antes había estudiado su registro, por supuesto traducido, que se refiere a la expedición china al mando de Gao Xianzhi, que, como ya se ha mencionado, en el año 747 d. C. invadió con éxito los territorios de Yasín y Gilgit ocupados entonces por los tibetanos. Me habían inducido entonces a suponer que la ruta tomada por el general chino y su fuerza de diez mil hombres, después de partir de Kashgar y cruzar el Pamir, había pasado por los pasos de Broghil y Darkot. El primero hay que atravesarlo en el camino desde el valle superior del Oxus hasta la cabecera del río Mastuj, mientras que el difícil paso glaciar del Darkot constituye la única aproximación practicable desde ellos al valle del Yasín.

Naturalmente, estaba muy ansioso por trazar sobre el terreno la ruta de esta notable hazaña, porque es el único caso registrado de una fuerza organizada de tamaño relativamente grande que haya superado la formidable barrera natural que el Pamir y el Hindukush presentan a las operaciones militares. La forma en que una fuerza semejante pudo sobrevivir en esa elevada región montañosa desprovista de todos los recursos es, en sí misma, un problema que podría desconcertar a cualquier Estado Mayor moderno.

La ascensión del paso de Darkot, a unos cuatro mil setecientos metros sobre el nivel del mar, emprendida con ese objetivo el 17 de mayo, resultó ser un asunto muy difícil; pues los kilómetros del magnífico glaciar sobre el que se ascendía desde el norte estaban todavía cubiertos por profundas masas de nieve. Sólo después de nueve horas de trabajo en la nieve profunda, que ocultaba hielo lleno de grietas, alcanzamos la cima del paso. Incluso mis guías procedentes de Mastuj y Waján lo habían considerado inaccesible en esta época. Las observaciones recogidas allí y posteriormente en nuestras marchas a través del collado de Broghil hasta el Oxus, confirmaron plenamente la exactitud de cada detalle topográfico proporcionado por el relato oficial de aquella notable expedición china.

Cuando me encontraba en la resplandeciente extensión de nieve que marca la cima del paso y contemplaba las precipitadas laderas que conducen unos dos mil metros más abajo hasta la cabecera del valle del Yasín, pude comprender también por qué los valientes soldados de Gao Xianzhi, cuando habían llegado con dificultad hasta esta altura, se negaron al principio a seguir avanzando. Su ingenioso general había previsto esta incómoda situación y, prudentemente, organizó una astuta treta que indujo a sus hombres a avanzar hacia el profundo valle. Su mera aparición después de superar una barrera tan formidable sembró el pánico entre los ocupantes de Yasín y aseguró rápidamente la victoria total. Pero eso, así como la estratagema empleada por Gao Xianzhi, es «otra historia». Lamenté en aquel momento que no hubiera ninguna probabilidad de que se levantara en el Darkot un monumento al valiente general chino. Porque, a juzgar por las dificultades encontradas y vencidas, esta travesía del Darkot y el Pamir bien puede considerarse superior a las grandes hazañas alpinas de comandantes famosos en la historia europea, desde Aníbal a Napoleón y Suvorov.

Dos días más tarde cruzamos la cordillera principal del Hindukush por su depresión más baja, el Broghil, a unos cuatro mil metros sobre el nivel del mar. Las anormales e intensas nevadas de aquel año habían provocado que este collado, por lo demás fácil, estuviera aún cubierto de grandes masas de nieve. Su estado era tan malo que, de no haber sido por la ayuda enviada desde el lado afgano, habría sido del todo imposible cruzar con nuestras cargas.

Fue una sensación deliciosa encontrarme en la cabecera del Oxus y acercarme así a esa fascinante región de la antigua Bactriana, más abajo en su curso, hacia la que mis ojos se habían dirigido con avidez desde mi temprana juventud. Sin embargo, el acceso a ellas me estaba vedado y, por circunstancias políticas adversas, así ha permanecido hasta el día de hoy. Pero para mi progreso hacia el este, hacia la frontera china en el Pamir, toda la ayuda que los escasos recursos que la pobre región de Waján podían proporcionar, estaba a mi disposición bajo las órdenes del emir.

En Sarhad, la aldea más alta del Oxus y lugar de antigua ocupación, me esperaba la más amable recepción. El coronel Shirindil Kan, al mando de las guarniciones fronterizas afganas en el Oxus, había sido enviado allí con una imponente escolta. Este viejo y encantador guerrero había luchado en todos los tiempos turbulentos que precedieron y siguieron a la ascensión del notable gobernante afgano, el emir Abdur Rahman Kan. Resultó ser una fuente de información interesante sobre Badajshán, sus gentes y sus antiguos vestigios. ¿No fue como retroceder muchos siglos en el tiempo escuchando a este viejo y caballeroso soldado que, en sus tiempos mozos, cuando Abdur Rahman Kan aún era un novato, había ayudado a construir pirámides de cabezas rebeldes para establecer el orden, tras el gran levantamiento de Isa Kan, al modo tradicional de Asia central? Con mucho gusto me habría quedado junto al Oxus para empaparme más de este registro histórico vivo. Pero la consideración por las penurias que ya habían sufrido mis anfitriones militares —y los conmovedores llamamientos de los pacíficos aldeanos wajaníes, cuyos escasos recursos se veían amenazados de agotamiento por la prolongada estancia de la escolta— me impulsaron a seguir adelante.

Las dos primeras marchas remontando el Oxus se hicieron muy duras por el hecho de que la ruta invernal a lo largo del lecho del río ya estaba cerrada por la crecida, mientras que el camino de verano seguía impracticable debido a las grandes masas de nieve. La agilidad con la que nuestros ponis de Badajshán subían y bajaban por las escarpadas laderas rocosas era maravillosa de contemplar. Una y otra vez, sólo la incesante vigilancia de nuestra escolta evitó que el equipaje se precipitara a las agitadas aguas grises del río.

Un día de frío intenso en el campamento kirguís de Bozai Gumbaz me permitió visitar el pequeño lago Pamir. Se halla a una altitud de cuatro mil metros, en uno de esos desolados y amplios valles de las tierras altas que constituyen un rasgo tan característico del «techo del mundo». Lo que desde esta llana extensión parecía una modesta cadena montañosa, todavía cubierta de nieve, nos separaba del gran lago Pamir. Sabía que más allá estaba la ruta que Marco Polo había seguido en su viaje a través del desierto del «techo del mundo» y que tan gráficamente describió. También Xuanzang, el gran peregrino budista, a quien me he acostumbrado a reivindicar como mi santo patrón chino, había pasado por allí cuando, siglos antes, regresó de sus largas y piadosas andanzas por la India. Hasta nueve años después no pude seguir allí su rastro y el del capitán Wood, que en 1838 fue el primer europeo desde Marco Polo en visitar el gran lago.

Por el curso superior del río Panj, el principal afluente del Oxus, y por una antigua ruta, llegamos al pie del puerto de Wajir. Está flanqueado por los glaciares donde lord Curzon había situado con acierto el nacimiento verdadero del Oxus. Tras un largo día de trabajo, cruzamos el paso y la frontera afgano-china. Partimos a las tres de la madrugada. Nuestra escolta afgana permaneció acampada al pie del paso para asegurarse de que nuestro transporte wajaní y kirguís no desertara a mitad de camino. Enormes masas de nieve seguían cubriendo el Wajir. A pesar de una temperatura mínima de −3 °C por la mañana, su superficie pronto se puso tan blanda que los poderosos yaks de los kirguises tuvieron que ser relevados de sus cargas y dejados atrás. Sólo el miedo a nuestros protectores afganos indujo a los wajaníes y kirguises a perseverar en sus esfuerzos por llevar nuestro equipaje al otro lado. Aun así, era medianoche cuando llegamos al primer punto del lado chino, donde el combustible y un lugar seco nos permitieron tumbarnos y descansar.

Aquí, en la cabecera del Pamir de Taghdumbash, me encontré una vez más en el punto donde en 1900 había pisado por primera vez suelo chino. Xuanzang, el gran peregrino chino, había descendido por este alto valle donde, según el dicho de los sarikolis que ocupan su extremo inferior, el invierno dura diez meses y el verano dos, cuando hacia el año 642 d. C. regresó de sus muchos años de viaje por la India. Yo ya había rastreado sus huellas en muchos lugares budistas sagrados, y ahora me disponía a seguirlas mucho más al este.

Así que me sentí especialmente gratificado cuando, al descender, pude localizar las ruinas de la fortaleza rocosa donde, según una curiosa leyenda antigua relatada por los peregrinos, una princesa imperial, en su camino de China a Persia, había sido puesta a salvo. Las fortificaciones que localicé en la cima de un espolón rocoso casi completamente aislado que se eleva sobre un sombrío desfiladero del río Taghdumbash y que se conoce como Kiz Kurghan, la «torre de la princesa», debían de estar ya en ruinas desde hacía mucho tiempo, en tiempos de Xuanzang. Sin embargo, debido a la sequedad del clima, los muros que defendían este antiguo lugar de refugio eran aún claramente visibles. Sin embargo, su construcción se componía de simples ladrillos secados al sol con capas regulares de ramitas de enebro incrustadas entre ellos. Lejos, hacia el este, encontraremos el mismo antiguo método de construcción chino en la muralla fronteriza construida en el siglo II a. C. del periodo Han.

En Tashkurgán, sede de Sarikol, volví a visitar el emplazamiento de la antigua capital del territorio. Está marcada por unos muros de piedra en ruinas que rodean una amplia zona en torno a un fuerte chino derruido y lo que ahora se ha reducido a un mero pueblecito. Luego seguí hacia Kashgar en dirección noreste por la ruta directa a través de la alta meseta de Chichiklik, cercana a los cuatro mil metros de altitud. Pasaba por el flanco del gran macizo de Muztagh Ata y por una sucesión de pasos menores. A pesar de la rapidez de la marcha —recorrí casi trescientos kilómetros en seis días, aun cuando tuvimos dificultades causadas por el deshielo y las crecidas de los arroyos—, encontré pruebas topográficas y arqueológicas inconfundibles que demostraban que la ruta era la misma que había seguido Xuanzang, mi santo patrón chino, más de doce siglos antes.

En Kashgar, bajo el hospitalario techo de mi viejo amigo, el señor —ahora sir— George Macartney, representante del Gobierno de la India, me mantuve muy ocupado con una gran cantidad de tareas prácticas relacionadas con la organización de mi caravana, la compra de ponis y camellos, etcétera. Los amables oficios del señor Macartney, apoyados por su gran influencia personal, aseguraron la buena voluntad del gobierno provincial chino para mis exploraciones. Pero fue un servicio de igual importancia cuando me recomendó un secretario chino cualificado en la persona de Jiang Xiaowan. Hasta entonces no me había resultado muy difícil adquirir un buen conocimiento coloquial del turco oriental, la lengua hablada por los habitantes del Turquestán chino. Pero para un estudio serio del chino, la lengua de sus gobernantes y administradores, lamento no haber tenido nunca el tiempo necesario.

Tuve la suerte de encontrar en Jiang Xiaowan no sólo a un excelente profesor y secretario, sino también a un devoto compañero siempre dispuesto a hacer frente a las dificultades en aras de mis intereses científicos. Una vez que hube dominado los rudimentos de la práctica conversacional en chino —lamento decir que sólo en esa difícil variedad del mandarín de Hunán—, su siempre alegre compañía fue un gran recurso durante largos meses de duros viajes y esfuerzos. Con el verdadero sentido histórico innato en todo chino culto, se aficionó al trabajo arqueológico como pez en el agua. De cuerpo delgado y enjuto, soportaba las privaciones e incomodidades de la vida en el desierto con una alegre indiferencia, cosa bastante sorprendente en un literato acostumbrado toda su vida a trabajar cerca de los antros que son los *yamens*.* Sin embargo, cada vez que los viajes nos llevaban a los oasis, a la hospitalaria pensión de los mandarines chinos, podía mostrar un agudo aprecio por las cosas buenas que allí se proporcionaban. Excelente conversador, mantenía a toda la compañía de buen humor con su cháchara jocosa. ¡Cuántas veces he echado de menos durante todos estos años a mi siempre alerta y devoto camarada chino, que ahora, por desgracia, hace tiempo que se marchó con sus antepasados!

Cuando el 23 de junio partí de Kashgar, mi meta era Jotán, a quince días de viaje por la ruta de las caravanas hacia el sudeste. Aquel oasis debió de ser a lo largo de la historia la zona de cultivo más importante al sur del Taklamakán. Los antiguos yacimientos abandonados en el desierto arenoso, lejos al noreste del oasis actual, habían sido los primeros en producir abundantes reliquias del perio-

---

* *Yamen* era el nombre con el que se conocía las antiguas sedes de los gobernantes locales chinos a lo largo del imperio.

do budista cuando en mi primera expedición comencé las exploraciones en esta región. Sabía que este campo para interesantes trabajos arqueológicos no estaba en absoluto agotado, y por ello estaba ansioso por comenzar nuevas y más extensas exploraciones. Pero debido al gran calor estival de las llanuras, no se podía pensar en trabajar en las ruinas enterradas en la arena del desierto hasta septiembre. Mientras tanto, podía dedicar mi atención a tareas geográficas y de otro tipo.

Durante unos días me detuve en el gran y floreciente oasis de Yarkanda, al que el río Tarim, donde desciende de las montañas, asegura abundante irrigación, y luego proseguí hacia las estribaciones de la cordillera de Kunlun, al sur. Las pruebas y otras tareas literarias relacionadas con la terminación de mi libro *Ancient Khotan*, el informe detallado sobre mi primera expedición, tuvieron, por desgracia, que ser traídas hasta aquí. Mientras trabajaba afanosamente en su disposición final en el pequeño y apacible oasis de Kokyar, me encontré también con las manos ocupadas en la recogida de medidas y datos antropológicos sobre el poco conocido pueblo de Pakhpo. Al principio se resistieron terriblemente a abandonar sus altos valles, al creer que les cortaríamos sus cabezas en lugar de hacer meras mediciones y fotografías con instrumentos perfectamente inofensivos. Pero las molestias fueron ampliamente recompensadas. Las pruebas recogidas demostraron que esta pequeña tribu, aunque ahora sólo habla turki como el resto de la población de toda la cuenca del Tarim, había conservado muy bien en su aislamiento alpino los principales rasgos físicos de esa raza alpina que en la antigüedad parece haberse extendido hasta Jotán y más al este a lo largo del borde meridional del Taklamakán. Hay razones para creer que su lengua original era probablemente el iranio oriental, como el que prevalece entre la estirpe estrechamente aliada de los actuales wajaníes, shughníes, etcétera, en la parte superior del Oxus. A esta rama lingüística pertenece también la antigua lengua de Jotán, como prueban los documentos que se han recuperado en yacimientos enterrados en la arena de la región de Jotán.

Después de llevar mi mesa plana de cartografía por una ruta poco conocida a través de las áridas colinas exteriores, llegué a Jotán a finales de julio. Fue una gran satisfacción encontrarme una vez más en ese floreciente gran oasis que, desde el éxito de mis primeras exploraciones cinco años antes, había llegado a considerar como mi preciada base centroasiática. También fue alentadora la bienvenida que recibí de viejos amigos de la nobleza turki local y de los comerciantes afganos allí establecidos, así como del amable magistrado chino, o *amban*, por utilizar el término con el que los mandarines suelen ser conocidos por el pueblo turki. Su pronta ayuda me permitió emprender rápidamente la tarea que tenía prevista para las cuatro semanas siguientes. Esto debía completar nuestro reconocimiento, en el año 1900, de la alta cordillera de Kunlun, al sur de Jotán, con amplios detalles topográficos sobre los grandes glaciares que alimentan la cabecera del río Yurung Kash, uno de los dos ríos de Jotán.

Tras subir por una ruta descubierta en 1900, a través de escarpadas estribaciones periféricas, llegamos al valle de Nissa a mediados de agosto, y pronto estuvimos ocupados en la cartografía de las enormes corrientes de hielo que descienden hacia su cabecera desde la cuenca principal del Kunlun. Los efectos de la desintegración muy avanzada de las rocas, debida evidentemente a las grandes temperaturas extremas, eran en todas partes muy sorprendentes. En las crestas de las escarpadas colinas que tuvimos que escalar para instalar los puestos de reconocimiento, no había más que enormes fragmentos de roca amontonados como por manos de titanes, y totalmente desprovistos de detritus a partir de unos cuatro mil metros. Enormes masas de escombros rocosos arrojados desde estas crestas casi asfixiaban las corrientes de hielo que se encontraban debajo. Cubiertos por estos escombros e impregnados de negra arenilla glaciar, estos torrentes de hielo parecían a kilómetros de distancia como enormes torrentes oscuros repentinamente petrificados en su salvaje curso. Grandes desprendimientos de hielo y grietas abiertas mostraban que estas acumulaciones de escombros eran arrastradas constante pero lentamente. Pero incluso allí la superficie de hielo expuesta parecía casi negra, y cuando en el glaciar Otrughul, había escalado con serias dificultades unos ocho kilómetros desde el morro hasta una elevación de unos cinco mil metros, los tramos de hielo y nieve claros que descendían de los contrafuertes de un pico de más de siete mil metros de altitud parecían todavía tan lejanos como al principio.

Dos años más tarde, después de explorar las desoladas altiplanicies del noroeste del Tíbet, pude subir hasta el flanco de este pico nevado y divisar desde la cuenca, a una altitud de seis mil metros, los lechos de nieve que dan origen a este gran glaciar. Cómo llegué a la cornisa nevada de la cresta, después de una larga escalada por un glaciar muy crecido, y perdí los dedos del pie derecho, es otra historia y no es necesario volver a contarla aquí.*

Las enormes acumulaciones de detritos que cubren todos los glaciares del Kunlun probablemente ayudan a explicar el importante papel jugado por los glaciares de hielo «fósil» supervivientes del último periodo glacial. Cuya reducción gradual durante los últimos miles de años, de acuerdo con la teoría mencionada en el capítulo anterior, habría afectado al volumen de los ríos alimentados por esos glaciares y, en consecuencia, a la extensión de la irrigación obtenible de estos ríos dentro de los oasis.

Las antiguas morrenas de gran tamaño podían rastrearse claramente en la cabecera del valle de Nissa hasta unos cinco kilómetros por debajo del pie actual del glaciar Kashkul, a una altitud de unos cuatro mil metros. Gruesas capas de fino polvo de loess depositado desde tiempos inmemoriales por pesadas nubes de polvo, como las que vimos una y otra vez arrastradas por el viento desde las grandes llanuras desérticas del norte, habían cubierto estas antiguas morrenas terminales. Desde estas cimas, a una altitud de entre tres mil y cuatro mil metros, donde la humedad parece ser menos deficiente que en otras partes de estas imponentes montañas, la vista se refrescaba con la presencia de hierba verde y algunas flores alpinas. La esterilidad de los valles más abajo era grande, y las sombrías laderas

---

* Relato detallado en el libro *Ruins of Desert Cathay* vol. 2 (1912), página 481.

escarpadas de roca o detritus contaban claramente la historia de una erosión que progresaba rápidamente. El perfecto laberinto de crestas escarpadas y dentadas, con profundos desfiladeros entre ellas, que se encuentra en algunas partes de las laderas exteriores del Kunlun, ilustra de manera sorprendente hasta qué punto ha avanzado allí este proceso.

He descrito en otro libro las dificultades encontradas en nuestra búsqueda de una antigua ruta a través de la cordillera principal del Kunlun por la cual se mantenía la comunicación con Ladakh en el lado indio de la alta meseta tibetana en tiempos de emergencia. Estas dificultades no eran enteramente las de la naturaleza. Fueron causadas también por la obstrucción por parte del pequeño asentamiento de montañeses seminómadas y selectos malhechores exiliados de Jotán que, contando probablemente menos de doscientas almas, forman la única población en esta desolada región montañosa. Parecía significativo su nombre general, Karanghu Tagh o las «montañas de la oscuridad cegadora».

CAPÍTULO IV

Primeras exploraciones en un yacimiento enterrado en la arena

DESPUÉS de agotadoras semanas de trabajo geográfico en aquellas montañas prohibidas al sur de Jotán, donde la absoluta esterilidad de la naturaleza no había dado ninguna oportunidad a la historia de dejar sus huellas, llegó el momento en que pude dedicarme a la fascinante tarea de explorar antiguos yacimientos enterrados en la arena del desierto. Mi primera experiencia en este campo data de diciembre de 1900, cuando en mi primera expedición partí del oasis de Jotán hacia los desiertos arenosos del norte. Las observaciones y alentadores descubrimientos realizados fueron tan instructivos y, han permanecido tan frescos en mi memoria, que me siento inducido a dar un paso atrás en la cronología y pedir al lector de estas páginas que me acompañe en aquella aventura arqueológica inicial.

Las semanas inmediatamente anteriores las había pasado en el oasis de Jotán, que a pesar de toda su fertilidad parecía bastante expuesto y sombrío. La última tormenta de polvo del año había borrado toda vista del Kunlun, cerca de la cordillera exterior del oasis, donde se extiende por los ríos Kara Kash y Yurung Kash que descienden de las montañas. Había arrancado todas las hojas de alegres colores de los árboles en los huertos y pérgolas, y esparcido por la fértil llanura la atmósfera de un brumoso día de otoño en Inglaterra. Había logrado identificar con seguridad todos los lugares budistas sagrados que Xuanzang, mi peregrino guía chino, había visitado y descrito dentro del oasis de Jotán. En un terreno continuamente cultivado e irrigado durante siglos, nada de las estructuras construidas con ladrillos secados al sol podía sobrevivir, salvo, en el mejor de los casos, montículos bajos y amorfos. Pero aún había tradiciones que indicaban la supervivencia del antiguo culto local en lugares donde los santuarios budistas habían sido sustituidos por *ziarats*, o tumbas de supuestos santos mahometanos.

El emplazamiento de la antigua capital de Jotán pudo localizarse definitivamente en la pequeña aldea de Yotkán, a mitad de camino entre los dos ríos y a unos once kilómetros al oeste de la actual capital del distrito. Las excavaciones llevadas a cabo allí, durante unos treinta y cinco años por los aldeanos «buscadores de tesoros», habían revelado un «estrato cultural» de materia completamente descompuesta, enterrado bajo una capa muy profunda de aluvión. Curiosamente, se excavó sobre todo por las láminas de oro que en un tiempo se obtenían en abundancia. Eran las reliquias del preciado metal que, según el testimonio de un antiguo peregrino chino, había cubierto no sólo imágenes sino muchas partes de las estructuras religiosas budistas de la capital. En los últimos años, antigüedades como fragmentos ornamentados de cerámica, figuritas de terracota, sobre todo de monos, piedras grabadas y monedas, habían llegado a considerarse una especie de subproductos secundarios de tipo vendible.

A pesar de lo interesante que resultaba recoger esos pequeños restos y examinar el sitio extrañamente revelado que indicaban, me sentí feliz cuando, después de completar cuidadosamente todos los preparativos para los suministros y el transporte, me vi libre para comenzar el 7 de diciembre, un día brumoso y amargamente frío, mi primera campaña de invierno en el desierto. Tres lúgubres marchas por el río Yurung Kash, serpenteando entre dunas de arena bastante altas, nos llevaron al pequeño oasis periférico de Tawakkel. Turdi, un viejo y experimentado «buscador de tesoros» a quien Badruddin Kan, el *aksakal* o jefe de los comerciantes indios de Jotán y amigo siempre servicial, solía emplear en la búsqueda de antigüedades, iba a ser nuestro guía hasta el lugar en ruinas situado a unos cien kilómetros en línea recta hacia el noreste. Tanto él como otros habitantes de Jotán que pertenecían a la desdichada fraternidad de aventureros buscadores de «tesoros», lo conocían por el nombre de Dandan Oilik, el «lugar de las casas con marfil».

Pero también había contratado a dos robustos cazadores de Tawakkel, Ahmad Merghen y Kasim Akhun, que habían guiado al doctor Hedin años atrás en su corta visita a aquel lugar y luego por el río Keriya, para que nos ayudaran en la travesía del desierto. Eran hombres espléndidos, acostumbrados a todas las penurias debido a su vida errante. Resultaron muy útiles desde el principio cuando hubo que reunir un grupo de treinta trabajadores para las excavaciones previstas. Debido a temores supersticiosos y en vista de los rigores esperados del invierno, los agricultores eran naturalmente reacios a aventurarse tan lejos en el desierto. A pesar de la cuantiosa paga ofrecida y de las estrictas instrucciones dadas por Pan Daren, el erudito *amban* de Jotán, que se hizo amigo mío entonces como en todos mis viajes posteriores, fue necesaria la confianza inspirada por los dos cazadores para vencer esta reticencia.

Siete camellos míos y una docena de burros alquilados en la zona tenían que bastar para transportar el equipaje de todo nuestro grupo y los víveres para cuatro semanas. Los burros tenían la ventaja de necesitar un mínimo de forraje. Para los camellos sólo se podía tomar una cantidad de aceite de colza. Un vaso de este líquido maloliente administrado cada dos días resultó ser maravillosamente eficaz para mantener su resistencia en las marchas por el desierto, cuando tenían que pasar a menudo varios días sin agua ni pastos. Nuestros ponis fueron enviados de vuelta a Jotán y, por supuesto, todos tuvimos que caminar.

Cuando por fin, el 12 de diciembre, pudimos partir con un mínimo de impedimenta indispensable y con mi tropa de peones debidamente reunida, la mitad de la población de Tawakkel parecía estar reunida para presenciar nuestra partida. Dos días antes se había enviado una pequeña avanzadilla bajo la dirección de Kasim, el más joven de los dos cazadores. Tenía órdenes de cavar pozos en todos los lugares adecuados para acampar. Las huellas que dejaron nos sirvieron de guía.

Las dunas eran bajas en la zona atravesada durante los dos primeros días después de partir del río. Incluso más allá no se elevaban a alturas tan grandes como las que encontré posteriormente en mis travesías por el desierto. Sin embargo, la marcha por la arena movediza resultó un trabajo lento. Como había que evitar que los animales se esforzaran demasiado, el avance de los camellos, muy cargados, se reducía a dos kilómetros por hora.

Los matorrales de tamariscos y juncos, abundantes al principio, se volvieron escasos en el curso de nuestra segunda marcha, mientras que los álamos silvestres, la única otra vegetación, desaparecieron por completo como árboles vivos. Afortunadamente, a intervalos se alzaban pequeños montículos cónicos de arena densamente cubiertos de matorrales de tamarisco, cuyas raíces muertas proporcionaban un excelente combustible. Era cerca de esos montículos, en huecos excavados en el suelo por la acción erosiva del viento, donde el grupo de avanzada de Kasim siempre había cavado sus pozos para que acampáramos. El agua, escasa para un grupo tan numeroso, era muy amarga en los dos primeros campamentos y apenas apta para el consumo humano. Curiosamente, a medida que nos alejábamos del río, se volvía relativamente fresca.

El invierno del desierto había llegado con todo su rigor. Por suerte, durante el día no había mucho de lo que quejarse. Aunque la temperatura a la sombra nunca superaba el punto de congelación, no había viento, por lo que podía disfrutar sin molestias del purísimo aire del desierto. Como siempre que en invierno me movía por terreno verdaderamente desértico y la atmósfera se mantenía en calma, me sentía completamente refrescado por su reposo absoluto, que nada vivo perturba, y por su limpieza.

Pero por la noche, cuando el termómetro bajaba a una temperatura mínima de veintitrés grados bajo cero, mi pequeña tienda, pese a su forro extra de sarga, era una morada terriblemente fría. Cuando la temperatura, a pesar de las brasas mantenidas en una pequeña «estufa ártica», había descendido a unos veinte grados bajo cero, escribir se hacía imposible. Entonces tuve que retirarme entre las pesadas mantas y alfombras de mi cama de campamento. Allí, Yolchi Beg —o «señor viajero»—, como era conocido Dash, mi pequeño fox terrier, por su nombre turco de incógnito, había buscado refugio mucho antes, aunque también él iba provisto de un buen abrigo de pieles.

Al atardecer del cuarto día después de entrar en el desierto, dos de los hombres enviados por delante regresaron para informar de que el grupo de Kasim no había conseguido localizar las ruinas. Ahora le tocaba al viejo Turdi, mi guía «buscador de tesoros», demostrar su superior conocimiento de esta lóbrega región, aunque sólo se había acercado una vez a Dandan Oilik desde este lado. Durante la marcha me había dicho más de una vez que, en su opinión, la ruta tomada por Kasim conducía demasiado al norte; pero, al parecer, por un sentimiento de etiqueta profesional o de orgullo, se había abstenido de insistir en su consejo. Ahora, cuando los cazadores le confesaron su incapacidad de encontrar nuestro objetivo, un destello de satisfacción iluminó su arrugado rostro. Una breve conversación con los hombres que habían regresado le bastó para localizar el punto al que había llegado el grupo de Kasim. A la mañana siguiente, los hombres fueron enviados de vuelta con instrucciones de guiar a Kasim en la dirección correcta.

El viejo Turdi, con el instinto que le había dado el vagabundeo durante treinta años y que tal vez también había heredado —su padre había sido un «buscador de tesoros» antes que él—, encontraría la orientación incluso allí donde la uniformidad muerta de las dunas de arena parecía no ofrecer guía posible. Así que, tras bordear el pie de varias crestas de arena más altas, nos llevó al atardecer siguiente a un terreno donde se veían árboles muertos emergiendo de la arena pesada. Arrugados y blanqueados como estaban, Turdi y los hombres pudieron reconocer entre ellos troncos de álamo blanco, sauce y otros árboles plantados, prueba inequívoca de que habíamos llegado a la zona de antiguos cultivos.

En una hondonada de laderas escarpadas, a dos kilómetros y medio más al sudeste, conseguimos cavar un pozo junto al que acampar. A la mañana siguiente, guiado por el viejo Turdi, un par de kilómetros más al sur me encontré entre las estructuras en ruinas que marcan el emplazamiento de Dandan Oilik. Esparcidos en pequeños grupos aislados por una zona que, según demostró mi posterior reconocimiento, se extendía a lo largo de dos kilómetros de norte a sur, con una anchura de un kilómetro y medio, surgían de entre las bajas dunas los restos de edificios, modestos en tamaño, pero de una antigüedad manifiesta. En los lugares donde la arena se había desprendido, quedaban a la vista los muros construidos con zarzo y yeso, derruidos a pocos metros del suelo. En otros lugares, los muros sólo se distinguían por las hileras de postes de madera que emergían por encima de la arena. Todos los restos estructurales que quedaban al descubierto mostraban signos de haber sido registrados por «buscadores de tesoros». Los daños causados por sus operaciones eran a menudo demasiado evidentes.

Bajo la dirección de Turdi, que conocía bien el lugar, al que en broma llamábamos su aldea, hice un rápido reconocimiento de las ruinas, que bastó para obtener pruebas inequívocas de su carácter y fecha aproximada. En las paredes muy dañadas de las estructuras que habían sido excavadas por Turdi y otros de su fraternidad, reconocí fácilmente restos de pinturas que representaban a budas y bodhisattvas. No cabía duda de que me encontraba entre las ruinas de lugares de culto budista. El estilo de estos frescos señalaba los últimos siglos anteriores a la llegada del Islam como la fecha probable en que estos santuarios y el asentamiento al que pertenecían habían sido abandonados. Unas monedas de cobre chinas que databan del periodo 713-741 de nuestra era fueron recogidas del suelo sembrado de escombros cerca de ellos y confirmaron la datación.

El viejo Turdi se sentía como en casa en aquel entorno desolado. Había visitado el lugar con frecuencia desde su niñez, y su excelente memoria le permitía reconocer rápidamente los lugares donde él y otros habían trabajado antes. Afortunadamente, sus escasos recursos en cuanto a suministros y transporte nunca les habían permitido quedarse mucho tiempo ni despejar estructuras más profundamente enterradas en la arena. Así que pude situar mi campamento en un lugar desde el que las ruinas que habían escapado sin abrir estaban todas al alcance de la mano. Los camellos fueron enviados hacia el este, a pastar junto al río Keriya, mientras que los asnos fueron devueltos a Tawakkel. Los hombres se pusieron a trabajar en las excavaciones, que nos mantuvieron ocupados durante quince días. Para mí fue una época feliz, llena de hallazgos interesantes y de una experiencia cada vez mayor.

La primera ruina despejada fue un pequeño edificio cuadrado que Turdi había registrado a su manera y que conocía como But Khana, o «templo de los ídolos». La arena, a pesar de estar a sólo medio metro de altura, no había sido removida. La limpieza de éste y otros pequeños santuarios pronto me familiarizó con su disposición típica. Siempre había una cella cuadrada interior rodeada por paredes exteriores equidistantes que formaban un pasillo cuadrangular. Estaba destinada a la circunvalación ceremonial, o *pradakshina*, prescrita por la costumbre india. Los muros construidos con zarzo y yeso estaban invariablemente decorados con pinturas al temple. A juzgar por lo que quedaba de ellas en las partes más bajas de los muros, estas pinturas representaban a menudo budas de tamaño superior al natural, o bien hileras de pequeñas figuras de santos budistas que formaban una especie de pañales. Pero a veces también quedaban restos de escenas legendarias o de representaciones de devotos arrodillados a los pies de las grandes figuras de Buda. Huelga decir que de estas últimas sólo sobrevivieron las partes más bajas. A menudo se podían recoger pequeños relieves de estuco que mostraban a budas, bodhisattvas, *gandharvas** voladores, una especie de ángeles budistas, etcétera, tal y como se habían caído de las paredes más altas.

Tanto las pinturas murales como los relieves de estuco mostraban un estilo inconfundiblemente derivado del arte grecobudista que floreció durante los primeros siglos después de Cristo en el extremo noroeste de la India. Este arte se ha dado a conocer gracias a una gran cantidad de esculturas sacadas a la luz de santuarios budistas

---

* Los *gandharvas* son deidades budistas que representan artistas o intérpretes, por ejemplo, músicos, cantantes o bailarinas.

en ruinas de la antigua Gandhara, el actual distrito de Peshawar y las zonas adyacentes de la frontera indo-afgana. Estos restos de arte decorativo en los santuarios budistas de la lejana Jotán están muy alejados en el tiempo del periodo en que el arte griego se aplicó por primera vez en las tierras fronterizas occidentales de la India a las figuras del saber sagrado budista. Sin embargo, reflejan con la misma claridad la impronta del estilo helenístico.

No puedo intentar aquí dar cuenta detallada de todos los interesantes hallazgos que recompensaron la limpieza de los santuarios menos dañados. Bastarán unas breves indicaciones.

En el centro de las celdas interiores se alzaba un pedestal elaboradamente estucado que antaño había albergado una imagen colosal de Buda. Los pies, que eran lo único que se conservaba, daban una idea de su tamaño. En algunos casos, encontré varios paneles de madera pintados apoyados en el pie del pedestal, tal y como manos piadosas los habían colocado como ofrendas votivas.

Entre los paneles pintados así recuperados hay afortunadamente varios que, una vez limpiados cuidadosamente en el Museo Británico, revelaron representaciones muy interesantes de escenas legendarias. Así, uno de ellos muestra una curiosa divinidad con cabeza de rata. Esta figura habría sido bastante difícil de interpretar si no se conservase el relato de Xuanzang sobre Jotán que cuenta la historia de cómo las ratas sagradas y su rey, al destruir los arreos de los caballos de una hueste huna invasora, habían causado su derrota y salvado así la tierra. La leyenda aún vive, como pude comprobar, en una forma modificada para adaptarse a las nociones mahometanas, en el mismo lugar donde el viejo Xuanzang la oyó situar, en el camino de caravanas que conduce a Jotán desde el oeste.

Más curioso, quizás, fue mi descubrimiento posterior de que una de esas tablillas pintadas representa a la princesa china que, según una historia también registrada por Xuanzang, se creía que había introducido por primera vez la sericultura en Jotán. En la época del peregrino, la sericultura era una industria floreciente, como lo sigue siendo en la actualidad. Se supone que la princesa escondió en su tocado las primeras semillas de gusanos de seda procedentes de China, que por aquel entonces prohibía celosamente su exportación. Por este piadoso fraude, la inteligente dama fue posteriormente deificada en su país de adopción, y se dedicó a su memoria un famoso santuario que el peregrino visitó cerca de la capital.

El panel pintado al que me he referido siguió siendo muy desconcertante durante mucho tiempo. Muestra a una dama ricamente vestida sentada en el centro, con una alta diadema en la cabeza y niñas arrodilladas a ambos lados. En un extremo del panel oblongo se ve una cesta llena de lo que podría considerarse fruta, y en el otro un objeto muy pintoresco, difícil de interpretar al principio. El enigma se resolvió cuando reconocí el significado del gesto con el que la figura de la izquierda señala con su mano izquierda levantada la diadema de la dama. Bajo esta diadema, la princesa había sacado de China las semillas de gusano de seda. En la cesta de un extremo del panel están representados los capullos producidos a partir de ellas, mientras que el objeto del otro extremo se revela como un telar para tejer la seda hilada con los capullos.

Entre la docena de estructuras en ruinas que pude rastrear y limpiar cuidadosamente, varias resultaron corresponder a pequeños establecimientos monásticos budistas. En la arena que llenaba sus pisos más bajos, que eran los únicos que sobrevivieron, recuperamos primero largas hojas desprendidas de manuscritos en papel, y luego pequeños paquetes enteros de folios. Enseguida pude reconocer que estaban escritos en la primitiva escritura india brahmi, que contenían textos budistas en parte en sánscrito, la lengua clásica de la India en la que está compuesta la literatura canónica del budismo septentrional, y en parte en una lengua desconocida hasta entonces que ha resultado ser la lengua autóctona de la población de Jotán.

Tanto la escritura como la forma y la disposición de estos manuscritos proceden, por supuesto, de la India, patria original del budismo. Pero las investigaciones de eruditos competentes, trabajando en parte con materiales que habían sido obtenidos previamente de Jotán como resultado de operaciones locales de «búsqueda de tesoros», han demostrado que la antigua lengua de Jotán era iraní. Parece haber estado estrechamente relacionada con la que se hablaba en los primeros siglos de nuestra era en la antigua Bactriana y en otros lugares del Oxus medio. Sabemos que el culto y la doctrina budistas habían penetrado muy pronto a través del actual Afganistán, en esa parte del Irán oriental, y no cabe duda de que el budismo y las influencias culturales indias asociadas a él habían llegado a la cuenca del Tarim primero, o tal vez únicamente, a través de la misma región. Se puede demostrar que el culto y la iconografía budistas absorbieron elementos iraníes también en este pasaje.

Su impacto queda ilustrado de forma muy llamativa por un panel pintado notable, y bastante bien conservado, que salió a la luz como depósito votivo en una de las cellas del templo despejadas. En uno de sus lados se ve la figura de un poderoso varón, de aspecto y vestimenta totalmente persas, pero que evidentemente representa a una divinidad budista. El rostro largo y rubicundo, rodeado de una espesa barba negra, es un rasgo nunca visto en ninguna figura budista sagrada. El gran bigote rizado y las pobladas cejas negras contribuyen al aspecto marcial del rostro. Sobre la cabeza, con sus largos mechones negros, se alza una alta tiara dorada muy parecida al tocado de los «reyes de reyes» sasánidas de Persia. El cuerpo, de cintura estrecha, según el tipo tradicional persa de belleza varonil, está vestido con un abrigo brocado. Debajo se ven los pies y las piernas enfundados en altos botines negros. De la cintura cuelga una espada corta y curvada. Del cuello desciende un pañuelo rizado que se enrolla alrededor del brazo, tal y como suele verse en las figuras de bodhisattvas de Asia central. Como ocurre a menudo con estas figuras, la divinidad aparece con cuatro brazos. De los emblemas que llevan tres de ellos, sólo se reconocen claramente dos, y ambos, una copa y una punta de lanza, son inequívocamente seculares.

La imagen del lado opuesto del panel, en curioso contraste, muestra una figura de tres cabezas de aspecto demoniaco y tipo claramente indio. La carne azul oscuro del cuerpo, desnudo salvo por una piel de tigre que desciende de la cintura, los dos toros recostados bajo las piernas cruzadas y los emblemas que porta en las cuatro manos sugieren afinidad con alguna divinidad tántrica de la India. El tema y el estilo de este cuadro parecían tan alejados del «bodhisattva persa» del otro lado del panel, que encontrar cualquier conexión entre ambos resultaba muy desconcertante.

La pista para la interpretación de las dos figuras y su yuxtaposición no se me ofreció hasta quince años más tarde, cuando, al final de mi tercera expedición en Asia central, exploré unas imponentes ruinas del monte Khwaja, que se eleva sobre los pantanos de Hamún, en Sistán, junto a la frontera sudoriental de Persia. Allí descubrí los restos, por desgracia muy dañados, de una gran pintura mural oculta tras un muro posterior. Su friso inferior representa una escena de homenaje y ofrendas presentadas a un joven de porte marcial, sentado en una pose digna. El brazo derecho levantado porta una maza curvada coronada por una cabeza de buey. Esta forma de la maza corresponde exactamente al famoso *gurz* con cabeza de buey que portaba Rustam, el gran héroe de la leyenda épica persa, y su atributo reconocido en toda la iconografía persa de época mahometana.

No cabe duda de que la figura principal de esta pintura mural de Khwaja representa a Rustam, a quien la epopeya nacional persa conservada en el Shahnama (*El Libro de los Reyes*) de Ferdousí asocia claramente con Sistán. Una comparación de su figura con la del «bodhisattva persa» del panel de Dandan Oilik nos permite ahora reconocer la cabeza de la maza de Rustam en el objeto, en su mayor parte borrado, que corona la parte superior del mango curvo sostenido en la parte superior del brazo derecho de aquel extraño bodhisattva.

Pero la comparación con el fresco de Khwaja también nos ayuda a comprender el significado de la figura demoniaca de tres cabezas que aparece en el lado opuesto del panel de Dandan Oilik. En el fresco vemos a Rustam frente a un personaje de tres cabezas que le rinde tributo con las manos levantadas. Con toda probabilidad, se trata de uno de esos adversarios demoniacos a los que Rustam, en las leyendas populares de la tradición épica persa, es representado como habiendo vencido en duras luchas y obligado triunfalmente a someterse lealmente a su rey. Así se explica la relación entre las dos figuras del panel de Dandan Oilik.

La pintura mural de Khwaja pertenece al periodo sasánida tardío que finaliza en el siglo VII d. C. Este estrecho contacto en el tiempo con los restos de los santuarios de Dandan Oilik aumenta el interés que la introducción del héroe iraní deificado en el panteón local de Jotán ofrece como ilustración del crecimiento del culto budista a su paso por Asia central.

El momento en que el emplazamiento de Dandan Oilik fue abandonado al desierto puede determinarse afortunadamente mediante pruebas cronológicas convergentes procedentes de restos manuscritos de carácter secular. En algunas viviendas en ruinas, probablemente monásticas, se encontraron pequeñas hojas de papel fino con escritura brahmi. Tras un examen posterior, se ha comprobado que se trata de documentos redactados en lengua jotanesa y relativos a pequeñas transacciones locales, como escrituras de préstamo, órdenes de requisición, etcétera. El carácter paleográfico de estos escritos, así como de los manuscritos budistas canónicos, apuntaba al siglo VIII como fecha probable. La exactitud de esta datación aproximada, debida principalmente a la erudición del difunto doctor Hoemle, uno de mis más antiguos y útiles colaboradores, ha sido establecida por una serie de documentos chinos sacados a la luz de más de uno de los barrios monásticos en ruinas.

Cuando fueron examinados por el profesor Chavannes, el ya fallecido sinólogo de París y mi guía infalible en todo lo relacionado con los registros chinos, resultó que contenían peticiones para el cobro de deudas, bonos para pequeños préstamos, informes de un pequeño funcionario local y cosas por el estilo. Como era de esperar en documentos redactados por personas tan fuertemente imbuidas del sentido cronológico como son los chinos, estos hallazgos nos proporcionan fechas exactas que van del 781 al 790 d. C. También nos han dado el nombre chino Li Xie de la localidad y el de uno de sus conventos llamado Hu Guo, el «protector del campo». Curiosamente, varios monjes parecen haber compaginado sus negocios como prestamistas con sus ocupaciones religiosas. Los nombres que figuran en uno de los documentos de los sacerdotes que dirigían este establecimiento monástico son chinos, pero los nombres transcritos de los prestatarios y fiadores indican claramente que la población que lo sostenía no era china.

Pero el valor esencial de estos documentos reside en su evidencia cronológica. Por su propio carácter y por el estado en que fueron encontrados, esparcidos entre los desperdicios de las habitaciones de la planta baja utilizadas como cuartos o cocinas, es bastante seguro concluir que fueron escritos durante los últimos años de la ocupación del lugar y dejados atrás cuando éste fue finalmente abandonado. Las monedas chinas de cobre halladas en el yacimiento corroboran esta hipótesis, ya que sólo datan del año 760.

El momento del abandono así establecido concuerda notablemente con lo que nos dicen los anales históricos chinos de que el control chino sobre la cuenca del Tarim bajo la dinastía Tang llegó finalmente a su fin hacia 791. El colapso de la autoridad china y el éxito de la invasión tibetana debieron de significar para Jotán un excepcional periodo de problemas. Los efectos de una gran convulsión política en esa parte del mundo siempre se dejan sentir con mayor gravedad en los pequeños oasis periféricos, ya que éstos dependen totalmente de un sistema de irrigación que sólo una administración firme y vigilante puede mantener. Consideradas desde este punto de vista, las pruebas aportadas por los hallazgos de Dandan Oilik bien pueden ayudarnos a trazar la verdadera relación entre el abandono de otros sitios antiguos de esta región y la causa o causas que, como se sugirió brevemente en un capítulo anterior, han hecho imposible desde entonces su reocupación.

Aparte de los hallazgos que mis excavaciones produjeron, había también otras observaciones arqueológicas interesantes que recoger sobre los aspectos generales y las condiciones de vida. Así, entre las dunas bajas rastreé los restos de antiguos huertos y avenidas, líneas de canales de irrigación, manchas de tierra cubiertas de escombros que marcaban la posición de humildes viviendas, etcétera. Pero con tales testigos silenciosos del pasado nos familiarizaremos mejor en el fascinante sitio antiguo al que nos llevará el próximo capítulo.

Aquí sólo cabe una observación general. Todo en el lugar indica que su abandono fue gradual y que no estuvo relacionado con ninguna catástrofe física repentina, como las leyendas populares sobre las llamadas «ciudades enterradas en la arena» del Taklamakán han inducido a suponer a algunos viajeros europeos. Las historias de Sodoma y Gomorra relatadas en toda la cuenca del Tarim sobre «viejas ciudades» repentinamente abrumadas por dunas de arena son más antiguas que las ruinas de Dandan Oilik. Xuanzang ya las había oído más o menos en la misma forma que las actuales. Estas leyendas son interesantes como folclore, pero a la vista de las pruebas arqueológicas que demuestran lo contrario, como las que ha proporcionado el examen de Dandan Oilik y de todos los demás yacimientos antiguos de esta región, la investigación científica no tiene por qué ocuparse de ellas.

Estudios detallados, tanto topográficos como arqueológicos, realizados en expediciones sucesivas, me han convencido de que las tierras de Dandan Oilik estaban irrigadas por una extensión de los canales que, al menos cinco siglos más tarde, llevaron el agua de los arroyos de Chira, Domoko y Gulakhma al extenso yacimiento de Uzun Tati, cubierto de detritos, que yo he trazado en el desierto unos sesenta kilómetros más al sur y que es idéntico al que Xuanzang denominó Pimo, o el Pein de Marco Polo. Una serie de consideraciones relevantes expuestas en mis detallados informes apuntan a la conclusión de que el abandono sucesivo tanto de Dandan Oilik como de Pimo se debió a la misma causa, la dificultad de mantener un riego eficaz para estos asentamientos periféricos.

FRESCOS EN LAS PAREDES DEL PASADIZO QUE ENCIERRA UN SANTUARIO BUDISTA, DANDAN OILIK

CELLA DE SANTUARIO BUDISTA CON PEDESTAL PARA IMAGEN DE ESTUCO, DANDAN OILIK

PINTURA MURAL DE ESCENA LEGENDARIA E IMAGEN DE ESTUCO DEL «GUARDIÁN DEL NORTE» EN SANTUARIO BUDISTA, DANDAN OILIK

PANEL PINTADO CON LA REPRESENTACIÓN DE UN BODHISATTVA PERSA (RUSTAM)

CAPÍTULO V

Descubrimientos en el yacimiento de Niya

En el desierto al sur de Dandan Oilik, pero mucho más cerca de las tierras aún cultivadas de las aldeas de Gulakhma y Domoko, había otros yacimientos antiguos que esperaban ser explorados. Todos ellos fueron debidamente visitados por mí en el curso de mi primera y segunda expedición y demostraron haber sido abandonados a las arenas más o menos en la misma época que Dandan Oilik o algunos siglos después. Pero ninguno de ellos resultó tan antiguo, tan interesante y tan importante, en todos los sentidos, como el extenso asentamiento enterrado en la arena que descubrí en el desierto, mucho más allá de la actual desembocadura del río Niya. Así que me propongo llevar a mis lectores allí directamente, de la misma manera que la buena fortuna me guio hasta allí en enero de 1901, justo después de haberme despedido de Dandan Oilik y del escenario de mis primeras excavaciones.

Tres días de camino a través de las dunas hacia el este me llevaron al río Keriya Darya, que en aquel momento estaba helado. Es el único río de los que descienden del Kunlun al este de Jotán que, alimentado por considerables glaciares, consigue penetrar hasta el Taklamakán antes de desaparecer también entre altas crestas de arena. Remontando su curso durante cuatro días más, ya no a pie, sino gracias a una exitosa marcha a caballo, llegué al oasis y a la ciudad de Keriya. Esta última es un lugar bastante grande y el cuartel general de un distrito que se extendía en aquella época sobre casi cinco grados de longitud, o sea, casi todo desierto. Su jovial magistrado chino me recibió muy amablemente.

Keriya no es un sitio antiguo, y la profesión de «buscador de tesoros» no florece allí como en Jotán. Pero el primer día después de mi llegada, un viejo y respetable aldeano vino a hablarme de casas antiguas, medio enterradas en la arena, que había visto diez años antes mucho más allá del famoso lugar de peregrinación del imán Yafar Sadik, en el desierto al norte de Niya. Otros también habían oído hablar de esta «ciudad vieja» —*kona shahr*—, por utilizar el término que los habitantes de la cuenca del Tarim acostumbran a aplicar a todo tipo de ruinas, incluso a las más pequeñas. Así pues, el 18 de enero partí hacia Niya y, tras cuatro días de viaje a lo largo de la línea donde el glacis de grava desnuda del Kunlun bordea el Taklamakán, llegué al pequeño oasis.

Durante la parada de un día por la debida celebración del Ramadán, fin del mes de ayuno mahometano, que me vi obligado a hacer allí, me alegré mucho al recibir una prueba inesperada de la gran antigüedad del lugar en ruinas al que me dirigía. Hassan Akhun, mi avispado joven camellero, que posteriormente compartiría todas mis expediciones, se había topado con un aldeano que poseía dos tablillas con inscripciones traídas del lugar. Cuando me las mostraron, descubrí con gran sorpresa que contenían escritura en esa antigua caligrafía del extremo noroeste de la India conocida como Karosti, y de un tipo que concordaba estrechamente con la que prevalecía durante los primeros siglos de nuestra era.

El hombre que me trajo las tablillas las había recogido en el camino hacia el santuario del imán Yafar Sadik, pero pronto averigüé que el descubridor original era Ibrahim, un joven y emprendedor molinero de la aldea que las había desenterrado un año antes cuando buscaba un «tesoro» en una «casa de la ciudad vieja», más allá de ese lugar de peregrinación. No había encontrado ningún «tesoro», sólo algunas de estas tablillas, para él inútiles. Se había llevado seis, sólo para tirar algunas en el camino y dar el resto a sus hijos para que jugaran con ellas. Éstas, por supuesto, se destruyeron pronto, e

Ibrahim lamentaba ahora mucho su pérdida al ver lo bien que recompensé al hombre más sensato que había recogido las otras. No tardé en contratar a Ibrahim como guía para mi grupo.

Fue una tarde feliz cuando examiné estos hallazgos tan prometedores. La propia forma cursiva de la escritura y la tinta descolorida impidieron cualquier intento de desciframiento inmediato, pero no cabía duda de que tenía en mis manos documentos escritos en una escritura india primitiva y más antigua que cualquiera de las que han salido a la luz en la India aparte de las inscripciones. La escritura por sí sola bastaba para asegurarme de la antigüedad del lugar por el que me inclinaba; sin embargo, poco me imaginaba en aquel momento la rica cosecha que me esperaba allí.

La marcha de tres días a lo largo del moribundo río Niya se vio animada por esta perspectiva tan alentadora como por un cielo deliciosamente despejado. Pero el frío seguía siendo intenso, y la temperatura por la noche descendía a unos veintidós grados bajo cero. El *mazar* del imán Yafar Sadik es un famoso lugar de peregrinación que marca el sitio donde la leyenda popular supone que el santo líder musulmán de ese nombre cayó con muchos cientos de fieles en la lucha contra los infieles de «Chin y Ma Chin», es decir, Jotán.

No hubo nada que me detuviese en el lugar. Aparte de algunos refugios para peregrinos, una madrasa o supuesto colegio en ruinas y árboles engalanados con miles de trapos, ofrendas votivas de los peregrinos, sólo se veía allí una curiosa loma compuesta de detritus pétreos sobre un afloramiento de sal gema. De un pequeño lago en el que se embalsa el agua del pequeño canal terminal del río antes de que desaparezca definitivamente, llenamos de hielo dos depósitos de hierro galvanizado traídos de Calcuta, así como redes y sacos improvisados. De este modo nos abastecíamos del mínimo indispensable de agua mientras mi campamento, que contaba con entre cuarenta y cincuenta personas, estaba acampado lejos en el desierto.

No puedo detenerme a describir cómo el cinturón de la exuberante selva de álamos silvestres y tamariscos que pasaba por debajo del mazar se transformó gradualmente en una amplia extensión de bajos conos de arena cubiertos de matorrales, entre los que se alzaban grupos de árboles muertos, macilentos y retorcidos por la edad. Hacia el final de una segunda marcha fácil pasamos por un cinturón de terreno más abierto donde restos de cerámica rota, un recinto hecho de juncos densamente apiñados, una hilera de troncos de árboles frutales muertos y álamos plantados, sugerían el emplazamiento de alguna antigua granja. Pronto llegamos a las dos primeras «casas» de las que nos habían hablado nuestros guías.

A primera vista parecían pequeñas terrazas elevadas. Pero la observación posterior demostró que no eran más que porciones del suelo de loess original que habían escapado a la erosión que se estaba produciendo alrededor. El modo de construcción era materialmente el mismo que en las viviendas de Dandan Oilik, pero las dimensiones eran mucho mayores y el entramado de madera de las paredes, que se elevaba por encima de la arena que llenaba las habitaciones, mucho más elaborado y sólido. La mayor antigüedad de estas ruinas se hizo evidente de inmediato cuando en una de las habitaciones encontré algunas piezas de madera finamente talladas, con ornamentos comunes en la escultura grecobudista, que yacían prácticamente sobre la superficie.

Marchando tres kilómetros más al norte, a través de dunas bastante altas, llegamos a una estructura en ruinas de ladrillos secados al sol, semienterrada bajo un alto arenal cónico. Resultó ser una pequeña estupa, o torre de reliquias budistas, excavada tiempo atrás. Allí acampamos, en una posición convenientemente céntrica para la exploración de las lluvias dispersas y cerca también, según me aseguró Ibrahim, de la vivienda en la que declaró haber encontrado aquellas tablillas inscritas. Mientras me retiraba a descansar por primera vez entre aquellas silenciosas moradas de un pasado lejano, me preguntaba con cierta aprensión si la historia de Ibrahim resultaría cierta, y cuánto de los otros preciosos documentos en madera que declaró haber dejado atrás había en el suelo esperando a ser recuperados por mí.

A la mañana siguiente me apresuré a ir con Ibrahim y mis excavadores a esta ruinosa morada. Los sentimientos mezclados de expectación y desconfianza con que me acercaba a ella pronto se convirtieron en una alegre seguridad. A dos kilómetros del campamento divisé la ruina hacia la que Ibrahim nos guiaba. Ocupaba también la cima de una pequeña terraza que se elevaba por encima de las depresiones del suelo erosionado por el viento. Al ascender por la pendiente, descubrí enseguida tres tablillas con inscripciones que yacían entre los escombros de madera maciza que marcaban partes totalmente erosionadas de la estructura.

Al llegar a la cima, encontré para mi deleite muchas más tablillas esparcidas dentro de una de las habitaciones. Sólo había pasado un año desde que Ibrahim las había arrojado allí. La capa de arena era tan fina que las más altas estaban bien protegidas de la nieve que había caído después de dejar Keriya. Debido al intenso frío, aún quedaba nieve en las laderas sombreadas. Así las cosas, el sol de un año había blanqueado y borrado en parte la escritura de las tablillas más altas, allí donde estaban totalmente expuestas. De este modo, tuve un motivo especial para bendecir la buena suerte que me había traído al lugar poco tiempo después del descubrimiento de Ibrahim.

Enseguida me mostró el lugar donde había desenterrado las tablillas. Resultó ser la esquina de una pequeña habitación situada en el ala norte del edificio, entre otras habitaciones. Allí, en un pequeño hueco entre una gran chimenea de ladrillo y la pared oeste de la habitación, había encontrado un montón de tablillas sacando la arena con las manos. El «tesoro» que buscaba no estaba allí. Así que los documentos antiguos que había encontrado allí guardados, al parecer con algún tipo de arreglo, fueron simplemente arrojados a una habitación contigua.

Mi primera tarea consistió en hacer que los hombres desalojaran la habitación donde Ibrahim había encontrado aquellas preciosas tablillas. Fue una tarea fácil, ya que la habitación no era grande y la arena que cubría el suelo no tenía más de metro y medio de profundidad. En el curso de esta operación se recuperaron dos docenas de documentos de madera en el suelo de tierra original y en una plataforma elevada junto a la chimenea. Cuando volví a buscar cuidadosamente los restos dispersos del botín de Ibrahim, recuperé nada menos que ochenta y cinco tablillas más. La posterior limpieza de las habitaciones contiguas en el ala norte de la casa en ruinas aumentó aún más su número. Así pues, antes de que terminara la jornada de trabajo, me encontraba en posesión de abundante material.

El notable estado de conservación en que se encontraban muchas de las tablillas de madera me permitió reconocer *in situ* las principales características de su uso y disposición exterior. A excepción de unas pocas piezas oblongas, todas las tablillas encontradas aquel día tenían forma de cuña, de dieciocho a cuarenta centímetros de largo, y mostraban indicios de haber estado originalmente unidas por pares. A continuación describiré el ingenioso método empleado para ello. El texto, siempre en escritura cursiva karosti, de derecha a izquierda y paralelo al lado más largo, ocupaba las caras interiores de las tablillas. Otras tablillas llevaban en su superficie exterior una cavidad hundida para un sello de arcilla y pronto se demostró que servían como una especie de sobre. Al lado de la cavidad solían aparecer breves anotaciones formando una sola línea. Éstas sugerían inmediatamente la dirección o el nombre del remitente. En los casos en que las tablillas dobles habían permanecido juntas, protegiéndose así mutuamente, la tinta negra de la escritura en las superficies interiores parecía tan fresca como si hubiera sido escrita ayer.

Así, era fácil reconocer que las tablillas, aunque escritas por muchas manos diferentes, mostraban en todo momento las peculiaridades características de ese tipo de escritura karosti que en la India se exhibe invariablemente en las inscripciones en piedra de la dinastía kushán o indo-escita. Sus reyes gobernaron el Punyab y las regiones al oeste del Indo durante los tres primeros siglos de nuestra era. Así pues, incluso antes de poder realizar un examen minucioso, tuve la certeza de la gran antigüedad y el valor excepcional de los materiales que estaba reuniendo.

Sin embargo, durante la animada jornada de trabajo, hubo un pensamiento que no permitió que mi conciencia arqueológica se volviera excesivamente triunfante. Era cierto que el texto recogido en el centenar de tablillas que me llevaba como resultado de mi primer día de trabajo no podía ser inferior, si no superior, al conjunto de todos los escritos karosti disponibles hasta entonces. Pero, ¿no podrían estos extraños registros resultar ser meras réplicas de un mismo texto, tal vez una oración o un extracto de algún texto budista sagrado?

Una vez en el refugio comparativo de mi tienda, empecé a examinar con impaciencia la mejor conservada de estas tablillas. Yo estaba preparado, por mi experiencia anterior en epigrafía karosti, para las dificultades excepcionales que probablemente presentaría el carácter cursivo de la escritura y todas las incertidumbres en cuanto al idioma. Sin embargo, sentado en el frío de aquella noche, envuelto en mis pieles —el termómetro marcaba a la mañana siguiente un mínimo de 5 °C con escarcha—, adquirí seguridad en dos puntos importantes. Una serie de observaciones filológicas me convencieron de que la lengua era un prácrito indio primitivo. También estaba seguro de que el texto variaba enormemente, a pesar de la misma fórmula inicial breve con la que se abría la mayoría de ellos. Cuando más tarde descifré definitivamente esta fórmula al leer *mahanuava maharaya lihati*, es decir, «su Alteza el Maharajá ordena por escrito»; no quedó ninguna duda de que estos documentos en particular transmitían órdenes oficiales. Así pues, parecía justificada la conclusión de que, con la escritura karosti, también se había trasplantado a esta lejana región de Asia central una forma primitiva del habla india, en cualquier caso para uso administrativo. Este hecho podría abrir nuevas perspectivas históricas totalmente inesperadas sobre un terreno hasta ahora envuelto en la oscuridad.

Mis esperanzas de encontrar más documentos resultaron fundadas cuando procedí a despejar el ala sur del edificio en ruinas. Más allá de una pequeña habitación que parecía haber servido de antecámara para los asistentes, había una gran sala. Era una habitación de seis metros cuadrados con una plataforma elevada de yeso alrededor de tres de sus lados, muy parecida al *aiwan* o vestíbulo de cualquier casa moderna del Turquestán de cierta pretensión. Restos de ocho postes colocados en un cuadrado indicaban una zona central sobre la que se había dispuesto un techo elevado para permitir la entrada de luz y aire, igual que en las grandes casas modernas. En otros lugares, la disposición y construcción de las antiguas viviendas con las que pronto me familiaricé en este lugar mostraban una sorprendente similitud con las disposiciones domésticas que aún prevalecen en los oasis actuales.

El tiempo y la fuerza erosiva de los vientos habían convertido los muros de madera y zarzo en poco más que postes rotos, y la capa protectora de arena sólo tenía unos sesenta centímetros de profundidad. Tanto más me alegró comprobar que incluso esto había bastado para conservar en un estado más o menos legible las tres decenas de tablillas que se encontraron cubriendo la plataforma a lo largo del lado sur de la sala. En algunos puntos se alzaban en pequeños montones apretados, evidentemente tal como las habían dejado los últimos ocupantes. Pero un número considerable de otros documentos de madera mostraban claramente por su posición que habían sido revueltos, al parecer no mucho después de que el edificio quedara desierto. Así, algunos se hallaron apoyados sobre un gran trozo de estera fuertemente tejida que debió de formar parte de un tejado sobre la zona central. Otras aparecieron cerca de una pequeña chimenea abierta que se hallaba bajo la estera caída. Es evidente que su excelente conservación se debe a este recubrimiento seguro.

El gran número de documentos de madera y el estado en que se encontraron, los que no habían sido alterados por los posteriores «buscadores de tesoros», no dejaban lugar a dudas de que este gran apartamento había servido de oficina. Más tarde, el examen de las tablillas puso de manifiesto que se trataba del despacho de algún funcionario local. La variedad de tamaños y formas era notable. Las tablillas en forma de cuña reaparecían de nuevo, pero en número eran superadas con creces por tablillas de madera con inscripciones, todas de forma oblonga, pero que mostraban grandes variaciones en detalles y disposición. Algunas de ellas tenían dimensiones considerables, hasta ochenta centímetros de longitud. La gran mayoría mostraba una disposición irregular de su escritura, en pequeñas columnas, a menudo terminadas con cifras numéricas; y la aparición de diversas grafías, tachaduras, etcétera. Esto indicaba que no contenían textos ni siquiera de comunicaciones conectadas, sino con toda probabilidad memorandos, cuentas, borradores y otros registros casuales.

Dos series de tablillas oblongas, muy representadas entre los hallazgos de esta sala, mostraban una escritura mucho más regular y cuidada, pero resultaron desconcertantes en el momento de su descubrimiento. Una de las series consistía en tablillas de forma rectangular, de entre diez y veinte centímetros de longitud, con un borde elevado a modo de margen en los lados más estrechos de su única superficie inscrita. La línea inicial de la escritura contenía normalmente cifras precedidas de palabras en prácrito que pronto comprendí que significaban «en el año… mes… día». Obviamente, tenía en mis manos documentos regularmente fechados. La otra serie consistía en tablillas rectangulares, de menor tamaño, que rara vez presentaban escritura en su reverso plano, mientras que el anverso, en su centro elevado, mostraba invariablemente un hueco cuadrado u oblongo, obviamente destinado a la inserción de un sello, junto con una o dos líneas escritas transversalmente. Sólo más tarde, después de que el notable montón de basura que mencionaremos más adelante hubiera entregado sus tesoros arqueológicos, se reveló la explicación, tan definitiva como sencilla. Aquellas curiosas tablillas con sellos debían servir como una especie de cubierta o sobre de madera que encajaba entre los bordes elevados de las tablillas de madera que llevaban en su superficie superior protegida el texto de una carta o documento legal.

La arena que cubría los restos de esta estructura, que había resultado ser una mina tan rica en tablillas inscritas, no era lo suficientemente profunda como para proteger reliquias de mayor tamaño, pero la ruina en sí servía bien para ilustrar hasta qué punto ésta y otras estructuras del yacimiento habían sufrido la erosión del viento. La pequeña meseta que ocupa la ruina, elevada unos cuatro metros sobre el terreno circundante, se debe inequívocamente a esta fuerza destructiva. Mientras que la franja de terreno cubierta por los escombros, las vigas de cimentación de los muros, etcétera, ha conservado su nivel original, la superficie abierta cercana ha ido descendiendo cada vez más por la acción erosiva del viento. La parte del terreno que aún está ocupada por restos de estructuras antiguas también está siendo lentamente excavada y socavada. La fotografía tomada de la ruina ilustra muy bien este lento proceso de destrucción, pues los pesados restos de madera que se ven en la ladera del primer plano señalan una parte del edificio original que se ha derrumbado por completo.

El peligro que entraña para las ruinas esta lenta, pero incesante acción de la arena arrastrada por el viento, me lo demostró de manera sorprendente el estado de más de un grupo de antiguas viviendas exploradas en este lugar. Así, un kilómetro al noroeste del edificio despejado en primer lugar, un área que medía cincuenta metros cuadrados demostró estar estrechamente ocupada por los restos de madera de casas antiguas. Pero como las dunas sólo tenían unos pocos metros de altura y el suelo estaba muy erosionado, quedaba muy poco de las paredes y aún menos del contenido de las habitaciones. Aun así, la búsqueda minuciosa tuvo su recompensa.

En una habitación separada cuyo suelo estaba cubierto por arena de sólo diez o veinte centímetros de profundidad, salieron a la luz unas cincuenta tablillas de madera, además de diversos utensilios domésticos de madera, como una trampa para ratones, una horma para botas, etcétera. Desgraciadamente, debido a la inadecuada protección, la mayoría de estas tablillas se habían deteriorado y blanqueado hasta perder todo rastro de escritura. Otras, aunque muy deformadas, aún mostraban su escritura karosti. Las listas de nombres y partidas contables que aparecen en la mayoría de ellas apuntan a registros llevados en alguna oficina. El tamaño de estas tablillas, un trozo muy borrado que alcanzaba la incómoda longitud de dos metros, permitía estimar el volumen del trabajo administrativo que se realizaba aquí y los ocasionales inconvenientes del material de escritura de madera.

La escasa profundidad de la arena que cubría esta zona me permitió despejar rápidamente un número considerable de casitas. Éstas me sirvieron para familiarizarme con la disposición típica de las habitaciones o cobertizos para el ganado que componían estas casas. Los hallazgos de interés aquí fueron escasos, pero menciono de pasada que en una dependencia nos encontramos con un inconfundible pozo de hielo. Aún se conservaba un grueso lecho de hojas de álamo, utilizadas en otro tiempo para cubrir el hielo.

Más variadas e interesantes fueron las reliquias obtenidas en la excavación de las dos grandes casas en ruinas que encontramos en nuestra primera aproximación al lugar. Una situada al este, a juzgar por el tamaño y el número de las habitaciones, debió de ser la residencia de un hombre de rango. Sus habitaciones tenían una mayor profundidad de arena, por lo que sus restos estructurales estaban mejor conservados. Una característica muy llamativa de este edificio era un gran vestíbulo central de doce por ocho metros de superficie. Las enormes vigas de madera de álamo que sostenían el tejado medían doce metros de largo y, al igual que la ménsula sobre la que descansaban las vigas centrales, eran magníficos ejemplares de talla. Las paredes estucadas, que aún se conservaban a buena altura, estaban decoradas con un diseño cuidadosamente coloreado de grandes volutas y festones florales realizados al temple.

La sala había sido completamente vaciada por sus últimos moradores o visitantes, pero de las salas menores contiguas al norte recuperamos interesantes reliquias que ilustraban las manufacturas y artes de la época. Entre otros pequeños especímenes de la industria textil local, aparecieron partes de una alfombra de lana delicadamente trabajada que mostraba elaborados patrones geométricos y colores armoniosamente mezclados que sólo necesitaban un poco de cepillado para reaparecer con su brillo original. Sólo se puede hacer referencia de pasada a los restos de utensilios de madera encontrados en la cocina y de armas, como un arco y un escudo de madera, dejados en un almacén.

Entre los artículos de talla de madera ornamental encontrados aquí, ninguno puede compararse con el de una silla antigua. Sus piezas, aunque desarticuladas, yacían juntas en el suelo de una de las habitaciones exteriores. Todos los motivos decorativos de las tallas nos son familiares del bajorrelieve grecobudista de la frontera noroeste de la India. Me alegró notar en ese momento cuán estrechamente la fecha así indicada coincidía con la evidencia cronológica de la escritura karosti.

La otra gran residencia más al suroeste también produjo muchas reliquias curiosas. En una habitación que parece haber servido como oficina, se encontraron, además de tablillas inscritas de papel de madera en blanco de diferentes formas, bolígrafos de madera de tamarisco y palillos para comer como los que todavía usan los chinos. Más interesantes aún fueron la parte superior bien conservada de una guitarra encontrada en un pasaje y los restos de un sillón elaboradamente tallado. Sus patas representan leones de pie y los apoyabrazos monstruos compuestos de tipo helenístico, todos conservaban su vivo colorido original.

La disposición de un cenador cercano se podía rastrear con gran claridad. Los troncos de los álamos que todavía se elevaban de dos a tres metros sobre el suelo se veían agrupados en pequeños cuadrados y avenidas que los encerraban, tal como se pueden encontrar ahora en cada *bostan* o pérgola, desde Kashgar hasta Keriya. Fue con una extraña sensación, que borraba casi todo sentido del tiempo, que caminé entre dos cercas paralelas de juncos que todavía forman un pequeño camino rural tal como lo hacían hace casi diecisiete siglos. Buscando en la arena al pie de las vallas, mi bastón descubrió el susurro de las hojas muertas de los álamos y los árboles frutales. Entre los troncos caídos de árboles centenarios como los que vi aquí y en otros puntos del yacimiento, mis excavadores distinguieron fácilmente álamos blancos plantados alguna vez a lo largo de los caminos, así como diversos árboles frutales, como melocotoneros, manzanos, ciruelos, albaricoqueros, moreras; la madera que conocían de sus propios hogares.

Quedó claro a partir de las excavaciones aquí descritas que las antiguas viviendas del sitio habían sido vaciadas por sus últimos habitantes, o poco después de su partida, de todo lo que poseía valor intrínseco o todavía era apto para un uso práctico. Por lo tanto, mis esperanzas de nuevos hallazgos arqueológicos tenían que basarse principalmente en los restos de basura. Estas esperanzas pronto se confirmaron de una manera muy gratificante.

En el curso de una exploración hacia el norte, había visto alrededor de media docena más de grupos de estructuras en ruinas esparcidas en un área de unos cinco kilómetros de sur a norte, y más de tres kilómetros de ancho. En una ruina, muy deteriorada y que de ningún modo atraía una atención especial, encontré una serie de tablillas blanqueadas que yacían expuestas, y media hora más tarde, una pequeña excavación sacó a la luz más de dos docenas de piezas inscritas. Entre ellas se encontraban dos novedades; un trozo estrecho de madera con caracteres chinos y un pequeño fragmento de cuero con una línea de karosti que registraba una fecha.

Estos hallazgos fueron ciertamente prometedores. Sin embargo, poco sabía yo sobre la rica mina de reliquias antiguas que encontraría dentro de las paredes medio rotas de esta habitación que una vez formó el extremo occidental de una modesta vivienda. Cuando comenzó la excavación sistemática, esta reveló capa tras capa de tablillas de madera mezcladas con desechos de todo tipo. Pronto resultó ser un antiguo basurero formado por las acumulaciones de muchos años y que contenía lo que, por un anacronismo, podría llamarse acertadamente los depósitos de «papel usado» de esa época temprana.

De esa masa consolidada de basura que se elevaba casi un metro por encima del nivel original, recuperé al final más de doscientos documentos sobre madera. Todos estaban incrustados entre capas sólidas de cerámica rota, paja, trapos de fieltro y varias telas tejidas, trozos de cuero y otros desechos menos apetecibles. No era una tarea fácil, con los dedos medio entumecidos por el frío, y en el polvo que una brisa fresca del noreste levantaba del montón de basura excavado, marcar y tabular cuidadosamente cada pieza inscrita. Sin embargo, era obvio y necesario llevar un registro preciso de la posición relativa en la que se encontraba cada objeto; pues esto podría ayudar a establecer el orden cronológico y posiblemente la conexión interna de los documentos dispersos. Durante tres largos días de trabajo tuve que inhalar los olores de esta suciedad y desperdicios antiguos, aún acres después de tantos siglos.

La diversidad en forma y material de los documentos fue tan notable como su buena conservación. El trabajo de las primeras horas sacó a la luz documentos karosti completos, escritos sobre cuero. Las hojas oblongas de piel de oveja cuidadosamente preparada, de las cuales se recuperaron dos docenas, mostraban diferentes tamaños, pero siempre estaban dobladas de la misma manera en pequeños rollos. El texto de karosti que cubre la superficie interna generalmente estaba escrito con una mano clara y clerical y la tinta negra se había mantenido muy fresca. En el encabezado de cada documento pude leer con certeza la misma fórmula introductoria ya mencionada como indicativa de origen oficial. La fecha se da por separado a continuación, por lo general especificando el mes y el día.

Los abundantes hallazgos de tablillas karosti proporcionaron información aún más interesante sobre la práctica clerical. Muchas de las que desenterramos aquí aún conservaban intactos los sellos de arcilla originales y la cuerda con la que habían sido atadas. No cabía duda de que la madera era el papel por excelencia. Por lo tanto, fue particularmente afortunado que ahora pudiera determinar definitivamente todos los detalles técnicos relacionados con su uso.

Las tablillas en forma de cuña, muy utilizadas para las comunicaciones breves, sobre todo las de carácter casi semioficial, consistían invariablemente en pares de piezas ajustadas exactamente entre sí en tamaño. Uno de los extremos de la tablilla doble así formada se cortaba a escuadra; el otro se prolonga en un punto cerca del cual se taladraba un agujero en forma de cuerda que atraviesa ambas piezas.

El texto ocupa el anverso liso de la tablilla inferior y está protegido por una tablilla superior que sirve de sobre. En el reverso de ésta se continuaba la escritura si la longitud de la comunicación lo requería. En esta parte elevada de la superficie exterior se cortaba cuidadosamente una cavidad cuadrada destinada a recibir un sello cuadrado.

Un cordel de cáñamo de doble hebra se pasaba primero a través del orificio del cordel y luego se tensaba sobre ambas tablillas cerca del extremo cuadrado o derecho. Unas ranuras que comunicaban con la cavidad del sello sujetaban el cordel en pliegues cruzados regulares. A continuación se rellenaba el zócalo con arcilla, cubriendo estos pliegues del cordel. Una vez impreso el sello del remitente en la arcilla, resultaba imposible separar la tablilla inferior de la superior y leer la escritura de las superficies interiores sin romper la impresión del sello o cortar el cordel. De este modo se evitaba totalmente la inspección no autorizada de la comunicación.

Apenas menos ingenioso era el método de fijación que los hallazgos en aquel precioso montón de desechos demostraron que se utilizaba para las tablillas rectangulares. A partir de una serie de tablillas dobles que recuperé aquí prácticamente intactas, quedó claro que en este caso la tablilla inferior estaba provista de un borde elevado en cualquiera de los lados más cortos. Entre estos bordes encajaba exactamente una tablilla de cobertura cuyo anverso, en su centro elevado, tenía un hueco cuadrado u oblongo para la recepción de un sello de arcilla. También en este caso, una cuerda pasaba transversalmente por encima de ambas tablillas y, una vez asegurada por debajo, un sello de arcilla impedía abrir y leer sin autorización lo que estaba escrito en las caras interiores de las dos tablillas. Se han encontrado tablillas dobles de este tipo con el cordel roto, pero intactas por lo demás, tanto antes como después de la apertura. Con mayor frecuencia, los «sobres» se habían separado de las tablillas inferiores antes o después de ser arrojados a este cubo de basura, un antiguo sustituto, por así llamarlo, de la papelera. Pero en el curso del cuidadoso examen a que fueron sometidos todos estos hallazgos a manos del profesor E. J. Rapson, mi distinguido y erudito colaborador, primero en el Museo Británico y posteriormente fuera de él, la mayoría de los pares pudieron reunirse.

No puedo detallar aquí todas las curiosas observaciones realizadas en relación con esta antigua papelería en madera. Pero hay que mencionar el hecho de que descubrimientos posteriores en ruinas situadas muy lejos hacia el este han demostrado que todos estos ingeniosos dispositivos se originaron en China y en un periodo muy anterior. Allí, debo añadir, la invención del papel, que data del año 105 d. C.,[*] hizo que el uso de la papelería de madera quedara gradualmente obsoleto durante los siglos siguientes. Pero el nuevo material de escritura, por más cómodo que fuera, evidentemente se abrió camino muy lentamente en la lejana Asia central. Aunque se ha demostrado que el yacimiento de Niya no fue abandonado hasta la segunda mitad del siglo III d. C., en el transcurso de mis exploraciones no apareció ni un solo trozo de papel.

Por otra parte, la notable serie de impresiones de sellos de arcilla que se encontraron intactas en una serie de tablillas proporcionaron desde el principio pruebas sorprendentes de la forma en que la influencia de Occidente, a través de los productos del arte clásico, se afirmó tan lejos como en la cuenca del Tarim. Me llevé una grata sorpresa cuando, al limpiar la primera impresión intacta de sello que apareció, reconocí en ella la figura de Palas Atenea, con égida y rayo, tratada de forma arcaica. Otros sellos de arcilla también mostraban figuras griegas, como un Eros de pie y otro sentado, Heracles y otra Atenea. Las piedras grabadas de las que se habían hecho estas impresiones se asemejan mucho en su estilo al trabajo helenístico o romano de los primeros siglos de nuestra era.

Como para simbolizar esta extraña mezcla de influencias de Oriente y Occidente, una tablilla de recubrimiento encontrada aquí tenía dos sellos impresos, uno al lado del otro. Uno de ellos, por sus caracteres lapidarios chinos, parecía ser el sello del funcionario polí-

---

[*] Existen indicios de una fecha anterior. En 1986, se descubrió en el yacimiento de Fangmatan, provincia china de Gansú, un trozo de papel que ha sido fechado en el siglo II a. C.

tico chino a cargo de Shan Shan, el actual distrito de Lop en el este; mientras que el otro presentaba un retrato de una cabeza inequívocamente tallada según modelos occidentales.

Debido a la excelente conservación de muchos de los documentos que salieron a la luz en el curso de mi primera visita a este fascinante lugar, resultó relativamente fácil, casi desde el comienzo, aclarar los detalles arqueológicos esenciales y relativos a su carácter y uso. Pero, como pronto me di cuenta, el desciframiento detallado de todos estos hallazgos epigráficos en karosti iba a resultar una tarea muy difícil. Debido al propio carácter cursivo de la escritura karosti y a las desconcertantes peculiaridades fonéticas y de otro tipo del dialecto indio primitivo empleado, esta tarea ha puesto a prueba el celo y la perspicacia de un erudito triunvirato de expertos colaboradores: el profesor E. J. Rapson, de Cambridge, E. Senart y Pere Boyer, de París, que amablemente emprendieron en 1902 la publicación de estos registros.

El número de nuestros documentos karosti aumentó considerablemente gracias a los hallazgos realizados aquí y en sitios más al este en mis expediciones posteriores. Esto explica, junto con los retrasos ocasionados por la guerra, por qué su publicación en varios fascículos no pudo completarse hasta 1928. La interpretación completa de los textos puestos así a disposición de otros estudiantes de Indología requerirá todavía muchos años de trabajo.

No será hasta que estos trabajos exegéticos hayan sido llevados a cabo, que será posible arrojar más luz sobre las condiciones económicas y administrativas, las relaciones étnicas y culturales de la gente, prevalecientes en esa región. Pero se ha aclarado lo suficiente como para que aquí se ofrezcan algunas pinceladas definitivas. En cuanto a la gran masa de documentos, es cierto que contienen, como supuse desde el principio, correspondencia oficial de diversa índole. La mayor parte se compone de informes y órdenes a funcionarios locales sobre asuntos de administración local y policía; denuncias; citaciones; órdenes de salvoconducto o arrestos, y comunicaciones similares. Registros de pagos o requisiciones, cuentas, listas de trabajadores, etcétera, forman el contenido habitual de la masa de «papeles» misceláneos escritos en tablillas simples de formas irregulares y a menudo en columnas terminadas con signos numéricos.

El hecho de que una parte considerable de las tablillas rectangulares dobles contenga acuerdos y obligaciones formales quedó demostrado de forma concluyente por el número de documentos de este tipo cuidadosamente sellados que se encontraron sin abrir en un notable alijo que, como se describe en el capítulo siguiente, salió a la luz en mi segunda visita al yacimiento. Otras tablillas dobles rectangulares contenían cartas sobre asuntos privados que sus autores deseaban mantener entre ellos y sus corresponsales. De gran interés filológico son algunas tablillas que contienen pasajes de textos budistas en sánscrito.

La lengua utilizada en todos estos documentos karosti es un prácrito indio primitivo con una gran mezcla de términos sánscritos. Tenemos buenas razones para suponer que no sólo la escritura, sino también esta lengua, proceden del extremo noroeste del Punyab y de las zonas adyacentes del Transindus. En la India no se han conservado escritos tan antiguos sobre la vida cotidiana y la administración. Este hecho confiere un interés aún mayor a estos registros hallados tan lejos, al norte del Himalaya. Su descubrimiento en esta región parece curiosamente ligado a la antigua tradición local, recogida por Xuanzang y también en antiguos textos tibetanos, según la cual el territorio de Jotán fue conquistado y colonizado unos dos siglos antes de nuestra era por inmigrantes indios procedentes de Takshasila, conocida como Taxila por los griegos, en el extremo noroccidental del Punyab.

Las denominaciones que se dan a los gobernantes en cuyo nombre se emiten las órdenes y con referencia a cuyos reinados se fechan los documentos más elaborados —*maharajá, devaputra*, «hijo de los dioses», etcétera— son puramente indias. Coinciden sorprendentemente con la nomenclatura oficial observada bajo los príncipes kushanes o indoescitas que gobernaron el extremo noroeste de la India y Afganistán en los primeros siglos de nuestra era. Los nombres de las personas que aparecen en los documentos son casi todos indios, y algunos de ellos apuntan a una conexión con el dominio indoescita. Sin embargo, junto a las designaciones oficiales conocidas por el antiguo uso indio aparecen títulos que son claramente no indios y que aún esperan una explicación.

A menudo nos encontramos con el nombre de Jotán, en una forma casi idéntica a la que se usa ahora, pero también escrito como *Kustana*, es decir, «pecho de la tierra». Esto, probablemente un producto de la «etimología popular erudita», se registra también por Xuanzang. Pero, como era de esperar en la correspondencia, también encontramos otras localidades, como el oasis de Niya y Cherchen, mencionadas por sus nombres antiguos. Entre los nombres locales que aparecen en estos documentos, más tarde pude identificar el de Chadota como el del propio lugar antiguo. Este figura bajo la transcripción china de *ching chueh* como la designación de un pequeño territorio mencionado en los *Anales de la dinastía Han* al este de Jotán y aproximadamente en la localización correcta.

Entre los muchos hechos curiosos revelados ya por el primer desciframiento del profesor Rapson, puedo mencionar de pasada que existía una terminología oficial reconocida para las diversas clases de papelería de madera. Así, por ejemplo, las tablillas en forma de cuña se designan siempre en su contexto como *kila mudra*, literalmente «cuñas selladas». Pero mucho más importante es que la meticulosa investigación del mismo distinguido erudito ha logrado recientemente determinar el orden cronológico de los sucesivos gobernantes cuyos años de reinado se indican en los documentos fechados, y demostrar que su sede no era Jotán, sino el territorio de Shan Shan correspondiente a la actual extensión de Lop.

Parecía extraño que estas ruinas lejanas en el norte, invadidas por lo que las leyendas hindúes conocían vagamente como el gran «océano de arena», hubieran conservado para nosotros en una lengua india registros de la vida cotidiana mucho más antiguos que cualquier documento escrito que haya salido a la luz en la India propiamente dicha. Desde el principio hubo amplias pruebas arqueológicas de tipo paleográfico que apuntaban a esta conclusión;

porque, como ya se ha dicho, la escritura karosti de los documentos mostraba una estrecha concordancia con las inscripciones karosti de los reyes de Kushán, cuyo dominio sobre el noroeste de la India se sitúa principalmente entre los siglos II y III de nuestra era. Su testimonio se vio plenamente respaldado por el afortunado descubrimiento en otra ruina de una tablilla única que mostraba al lado de karosti unas líneas escritas en caracteres brahmi indios del periodo kushán o indoescita. La evidencia de las monedas fue igualmente elocuente, ya que las numerosas piezas de cobre chinas halladas durante mi estancia en el yacimiento pertenecían todas a emisiones de la dinastía Han posterior, que llegó a su fin en el 220 d. C.

Pero la prueba cronológica incontrovertible que tanto ansiaba me la proporcionó uno de los pequeños trozos de madera con inscripciones de caracteres chinos de una sola línea de los que el antiguo basurero había proporcionado más de dos decenas. Como era de esperar tratándose de documentos escritos por manos oficiales precisas, proporcionaron al examen experto de Chavannes una serie de datos muy útiles. La mayoría de ellos contienen breves referencias a órdenes emitidas por determinadas autoridades chinas o se refieren a los movimientos de ciertos individuos a los que había que detener o dejar pasar. Las referencias a antiguas localidades tanto de la cuenca del Tarim como de China ofrecen puntos de marcado interés histórico.

Pero lo que más me gratificó fue el descubrimiento, hecho por primera vez en Londres por el sinólogo, ya fallecido, mi amigo el doctor Bushell, de que una de estas tablillas estaba fechada de forma completa y precisa en un año del emperador Wu de Jin correspondiente al 269 d. C. De él se dice claramente que restableció la autoridad china en los «territorios occidentales» y la mantuvo durante su reinado (265-89 d. C.). Es difícil creer que el lugar en ruinas siguiera habitado años después de la época de Wu de Jin. La retirada de la autoridad china de estas tierras debió de ir acompañada de grandes disturbios políticos y económicos, con los que uno se siente tentado a relacionar directa o indirectamente el abandono definitivo del lugar.

El desbroce de otras viviendas en ruinas al norte no produjo muchos hallazgos novedosos, aparte de unos pocos ejemplares de tallas arquitectónicas en madera. En cierto modo, esto hizo que me costara menos separarme de este fascinante asentamiento muerto. Dieciséis días de duro e incesante trabajo, junto con las penurias que suponían las noches y mañanas de frío intenso, habían agotado a todos los excavadores y también a mis propios hombres. Me di cuenta de que probablemente había otras estructuras ocultas tras las dunas, aunque los hombres que envié a reconocerlas no informaron de ninguna, por razones obvias. Pero entonces tuve que pensar en otros yacimientos antiguos, tanto al este como al oeste, sobre los que había recibido información, y que deseaba explorar en el poco tiempo que me quedaba antes de que llegara la temporada de tormentas de arena y pusiera fin a las excavaciones en los lugares lejanos del desierto.

Así que me resigné, con el corazón encogido, a despedirme el 13 de febrero de este escenario de fructíferas y estimulantes labores. Cuando regresábamos al final del río Niya por una ruta diferente, tropezamos, por así decirlo, con un grupo de casas que no habíamos visto antes debido a la altura de las arenas circundantes. Y esto contribuyó a confirmarme aún más en la resolución de que mi despedida en aquel momento no debía ser definitiva.

CAPÍTULO VI

Regreso al yacimiento de Niya y las ruinas de Endere

Cuando en febrero de 1901 abandoné aquel fascinante lugar en ruinas, más allá de donde el río Niya se pierde en la arena, lo hice con el firme deseo y la esperanza de seguir explorándolo. Así que una nueva visita fue debidamente planeada y preparada en el momento en que mi segunda expedición, al final del verano de 1906, me trajo de vuelta una vez más a Jotán, como se relata anteriormente en el capítulo tercero. En el intervalo, había pensado a menudo en la gran ayuda que podría suponer la búsqueda desde el aire de más viviendas antiguas escondidas entre las dunas. Pero no se me antojaba ni el uso de una cometa portadora de hombres ni el de un globo por obvias razones prácticas, que igualmente se habrían aplicado al aeroplano si hubiera sido inventado entonces. Así pues, había quedado con Ibrahim, mi antiguo guía «cazador de tesoros», en ir al lugar en cuanto pasara el calor del verano y tratar de rastrear unas ruinas que antes se nos habían escapado.

Tras prolongados trabajos de excavación en los alrededores de Domoko, entre Jotán y Keriya, llegué de nuevo al oasis de Niya el 15 de octubre de 1906, donde fue alentador saber por Ibrahim que su búsqueda había sido fructífera. Igualmente agradable fue ver con qué prontitud se reunían conmigo mis antiguos excavadores de Niya. Esta vez estaba decidido a contratar a tantos trabajadores como me fuera posible mantener abastecidos de agua. Así, con el ejemplo dado por mi «vieja guardia» y la útil influencia local que aún poseía mi viejo y enérgico factótum, Ibrahim Beg de Keriya, una columna de cincuenta excavadores, con suministros para cuatro semanas y camellos adicionales para el transporte, pudo ser levantada en un solo día de parada.

Una vez más, tres marchas rápidas atravesaban el frondoso cinturón de selva que bordea el curso moribundo del río Niya. En esta estación, los resplandecientes tintes otoñales de los álamos silvestres y los cañaverales constituían un deleite para la vista. Los pintorescos grupos de peregrinos que regresaban del solitario santuario del imán Yafar Sadik añadían un toque de interés humano a este silencioso paisaje silvestre. Unos kilómetros más allá del supuesto lugar de descanso de aquel santo guerrero y mártir, llenamos de agua todos los depósitos disponibles y las pieles de cabra. Allí dejamos la última morada de los vivos y también el límite actual del agua que da vida. Dos días después tuve la satisfacción de acampar una vez más entre dunas yermas, no lejos del centro de aquel largo tramo de asentamiento enterrado en la arena. Estudios posteriores han demostrado que sus restos dispersos se extienden por un área de más de veintidós kilómetros de sur a norte, con una anchura máxima de unos seis kilómetros.

La ruta de aquel día, ligeramente distinta de la que seguí en mi primer descubrimiento del lugar, ya me había llevado por lugares de antigua ocupación, marcados por los escombros de viviendas completamente deterioradas y restos de cercas que rodeaban antiguos huertos. Me sentí gozoso de encontrarme una vez más entre los troncos marchitos de árboles frutales y álamos muertos que habían florecido cuando aún había emperadores que gobernaban en Roma. Un pequeño raspado experimental en la esquina de una modesta vivienda muy erosionada había revelado algunas tablillas de madera bien conservadas con escritura karosti. En un principio, fueron una promesa alentadora, y también una prueba concluyente de que esta zona, a unos seis kilómetros al sur de las primeras ruinas exploradas en 1901, albergaba restos pertenecientes al mismo periodo primitivo.

Cuando, en el crepúsculo de aquella primera tarde, paseé por las altas arenas hasta una ruina avistada en 1901, pero «abandonada» a regañadientes por razones inevitables, e iluminé un hermoso voladizo tallado que había quedado al descubierto por el ligero desplazamiento de una duna, me sentí como si nunca me hubiera marchado de allí, y a la vez agradecido por el bondadoso destino que me había permitido regresar. Pero poco me imaginaba entonces el rico botín arqueológico que me esperaba cerca de allí.

A la mañana siguiente, después de recorrer unos seis kilómetros sobre dunas absolutamente estériles, comencé nuestras nuevas excavaciones en la más septentrional de las viviendas en ruinas que Ibrahim había descubierto dispersas en una línea de unos tres kilómetros al oeste de la zona explorada anteriormente. Estas estructuras, entonces ocultas a nuestra vista por las altas dunas, evidentemente marcaban lo que debió ser la extensión del extremo noroeste de la zona a la que una vez llegó un canal desde el curso terminal del río Niya.

La ruina que despejamos en primer lugar era una vivienda relativamente pequeña, cubierta sólo por un metro o metro y medio de arena, y del tipo adecuado para ofrecer una lección instructiva a mi «manitas» indio, el valiente Naik Ram Singh, y a los demás hombres. Ocupaba una estrecha lengua de lo que, debido a la depresión producida alrededor por la erosión del viento, parecía terreno elevado, extendiéndose en continuación de la línea de un pequeño canal de irrigación todavía marcado por hileras caídas de álamos muertos. A medida que se iba alcanzando el suelo de la sala del extremo occidental, empezaron a aparecer numerosos documentos karosti sobre madera. Después de que el primer descubrimiento de una *takhta*, o tablilla, fuera debidamente recompensado con un poco de plata china, tuve la satisfacción de ver, en cada una de las tres salas de estar de la casa, un espécimen tras otro de este antiguo registro y correspondencia en lengua y escritura indias surgir de donde el último morador; probablemente un pequeño funcionario, hacia mediados del siglo III d. C., había dejado atrás su «papel usado».

Me alegró aún más ver que algunas de las tablillas rectangulares y en forma de cuña conservaban intactos sus cierres de cuerda originales, y algunas incluso sus impresiones de sellos de arcilla. ¡Qué alegría descubrir en ellas representaciones de Heracles y lo que parece ser una representación del genio del pueblo romano, creadas por el impacto de estampados clásicos! Ser recibido una vez más en estas ruinas desoladas en el corazón de Asia por vínculos tangibles con el arte de Grecia y Roma parecía borrar toda distancia en el espacio y tiempo.

Igual de familiares me resultaron los utensilios domésticos y agrícolas, todos de madera, que presentaba esta ruina. Restos de una silla de madera decorada con tallas de estilo grecobudista, instrumentos para tejer, una horma de bota, una gran bandeja para comer, una trampa para ratones, etcétera; eran todos objetos que, con mi experiencia anterior, podía reconocer a primera vista, así como los diversos métodos empleados en la construcción de las paredes almenadas, con postes de madera bien forjados y hábiles mimbres entre el yeso.

Nuestra siguiente tarea fue la limpieza de los restos de una estructura mucho mayor cercana al campamento. Aquí los muros y los objetos que pudieran haber quedado entre ellos estaban completamente erosionados, aunque los enormes postes, blanqueados y astillados, aún se alzaban en lo alto, marcando la posición del armazón de madera. Pero cuando examiné el suelo debajo de lo que parecía haber sido una dependencia o unos establos, me di cuenta rápidamente de que estaba formado por capas de un enorme montón de basura. Por supuesto, la experiencia previa era razón suficiente para excavar en esta desagradable cantera, aunque los penetrantes olores que desprendía su contenido, incluso después de diecisiete siglos de enterramiento, resultaban doblemente molestos con la fresca brisa del este, que introducía polvo fino, microbios muertos y todo lo demás en los ojos, la garganta y la nariz. Sin embargo, nuestra perseverancia a la hora de atravesar capa tras capa de residuos se vio recompensada al encontrar, a unos dos metros bajo la superficie, un pequeño recipiente de madera que probablemente había servido como cubo de la basura de alguna vivienda anterior. Había curiosos restos de todo tipo: trapos de diversos tejidos de seda, algodón, fieltro, sellos de bronce y hueso, cuero bordado, plumas de madera, fragmentos de cerámica lacada, utensilios rotos de madera, etcétera.

Pero aún más gratificante fue el hallazgo de más de una docena de pequeñas tablillas inscritas con caracteres chinos de exquisita caligrafía. La mayoría de ellas, examinadas por el profesor Chavannes, han resultado ser etiquetas fijadas originalmente a regalos hechos a miembros de la familia de los jefes locales. La referencia que hace una de ellas a la casa de una de las esposas del gobernante ha permitido demostrar que el antiguo emplazamiento estaba incluido en el territorio de Jing Jue, que los *Anales de la dinastía Han* mencionan como situado entre Cherchen y Keriya. En el fondo del recinto encontramos un pequeño montón de trigo, todavía en gavillas y en perfecto estado de conservación, y cerca de él los cuerpos momificados de dos ratones.

Parece probable que esta estructura, grande, pero desgraciadamente muy erosionada, marque la posición de una residencia ocupada al menos temporalmente por una persona de importancia. A esto apunta el gran tamaño de una sala, que mide doce por diez metros de superficie, y el descubrimiento hecho en una visita posterior al sitio de que al suroeste de la ruina se extiende por más de un kilómetro, un área donde el suelo no oculto por las dunas está densamente cubierto de fragmentos de cerámica y otros escombros duros. Se trata, evidentemente, de un terreno ocupado en otro tiempo por casas que, al estar construidas únicamente con paredes de ladrillos secados al sol o de arcilla estampada —material utilizado aún hoy en día para las viviendas ordinarias en las ciudades y pueblos de esta región—, no podían resistir tanto tiempo a la erosión del viento como las estructuras superiores de madera y zarzo de las clases acomodadas.

No puedo dar detalles de los ajetreados días que pasé buscando en la cadena de viviendas que se extendía hacia el sur. Algunas habían sufrido mucho a causa de la erosión; otras habían estado mejor protegidas, y la limpieza de la arena alta que llenaba sus habitaciones costó grandes esfuerzos. En casi todas estas viviendas aparecieron registros karosti en madera, ya fueran cartas, cuentas, borradores o memorandos. Además, se encontraron tallas arquitectónicas en madera, objetos domésticos y utensilios ilustrativos de la vida cotidiana y de las industrias predominantes. Aunque los últimos habitantes de esta modesta Pompeya no dejaron nada de valor intrínseco, el gran número de habitaciones individuales provistas de chimeneas, cómodas plataformas para sentarse, armarios de madera, etcétera, son prueba suficiente de la comodidad con la que vivían. Cerca de estas casas se podían rastrear casi siempre restos de jardines vallados y de avenidas de álamos o árboles frutales. Allí donde las dunas habían servido de protección, los troncos macilentos y blanqueados de estos huertos, principalmente de moreras, aún se elevaban hasta tres o cuatro metros.

Pero lo que más me fascinó al principio fue la absoluta esterilidad y las amplias vistas del desierto que me rodeaba. Las ruinas de este extremo del yacimiento se encuentran más allá de la zona de matorral vivo de tamariscos. Como el mar abierto, la extensión de dunas amarillas se extendía ante mí, sin nada que rompiera su ondulada monotonía, salvo los troncos blanqueados de los árboles o las hileras de postes astillados que marcaban las casas que se alzaban aquí y allá por encima de las crestas arenosas. A menudo sugerían curiosamente la imagen de un naufragio reducido a las meras costillas de su madera. Había también una brisa fresca y el gran silencio del océano.

Debo renunciar a cualquier intento de descripción detallada de los resultados de quince días de trabajo exigente pero fructífero. Sin embargo, un botín particularmente rico en documentos antiguos puede reclamar mención sólo por las condiciones características en que fue descubierto. Estaba limpiando una gran residencia en un grupo de ruinas en el extremo oeste del yacimiento. En mi anterior visita había sido rastreada demasiado tarde para explorarla por completo, y desde entonces la había mantenido, por así decirlo, en secreto. Las bellas piezas de talla arquitectónica en madera que salieron a la luz cerca de una gran sala central pronto demostraron que la vivienda debía de ser de una persona acomodada. Los hallazgos de registros karosti de tamaño respetable, incluida una tablilla de madera de un metro de largo, en lo que parecía haber sido una antesala, sugerían que había sido un funcionario de cierta importancia.

La esperanza de encontrar más restos se vio pronto justificada cuando los primeros golpes del *ketman** dejaron al descubierto archivos de documentos corrientes cerca del suelo de una estrecha sala contigua al vestíbulo central. Pronto llegaron a ser más de cien. La mayoría de ellos eran «cuñas» utilizadas para transmitir órdenes ejecutivas; otros, en tablillas oblongas, cuentas, listas y «papeles de oficina» diversos, por utilizar una vez más un anacronismo. Evidentemente, habíamos dado con archivos de oficina arrojados aquí abajo y excelentemente conservados, al abrigo de metro y medio de arena. El raspado del suelo de barro en busca de piezas desprendidas seguía su curso cuando un extraño descubrimiento recompensó al honrado Rustam, el excavador más experimentado de mi «vieja guardia».

Ya durante la primera limpieza, había notado un gran trozo de arcilla o yeso cerca de la pared donde yacían más cerca los paquetes de tablillas. Había ordenado que no lo tocaran, aunque no creía que hubiera llegado allí por casualidad. Rustam acababa de extraer entre ella y la pared una tablilla de doble cuña bien conservada, cuando lo vi escarbar ansiosamente con las manos en el suelo, como cuando mi fox terrier Dash se afanaba abriendo agujeros para cazar ratas. Antes de que pudiera hacer ninguna pregunta, vi a Rustam sacar triunfalmente, de unos quince centímetros bajo el suelo, un documento rectangular completo con su doble sello de arcilla intacto y su sobre aún sin abrir. Al agrandar el agujero, vimos que el espacio hacia la pared y por debajo de su viga de cimentación estaba lleno de capas apretadas de documentos similares.

Estaba claro que habíamos dado con un pequeño archivo oculto, y mi alegría por este novedoso hallazgo fue grande, pues aparte del interés de los documentos en sí y de su espléndida conservación, el

---

* *Ketmen*, o *katman*, es un tipo de azada típico de Asia central.

estado en que se encontraban proporcionaba indicios muy valiosos. Salvo algunas excepciones, todos los documentos rectangulares, de los que al final se extrajeron tres docenas, tenían sus elaborados cierres de cuerda sin abrir y sellados en el sobre. Esto confirmaba manifiestamente la conjetura a la que había llegado en el caso de algunos hallazgos anteriores de este tipo. Se trataba de acuerdos o bonos que debían conservarse con sus cierres y sellos originales para que, en caso de necesidad, pudiera establecerse con seguridad su validez.

Característicamente, los dos únicos registros abiertos resultaron ser cartas dirigidas en debida forma al «honorable Cojhbo Sojaka, cuya vista es querida por dioses y hombres», cuyo nombre y título había leído anteriormente en muchas de las notas oficiales desenterradas en los dispersos archivos. El cuidado que se había puesto en ocultar el depósito y, al mismo tiempo, marcar su posición —pues ese era, sin duda, el propósito del trozo de arcilla, como Rustam había adivinado con toda razón— demostraba que el propietario se había visto obligado a abandonar el lugar por una emergencia, pero con la esperanza de regresar.

Hubo que tener mucho cuidado en la mudanza para salvar los sellos de arcilla de cualquier riesgo de daño. Algunos de ellos contenían impresiones de dos o tres grabados. Mi cuidado se vio ampliamente recompensado cuando descubrí, al limpiarlos por la noche en mi tienda, que casi todos habían permanecido tan frescos como cuando se imprimieron por primera vez; y que la mayoría de ellos eran de sellos de factura clásica que representaban a un Zeus arcaico, a Heracles con garrote y piel de león, a Eros, a Palas Promacos, bustos con casco, etcétera. Era extraño cuán victoriosamente el arte del troquelador griego había dejado sus huellas en esta lejana región, y extraño, también, saberme el poseedor de facto de las escrituras de Sojaka probablemente referidas a tierras y otros bienes inmuebles enterrados hacía largos siglos bajo las silenciosas dunas. ¿Dónde estaba el tribunal que podría ayudarme a reclamarlas?

A medida que avanzábamos hacia el sur del yacimiento, el entorno se volvía más sombrío y casi lúgubre, a pesar de la aparición de matorrales todavía vivos. Había que buscar las ruinas entre conos de arena muy juntos que levantaban sus cabezas cubiertas de masas enmarañadas de tamariscos, vivos o muertos, a doce o quince metros de altura. Las ruinas que emergían al pie de las colinas de arena, con el suelo profundamente erosionado al otro lado, componían extrañas imágenes de soledad. La bruma de polvo levantada por un viento frío del noreste añadía una atmósfera de color apropiado. Casi con una sensación de alivio salimos por fin a un terreno algo más abierto hacia el extremo sur del yacimiento. Las viviendas en ruinas eran pequeñas, pero una inspección del terreno cercano reveló características de interés.

A sólo unos sesenta metros de la ruina que en mi nueva visita me había proporcionado las primeras tablillas, había un grupo de moreras muertas cuyos troncos se alzaban hasta tres metros o más, y que en otro tiempo habían dado sombra a un depósito todavía marcado por una depresión. No había que buscar muy lejos el arroyo del que debió nacer el canal que alimentaba el depósito, pues detrás de la cresta más cercana de altos conos de arena coronados de tamariscos, al oeste, aún había una pasarela de unos treinta metros de largo tendida a través de un inconfundible lecho de río seco. Dos de los caballetes que habían soportado el puente seguían en pie. Más allá de la orilla izquierda se extendían restos marchitos de glorietas a lo largo de más de doscientos metros. A lo largo de más de tres kilómetros hacia el noroeste podía seguir las huellas del antiguo lecho del río, en algunos lugares completamente cubierto por arena a la deriva, pero emergiendo de nuevo entre dunas bajas y manchas de bosque muerto. Sobre todo este extraño terreno, la desecación se expandía con la mayor claridad.

Una prueba particularmente impresionante del gran cambio que se había producido en este terreno fue cuando, más allá de una curiosa depresión profunda probablemente erosionada por el viento y flanqueada por altos conos de tamarisco, y no lejos de la pasarela, encontramos los restos de un huerto grande y extraordinariamente bien conservado. Las hileras cuidadosamente dispuestas de diversos árboles frutales y las vides en espaldera, aunque muertas desde hacía más de dieciséis siglos, podían examinarse aquí con una nitidez casi asombrosa.

Los cuatrocientos y pico kilómetros de desierto a través de los cuales mis marchas me llevaron en noviembre de 1906 desde el yacimiento de Niya hacia el noreste, pasando por Cherchen hasta Charklik, ofrecieron oportunidades para interesantes observaciones tanto geográficas como arqueológicas en más de un punto. Baste mencionar aquí la solución que algunos hallazgos afortunados en un antiguo yacimiento al este del río Endere ofrecieron a un problema de marcado interés arqueológico. Partiendo del santuario del imán Yafar Sadik, llegamos a este lugar tras una sucesión de marchas penosas a través de las altas y prohibitivas crestas de dunas que separan los cursos moribundos de los ríos Niya y Yartungaz del lecho del río Endere antes de que éste también se pierda en las arenas del Taklamakán.

La primera vez que visité las ruinas de Endere fue en 1901, cuando las excavaciones llevadas a cabo en un pequeño fuerte protegido por una muralla circular me permitieron descubrir un pequeño santuario budista, muy similar a los encontrados en Dandan Oilik. Entre los interesantes hallazgos que allí se produjeron figuraban manuscritos budistas tibetanos, los ejemplares más antiguos conocidos hasta la fecha de esa escritura e idioma. Una inscripción china, grabada en la pared de la cella del templo, registraba la visita de un administrador chino y daba una fecha correspondiente al año 719 d. C. Esto, junto con el depósito de textos tibetanos, hacía bastante seguro que el fuerte debiera de estar ocupado en el siglo VIII d. C., hacia el final del cual la cuenca del Tarim pasó durante un tiempo bajo dominio tibetano.

Es curioso que Xuanzang, el gran peregrino chino que pasó por la misma ruta de Niya a Cherchen en el año 645 d. C., no encontrara ningún lugar habitado en su marcha de diez días por el desierto. Pero menciona claramente, en una posición que corresponde exactamente al yacimiento de Endere, ruinas de asentamientos abandonados que le fueron descritos como «antiguas sedes de los tocarios», famosas en la historia centroasiática.

Los descubrimientos realizados en mi segunda visita demostraron de forma concluyente que nos encontramos ante un caso histórico concreto de un antiguo emplazamiento abandonado en su día al desierto que ha sido reocupado tras el paso de los siglos. Un desplazamiento de las dunas bajas cerca del fuerte había dejado al descubierto restos muy erosionados de algunas viviendas antiguas que yo no había observado anteriormente. Cuando hice limpiar cuidadosamente los montones de desechos solidificados que los habían salvado de la destrucción total, salieron a la luz algunos documentos de madera en escritura karosti que claramente se remontaban a los primeros siglos de nuestra era y, por lo tanto, al mismo periodo de Tocaria, es decir, a la ascendencia indoescita.

Otra evidencia sorprendente de la demostrada precisión de mi viejo guía salió a la luz cuando descubrí que la muralla del fuerte circular, obviamente construida después de su paso, en realidad estaba en un lugar levantado sobre un banco de basura que pertenecía a los primeros siglos de nuestra era. Esto fue probado por un documento escrito en karosti sobre madera que se encontró allí. Es significativo que el momento cuando se construyó el fuerte que devolvió la vida a las ruinas de Xuanzang coincide con el restablecimiento del poder chino en la cuenca del Tarim, lo que aseguraría su paz y seguridad. Añado que, en una visita posterior al yacimiento de Endere, pude rastrear más restos de ese asentamiento que Xuanzang encontrase abandonado en el desierto durante su legendario viaje.

CASA EN RUINAS TRAS LA EXCAVACIÓN, YACIMIENTO DE NIYA, PRIMER HALLAZGO DE TABLILLAS INSCRITAS

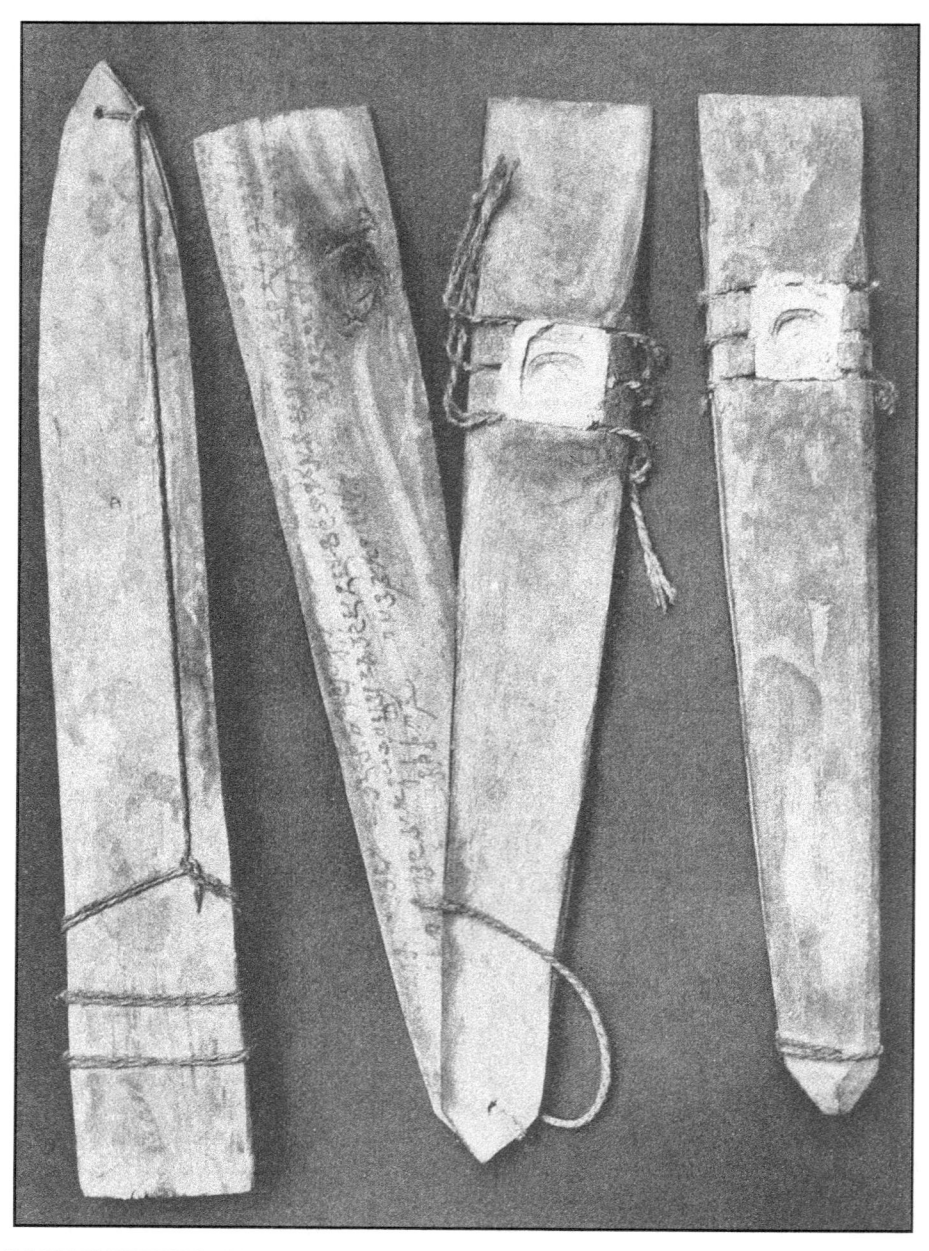

DOCUMENTOS ESCRITOS EN KAROSTI SOBRE TABLILLAS DE DOBLE CUÑA, ENCONTRADOS EN NIYA

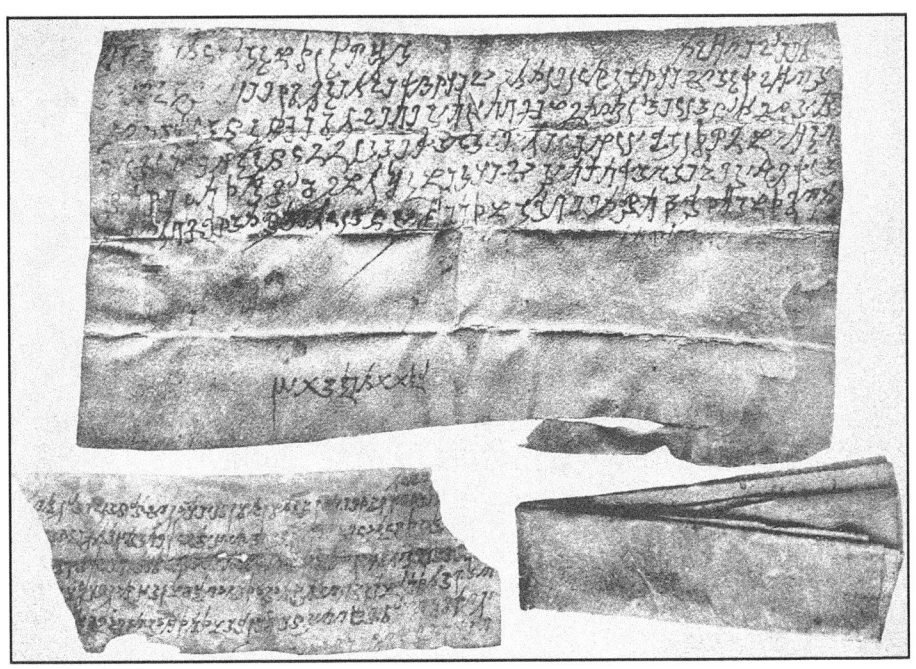

DOCUMENTOS KAROSTI EN CUERO, PROCEDENTES DE UN BASURERO DENTRO DE UNA VIVIENDA EN RUINAS, YACIMIENTO DE NIYA

SOPORTES DOBLES DE MADERA TALLADA DE VIVIENDA EN RUINAS, YACIMIENTO DE NIYA

RESTOS DE ANTIGUO VIÑEDO CON POSTES DE EMPARRADO, YACIMIENTO DE NIYA

INTERIOR DE LA CELLA DEL TEMPLO BUDISTA EN RUINAS DE ENDERE, TRAS LA EXCAVACIÓN

CAPÍTULO VII

Las ruinas de Miran

A principios de diciembre de 1906, me encontraba en el pequeño oasis de Charklik. Aunque ahora no es más que una modesta aldea, representa el lugar principal y la sede oficial de un distrito que entonces se extendía por más de cinco grados de longitud de este a oeste. El hecho de que el conjunto del distrito no cuente con más de quinientos hogares, incluidos los pastores y pescadores seminómadas, conocidos como *loplik*,* indica suficientemente el carácter desértico de todo el territorio. Hacia el este comprende la imponente extensión del lecho salino desecado al que me referí en el primer capítulo, y las marismas de Lop Nor, que forman el último vestigio de aquel mar prehistórico. Reciben el agua del moribundo río Tarim, y con ella todo lo que queda del drenaje de la enorme cuenca que lleva su nombre.

El territorio se conoce ahora como Lop, tal como era cuando Marco Polo pasó por aquí, hacia finales del siglo XIII, antes de cruzar el «gran desierto de Lop», como él lo llama, en su camino hacia Catay, o la China más occidental. Aunque sus recursos económicos debieron de ser siempre muy pobres —pues la tierra cultivable es extremadamente limitada—, este territorio fue muy importante para los chinos en la antigüedad como tierra de paso por la que discurría la línea de su primer avance hacia Asia central. De ahí que los relatos de los anales chinos de la antigua dinastía Han y de los siguientes mencionen a menudo el territorio, primero con el nombre de Loulan y posteriormente con el de Shan Shan.

---

* *Loplik* es el endónimo de los habitantes de la región de Lop.

Pruebas concluyentes demuestran que el pequeño oasis de Charklik ya era el principal asentamiento de Lop cuando Xuanzang lo atravesó en su regreso a China hacia el año 645 d. C., y que lo había sido durante varios siglos antes. Sus restos arqueológicos resultaron ser escasos, como cabía esperar en un terreno que había permanecido cultivado durante mucho tiempo o que había sido reocupado tras su abandono, como vuelve a ocurrir hoy. De todos modos, Charklik era un lugar relevante para mí, pues era en esta última localidad habitada donde tenía que hacer los preparativos para mi largamente planeada exploración de las ruinas de la antigua Loulan, situada en el desierto al norte de Lop Nor y descubierta por primera vez por el doctor Hedin en 1900.

En los próximos capítulos describiré las arduas, pero muy fructíferas e interesantes tareas, que llevé a cabo en mi segunda y tercera expedición a ese desierto prohibitivo y ahora completamente desprovisto de agua. Pero antes debo dar cuenta de los descubrimientos que acompañaron mis excavaciones en las ruinas de Miran. Llegué a ellas por primera vez después de partir de Charklik el 7 de diciembre de 1906 hacia el desierto de Lop. Después de haber comprobado rápidamente su importancia, volví a ellas a finales de enero para excavar a fondo. El sitio resultó ser un lugar muy desolado, situado a unos ochenta kilómetros al noreste de Charklik, al pie del glacis de grava absolutamente estéril que se extiende desde las montañas de Kunlun hacia la parte más occidental de los pantanos de Lop Nor. Probablemente, en tiempos históricos, estos últimos habían retrocedido considerablemente hacia el norte de la posición ocupada por las ruinas.

Un pequeño arroyo conocido como Jahan Sai, que antaño se utilizaba para regar la zona, pasa todavía a pocos kilómetros de las ruinas. Cerca de sus orillas, los habitantes de Abdal, en el Tarim, habían establecido una pequeña colonia donde podían cultivar trigo sin abandonar su vida de pescadores en el río. No tenían viviendas allí en aquel momento, pero en el estrecho cinturón de selva junto al río, nuestros camellos y ponis podían encontrar el pasto que les ofrecían los juncos secos, las hojas muertas de los álamos silvestres y los matorrales espinosos. Así nos ahorramos durante un tiempo las preocupaciones habituales sobre el transporte de agua. Pero es probable que ninguno de nosotros olvide jamás la miseria que soportamos durante aquellas tres semanas de duro trabajo incesante a causa de los vendavales helados que soplaban casi sin cesar. Hubo días en que todos mis ayudantes estaban en la lista de enfermos, a excepción de mi siempre alerta y brillante secretario chino, Jiang Xiaowan.

Mi primera vista del lugar la obtuve desde la cima de un montículo completamente en ruinas que mostraba una sólida mampostería de ladrillos secados al sol. Se trataba sin duda de los restos de una estupa budista o torre de reliquias, tal como demostraba un túnel excavado allí por cazadores de tesoros. Su cima ofrecía una excelente vista de otras ruinas que, elevándose sobre la amplia llanura de grava hacia el este, parecían islas bajas en un mar interior. El viejo fuerte del que Tokhta Akhun, mi valiente guía *loplik*, había hablado como la principal ruina del lugar, parecía bastante imponente desde lejos. Pero cuando me acerqué a él y trepé con impaciencia por los muros de su cara oeste, que presentaban graves grietas, me sorprendió su construcción inferior, que sugería una fecha relativamente tardía.

La excavación de prueba iniciada a lo largo de la cara interior del muro este pronto lo confirmó, pero al mismo tiempo reveló que aquí había una rica mina a la espera de una investigación arqueológica. En proporción inversa al pequeño tamaño y a la rudeza de las casuchas semisubterráneas sacadas a la luz, estaba la cantidad de basura que parecía llenarlas hasta el techo. Desde el principio de la excavación, aparecieron en número ingente trozos de papel y madera con inscripciones en tibetano. Las capas de desechos de todo tipo dejados por todos los ocupantes siguieron arrojando este tipo de registros, completos o fragmentarios, hasta el fondo. En el primer día de trabajo, el total ascendió a doscientos. Asimismo, eran abundantes los restos de utensilios desechados de todo tipo, fragmentos de ropas harapientas, armas, etcétera. Todo apuntaba a la conclusión de que estos profundos depósitos de basura, ricos en «chollos» arqueológicos —y notables, también, por su suciedad—, se habían acumulado durante un prolongado periodo de ocupación tibetana. Las pruebas históricas del *Libro de Tang* justificaban que yo asignara esta ocupación a los siglos VIII o IX de nuestra era.

A la mañana siguiente, procedí a un reconocimiento de unas ruinas situadas a tres kilómetros hacia el noreste, de las que Tokhta Akhun había dicho que mostraban restos de esculturas. La ruina resultó ser la de un templo budista. Por encima de los escombros que cubrían los lados de la base, que era lo único que se conservaba, aún quedaban restos de relieves de estuco dispuestos como decoración arquitectónica. Al despejar una pequeña porción de la base en el lado este, descubrí fragmentos de grandes esculturas de estuco. Entonces tuve la certeza de que el templo databa de una época mucho más antigua que la del fuerte tibetano. Una serie de observaciones hicieron que pareciera a priori muy probable que aquí se hubiera reocupado un emplazamiento de considerable antigüedad después de su abandono, como había notado antes en el yacimiento de Endere, entre Niya y Cherchen.

Parecía difícil dejar atrás un yacimiento tan prometedor, aunque fuera por un tiempo, sin agotarlo. Pero diversas consideraciones prácticas, relacionadas sobre todo con las condiciones climáticas, hicieron que el aplazamiento fuera imperativo. Y aquí debo señalar, por cierto, que sólo gracias a una adaptación tan cuidadosamente planificada a las condiciones climáticas tan diferentes que prevalecían en las diversas regiones fue posible extender nuestras exploraciones geográficas y arqueológicas a las vastas áreas cubiertas por los estudios de mi segunda y tercera expedición. Así sucedió que no pudimos reanudar la exploración de aquella desolada fortaleza tibetana hasta mi regreso del desierto, el 23 de enero de 1907. Se acampó entonces cerca de los muros del fuerte. Pero la esperanza de que nos protegieran de los vientos helados que azotaban este glacis desértico de las montañas resultó vana; con frecuencia se desviaban para atraparnos.

El fuerte en ruinas cumplía con creces las promesas de la primera excavación experimental. Las habitaciones y casuchas semienterradas que habían albergado a su guarnición tibetana entre los siglos VIII y IX d. C. eran bastante toscas en cuanto a diseño y construcción, pero resultaron contener en algunos aspectos las acumulaciones de desechos más notables que jamás me haya tocado limpiar. En medio de una suciedad inconcebible, barridos de la chimenea, paja, restos de ropas harapientas y utensilios rotos, se recogían en abundancia documentos tibetanos en madera y papel, fragmentos en muchos casos, pero a menudo bastante completos. En una pequeña habitación que aún conservaba partes del enlucido de la pared ennegrecido por el humo, volvimos a encontrar más de cien piezas de este tipo. Incluso en algunos lugares, la basura alcanzaba una altura de casi dos metros.

Pruebas de diversa índole y a menudo bastante desagradables, parecían indicar que las habitaciones que servían de casamatas fueron alquiladas hasta el final, mientras que la acumulación de desperdicios en el suelo no dejaba de aumentar. Nada, salvo la absoluta indiferencia a la suciedad, podría haber inducido a los ocupantes a dejar que una habitación tras otra de sus estrechos aposentos se convirtieran en cubos de basura regulares, repletos en algunos casos hasta el techo.

He tenido ocasión de adquirir bastante experiencia en la limpieza de antiguos montones de basura, y sé cómo diagnosticarlos. Pero por la intensidad de la suciedad y el olor que desprenden, siempre pondré en primer lugar las ricas «vestiduras» de los guerreros tibetanos. Más de un año después, cuando limpiaba los restos de un pequeño fuerte en ruinas, en la colina de Mazar Tagh, al norte de Jotán, a más de ochocientos kilómetros de distancia, diagnostiqué correctamente su ocupación tibetana por el olor de los desechos, incluso antes de encontrar pruebas arqueológicas definitivas. Entre los numerosos hallazgos curiosos del fuerte de Miran, sólo puedo mencionar aquí las abundantes reliquias de armaduras defensivas en forma de escamas de cuero lacadas. Evidentemente, pertenecían a diferentes tipos de armaduras de escamas y variaban en tamaño y ornamentación.

Era difícil encontrar tiempo para el examen de tales detalles técnicos durante los días en que soplaban casi constantemente vendavales helados. En lo alto de la dominante muralla este, donde tuve que permanecer la mayor parte del tiempo para observar las excavaciones que se realizaban en distintos lugares, se sentía al máximo el embate del viento. Cada vez que descendía a las excavaciones disfrutaba de mi parte del polvo cegador compuesto en gran parte de suciedad desintegrada. Lo peor de la exposición y la incomodidad se sentía cerca de la esquina sureste del fuerte, donde la cortina protectora de la pared había sido violada por la erosión del viento y se había caído. Y justo allí dos salas bastante grandes presentaban una mina particularmente rica de desechos y registros.

La gran masa de documentos tibetanos en madera y papel, de los que al final recuperamos aquí más de mil, ha demostrado, al ser examinados por eruditos tan competentes como los profesores F. W. Thomas y A. H. Francke, que se trata de diversos documentos de oficina, la mayoría de las veces de poca importancia. Se trata de informes, solicitudes, notas y similares, todos redactados en el lenguaje de la vida cotidiana. La literatura tibetana, aunque abunda en textos budistas canónicos, posee muy poca escritura secular primitiva. Esto confiere un interés especial a esta masa de documentos misceláneos, aparte de los múltiples atisbos que ofrecen de las condiciones locales en la época en que la cuenca del Tarim estuvo durante un siglo bajo dominio tibetano. Un gran número de los registros tratan de asuntos militares, mencionando puestos fronterizos necesitados de suministros o ayuda, movimientos de tropas, etcétera.

Entre las numerosas localidades nombradas he podido identificar el «castillo del Gran Nob» como Charklik y el «Castillo del Pequeño Nob» como la propia Miran. El nombre Nob, como el *na fu po* de Xuanzang, corresponde evidentemente al Lop medieval y moderno aplicado a todo el territorio. Otras pruebas aportadas por esos registros han permitido demostrar que las ruinas mucho más antiguas de Miran, a las que nos referiremos más adelante, marcan el emplazamiento de Yu Ni, que los anales chinos mencionan como la «antigua ciudad oriental» de Shan Shan.

La ausencia del más mínimo vestigio de escritura china entre todos estos registros es un indicio significativo de la desaparición total de la influencia y el control chinos en la cuenca del Tarim a partir del último tercio del siglo VIII. Pero, por otra parte, un pequeño paquete arrugado de papeles en escritura turca «rúnica» proporciona una prueba clara de que este lejano advenedizo de la cuenca del Tarim, también había visto algo de esas valientes tribus turcas occidentales que, ya fuera como aliados o como rivales de los tibetanos, tuvieron una participación principal en la caída de la dominación china en Asia central. El difunto profesor Thomsen, el famoso descifrador de las inscripciones del valle del Orjón en la lengua turca más antigua conocida, ha publicado estos documentos y ha demostrado que datan aproximadamente de la misma época y contienen largas listas de personas, aparentemente soldados turcos, a los que se expidieron órdenes de arresto o pasaportes.

No cabe duda de que la fortaleza tibetana estaba destinada a proteger la ruta directa desde los oasis meridionales de la cuenca del Tarim hasta Dunhuang, en los confines más occidentales de China propiamente dicha. Esta ruta, que pasa al sur de Lop Nor, había sido utilizada como línea principal de comunicación con China desde los tiempos de la dinastía Han. Xuanzang, y siglos después Marco Polo, habían seguido esta vía a través del desierto. Por lo tanto, este trayecto tenía suficiente interés histórico para mí. Pero antes de que yo mismo partiera de Miran, mi trabajo en este yacimiento se vio recompensado por el descubrimiento de arte mucho más antiguo y de mayor interés que esas reliquias de la ocupación tibetana.

Salieron a la luz gracias a los montículos de escombros de algunos santuarios budistas que sobrevivieron a la erosión del viento y se esparcieron por el suelo desnudo en las inmediaciones del fuerte. Estos santuarios, como demostraron pruebas arqueológicas concluyentes, debían de estar en ruinas mucho antes de que la ocupación tibetana condujera a la erección del fuerte. En la ruina a la que ya había dirigido mi atención en mi primera visita al lugar, podían distinguirse claramente dos historias. La destrucción, principalmente por la erosión del viento, había eliminado por completo la decoración de estuco de la superior. Sin embargo, cuando nos dispusimos a retirar los escombros de la inferior, salieron a la luz columnas semiengarzadas de aspecto sorprendentemente persepolitano y escasos restos de estatuas de tamaño natural que antaño ocupaban los nichos entre ellas. A medida que se retiraban los pesados escombros a lo largo del pasadizo que una vez rodeó toda la nave oblonga, pronto dimos con una cabeza colosal de estuco que representaba a Buda. Medía diecisiete pulgadas de ancho. Como el material no era más que arcilla gruesa mezclada con paja, levantar y empaquetar con seguridad, esta pesada masa escultórica no fue tarea fácil.

Tanto ésta como otras cabezas colosales desenterradas posteriormente mostraban con igual claridad un modelado de estilo grecobudista. El origen de ésta y otras cabezas colosales quedó al descubierto cuando, al despejar el pasadizo, se descubrió que su pared exterior estaba recubierta por los torsos de seis enormes figuras sentadas con las piernas dobladas. A lo ancho de las rodillas medían algo más de dos metros. Los ropajes que se conservaban de estos colosales budas sentados demostraban hasta qué punto el escultor de la lejana Lop había seguido la elaborada disposición de los pliegues que el estilo grecobudista de Gandhara tomaba de los modelos clásicos.

Que el abandono del templo había tenido lugar siglos antes de la ocupación tibetana se hizo muy probable cuando cerca de la base de una estatua descubrí un fragmento bastante grande de un manuscrito sánscrito de hoja de palma en caracteres brahmi. El material mostraba que el manuscrito había sido escrito en la India, y el tipo de escritura brahmi que su fecha no podía ser posterior al siglo IV.

Pero la influencia ejercida por el arte clásico se reveló de forma aún más impresionante cuando empecé a explorar un grupo de montículos que sugerían estupas muy deterioradas a dos kilómetros al oeste del fuerte. Al despejar el más pequeño de estos montículos, me topé con los restos de una sólida estructura, cuadrada por fuera pero circular por dentro. En otro tiempo tuvo una cúpula y una pequeña estupa. Pesadas masas de escombros caídos de la bóveda y de la parte superior de los muros de la rotonda bloqueaban completamente el paso circular alrededor de la base de la estupa. Aquí aparecieron rápidamente fragmentos de estuco pintado. Se hizo evidente que las paredes interiores de la rotonda habían estado en otro tiempo adornadas con frescos. Sin embargo, cuando la excavación alcanzó un nivel de unos ciento veinte centímetros por encima del suelo y comenzó a verse en la pared un dado delicadamente pintado con ángeles alados, me sentí completamente sorprendido. ¿Cómo podía esperar encontrarme en las desoladas costas de Lop Nor, en el corazón de Asia, con representaciones tan clásicas de querubines?

Mientras, limpiaba entusiasmado una cabeza tras otra con las manos desnudas, me convencí rápidamente de que la aproximación al diseño clásico y al tratamiento del color era mayor en estos murales que en cualquier otra obra de arte pictórico antiguo que hubiera visto hasta entonces, ya fuera al norte o al sur del Kunlun. La mirada vivaz de los grandes ojos completamente abiertos, la expresión de los pequeños labios con hoyuelos, etcétera, me trajeron a la memoria las bellas cabezas de retratos de muchachas y jóvenes griegas que se pueden ver en los paneles pintados de las momias de los periodos ptolemaico y romano encontradas en Egipto.

Todavía me preguntaba cómo explicar el estilo claramente clásico de la representación de estos ángeles alados y su aparente préstamo de la iconografía cristiana, cuando el descubrimiento en el pasaje de restos de serpentinas de seda de colores aportó pruebas definitivas de la datación. Se trataba evidentemente de ofrendas votivas, y la escritura de las inscripciones karosti encontradas en ellas se parecía exactamente a la de los documentos de madera y cuero del yacimiento de Niya. El regalo de las serpentinas inscritas, con la escritura todavía muy fresca y negra, no pudo preceder en mucho tiempo al abandono del santuario. De ello se deduce que Miran, al igual que el emplazamiento de Niya, debió de ser abandonado hacia finales del siglo III d. C. o poco después.

No puedo describir aquí otros hallazgos menores que apoyan esta conclusión, pero debo referirme brevemente a los notables fragmentos de yeso pintado al fresco que se encontraron apoyados en capas muy juntas contra una parte de la pared que aún se mantiene en pie en la esquina sureste del pasadizo. Habían decorado en otro tiempo las caras superiores de las estelas y, deslizándose sobre los escombros ya acumulados debajo, habían escapado a la destrucción, para ser pronto cubiertos y protegidos por la arena. Fue una tarea muy delicada levantar y recuperar con seguridad estos paneles terriblemente frágiles de yeso de barro con su superficie friable de fino estuco pintado al temple.

No es necesario que describa aquí cómo se llevó a cabo esta tarea a pesar de las difíciles condiciones de trabajo y del embalaje seguro realizado con los escasos materiales que pude improvisar. Mi satisfacción fue grande cuando, al desembalar las cajas más de dos años después, descubrí que el gran cuidado puesto había permitido que todos estos restos de yeso de barro pintado llegaran sanos y salvos al Museo Británico. Allí, mi amigo y ayudante, el señor F. H. Andrews, pudo asegurar su conservación mediante un ingenioso método de montaje en yeso reforzado con aluminio expandido. Al unir cuidadosamente varios fragmentos, recuperamos porciones considerables de composiciones al fresco que formaban parte de los frisos pintados que una vez decoraron la pared de la rotonda más arriba.

Todos los frescos conservados representan escenas típicas de la iconografía budista. Así, en una pintura, la figura es obviamente Buda, vestido con la túnica marrón rojiza de los mendicantes, de pie y con la mano derecha levantada en el conocido «gesto de protección». A su lado, seis discípulos con la cabeza afeitada como monjes. La escena está claramente ambientada en un jardín o arboleda, pero no queda suficiente para determinar la leyenda concreta que ilustra la historia de la vida de Buda.

Sin embargo, es el tratamiento artístico de la composición, el diseño y el colorido, más que el significado iconográfico, lo que confiere a todos los frescos de los santuarios de Miran un interés especial y un gran valor. Por muy budistas que sean los temas, todos los detalles de la presentación artística derivan de modelos helenísticos. Baste señalar aquí los grandes ojos rectos del maestro y los discípulos, tan diferentes de los alargados ojos rasgados que presentan todas las figuras pintadas posteriormente en Asia central y Extremo Oriente. Igualmente significativo es el ropaje, la peculiar pose de los dedos curvados que emergen, como si de una toga se tratara, etcétera. En cuanto a los métodos técnicos, un testimonio muy llamativo es el empleo habitual de «luces y sombras» dondequiera que se pinte carne en estos frescos. El uso del claroscuro, tan conocido en el arte clásico, nunca se había observado en las obras pictóricas antiguas de la India, Asia central o Extremo Oriente.

Por muy variados e instructivos que sean los fragmentos que se conservan de esos frisos pintados al fresco, lo que más me ha atraído desde el principio son las bellas figuras de ángeles alados del friso. Las siete que se conservan se han puesto a salvo y ahora están repartidas entre el Museo Británico y mi colección de Nueva Delhi. Aunque en todos los aspectos externos se busca manifiestamente un efecto homogéneo propio de una fraternidad celestial, en los rostros se introduce hábilmente un fuerte elemento individual. Detalles como la variada expresión de los ojos o la postura de la cabeza, sólo pueden estudiarse adecuadamente en los originales o en las reproducciones completas que afortunadamente están disponibles en mi libro *Serindia*. Pero al menos puedo mencionar un indicio de la habilidad con la que los pintores-decoradores de Miran adaptaban los diseños, tomados de Occidente y, sin duda, utilizados a menudo, a las peculiares condiciones estructurales. Se tuvo cuidado de ajustar la postura de los bustos alados en el friso a la posición que ocupan en la parte baja de la pared del pasaje circular, de modo que su mirada elevada pudiera captar los ojos del devoto mientras realiza la circunvalación ceremonial de la estupa.

Si tenemos en cuenta ciertas formas aladas juveniles que se encuentran en los relieves grecobudistas, parece muy probable que estas figuras del dado de Miran deban remontarse al joven Eros alado de la mitología griega como su antepasado último. Pero esta ascendencia pasaba, sin duda, por etapas intermedias, influidas por concepciones orientales. Por decirlo claramente, las figuras del friso de Miran sugieren curiosamente una afinidad con los ángeles de alguna iglesia paleocristiana. Pero es bueno recordar que la idea de los ángeles como mensajeros celestiales alados era familiar a más de un sistema religioso de Asia occidental antes del surgimiento del cristianismo.

En ninguna parte del Oriente Próximo helenizado conocemos en la actualidad representaciones gráficas de ángeles de una época lo suficientemente temprana como para arrojar luz sobre la cuestión de dónde y cuándo los cupidos de la mitología clásica sufrieron la transformación en el tipo de figuras aladas que se ven en el friso de Miran. Pero es fácil explicar cómo esos ángeles llegaron a figurar en la decoración de un santuario budista en los confines de la mismísima China. La escultura grecobudista de Gandhara muestra que las figuras copiadas del Eros alado se utilizaron allí para representar a esa clase de asistentes celestiales que la mitología budista ha tomado prestados de la antigua tradición hindú y que conoce con el nombre de *gandharvas*. Si un visitante del santuario de Miran se hubiera interesado alguna vez por preguntar a sus guardianes sobre el significado de estos seres alados que recuerdan curiosamente a figuras que podría haber visto antes en regiones lejanas como Siria, Mesopotamia o Persia occidental, los guardianes locales podrían haberlos etiquetado fácilmente como *gandharvas*.

Pero podemos dudar de que esta explicación iconográfica sea realmente necesaria, pues al excavar un montículo situado a unos sesenta metros de distancia, descubrí allí un santuario budista exactamente del mismo tipo de rotonda, decorado en su pared de paso con un friso de figuras totalmente seculares y de carácter francamente occidental.

También en esta ruina, la rotonda tenía en su centro una estupa rodeada por un pasadizo circular, ambos algo más grandes que en el santuario descrito en primer lugar. El descubrimiento de un busto de ángel similar, pintado en lo poco que quedaba de la pared de un pasadizo cuadrado exterior, demostró desde el principio que ambos santuarios databan aproximadamente de la misma época. La estupa interior había sufrido mucho a causa de las excavaciones de los buscadores de tesoros, pero se recuperaron fragmentos dorados de finas tallas de madera que una vez adornaron su parte superior de entre los escombros con los que la cúpula caída había ahogado el pasadizo circular. El desescombro de este pasadizo junto a su entrada oriental reveló que lo que quedaba de la pared del pasadizo estaba decorado con frescos dispuestos en un friso con un dado debajo. En el primero pronto aparecieron unas breves inscripciones en escritura karosti y lengua india al lado de dos figuras. De este modo, quedaba definitivamente demostrado que estos santuarios y pinturas murales databan de los primeros siglos de nuestra era.

En el lado oeste, frente a la entrada, un segmento del muro de cierre había sido completamente arrasado por los primeros buscadores de tesoros. De ahí que los frescos se extendieran por dos hemiciclos separados. Debido a su mayor deterioro, el del lado norte conservaba muy poco del friso superior, pero en el fresco inferior era fácil reconocer, a pesar del evidente descoloramiento, una composición extraordinariamente elegante y de diseño bastante clásico. Su punto de unión era un amplio festón de coronas y flores portadas por figuras juveniles, verdaderos *putti*.[*] Entre ellas, cupidos sin alas se alternaban con figuras ataviadas con el gorro frigio e inconfundiblemente copiadas del dios persa Mitra, adorado en todo el Imperio romano. En los huecos del ondulante festón se alzaban alternativamente cabezas y bustos de hombres y niñas. Todos ellos, por la expresión de los rostros, la vestimenta y los objetos que llevaban en las manos, parecían destinados a transmitir un franco disfrute de la

---

[*] Término italiano cuyo singular es *putto*. Sirve para designar motivos ornamentales consistentes en figuras de niños desnudos y alados.

vida. No había relación alguna con el culto budista o la mitología, ni en estas figuras ni en las mucho mejor conservadas que se veían entre los *putti* que llevaban guirnaldas en el hemiciclo sur del dado. Entre ellas había gráciles muchachas, ricamente adornadas con flores, llevando una jarra y una copa, tocando una guitarra, etcétera. En sus rostros parecían mezclarse rasgos griegos con otros que recordaban extrañamente a tipos de belleza levantinos o circasianos, mientras que el elaborado tocado apuntaba a Oriente Próximo o Irán.

Aún más llamativos eran los tipos tan variados que presentaban los bustos masculinos. Había jóvenes con cabezas de aspecto bastante romano; su mano derecha estaba levantada con algunos dedos estirados y otros doblados hacia abajo, como si participaran en el clásico juego de la mora. Otros bustos, con barba poblada, abundante cabellera y ricas vestimentas, representaban inequívocamente a bárbaros del norte o del oeste. La expresión de los ojos, los labios anchos, la frente baja parecían transmitir una franca devoción por las cosas buenas de este mundo; y una copa transparente levantada contra el pecho lo señala aún más claramente. En marcado contraste con estos representantes de la virilidad occidental y septentrional, se veía el busto de un joven príncipe indio, bien afeitado y ricamente adornado con joyas. La inconfundible expresión de dulzura que transmitían las facciones y los ojos soñadores, tanto como el peculiar tocado en forma de pico, recordaban vivamente el conocido tipo que en la escultura grecobudista se utiliza para representar al príncipe Gautama antes de que se convirtiera en Buda.

La total desolación que lo rodeaba realzaba enormemente el efecto de este brillante ciclo de figuras. Me pareció que simbolizaban los diversos placeres de la vida. ¡Qué extraño contraste con las incomodidades y preocupaciones de los prolongados trabajos que llevábamos a cabo en yermos lóbregos que no contenían más que vestigios de un pasado muerto! Con aquel ciclo de figuras juveniles ante mí, bien podría haber sentido la tentación de creerme más entre las ruinas de alguna villa de Siria o de alguna otra provincia oriental del Imperio romano que entre las de un santuario budista en los mismos confines de China.

Sin embargo, un vistazo al friso pintado, de unos cinco metros de largo, que sobrevivió en el segmento sureste de la pared, bastó para disipar cualquier duda. Allí, sobre un campo de auténtico rojo pompeyano, podía verse una procesión que representaba la leyenda jataka del príncipe Vessantara, bien conocida entre las historias de los nacimientos anteriores de Buda. Empezando por la izquierda de la entrada, se muestra al piadoso príncipe saliendo a caballo por la puerta del palacio, desterrado por su padre real por excesiva prodigalidad en donaciones caritativas. Delante de él, una cuadriga clásica transporta a su esposa, igualmente piadosa, y a sus dos hijos. A continuación, la escena se traslada al bosque, donde el príncipe, ahora a pie, entrega su milagroso elefante blanco a cuatro mendicantes brahmanes que le piden limosna. El muro, roto más adelante, no me permitió seguir el resto de la historia. Pero los fragmentos de fresco que sobreviven sobre el friso del hemiciclo norte demuestran que allí se había representado la vida eremítica llevada por la pareja principesca tras su retiro a la selva, y finalmente su feliz regreso a su casa real, con el que termina la piadosa historia.

Tanto el friso como el dado fueron pintados por la misma mano. Pero mientras que en el friso el pintor seguía manifiestamente la representación convencional que el arte grecobudista había adoptado mucho antes para esa leyenda en particular, el carácter cuasisecular del dado le dejaba libertad para inspirarse en el arte contemporáneo del oriente romano. Esta impresión ha recibido un claro apoyo, de lo que una breve inscripción en karosti pintada en el muslo del elefante blanco nos ha revelado afortunadamente sobre el pintor de los frescos. Según la interpretación del abate Boyer, distinguido erudito francés y valioso colaborador en todos mis materiales en karosti, en ella consta el nombre del pintor como Tita, así como el importe del pago que recibió por su trabajo. Hay algunas dudas sobre las palabras que indican la cantidad, pero ninguna sobre el nombre, y como Tita es una forma que no se puede explicar etimológicamente en ninguna lengua india o iraní, no dudo en reconocer en ella la traducción que el nombre romano *Titus* recibiría necesariamente en sánscrito y prácrito.

No debe sorprendernos que este nombre, de uso popular en los primeros siglos de nuestra era en todo el oriente romano, lo llevara un pintor-decorador a quien su vocación había llevado tan lejos como China. Por un relato de Marino de Tiro, conservado en el libro *Geografía* de Ptolomeo, sabemos que hombres de origen muy parecido, euroasiáticos romanos, por así decirlo, solían visitar la «tierra de los Seres», es decir, China propiamente dicha, en relación con el comercio de la seda, y eso mucho antes de la fecha probable de los santuarios de Miran.

Fue fácil cerciorarse, mediante repetidos calcos de copias exactas de ésta y otra breve inscripción karosti en el friso, que se refiere al príncipe Vessantara. Pero las dificultades climáticas y de otra índole me hicieron prácticamente imposible en aquel momento obtener un registro fotográfico de los frescos que hiciera justicia a su importancia artística. Pronto me convencí de que, debido a la peculiar fragilidad del yeso sobre el que estaban pintados, cualquier intento de retirar los trozos más grandes de la superficie pintada daría como resultado una mera destrucción, a menos que se cortara sistemáticamente la capa posterior para permitir un desprendimiento seguro. Esta laboriosa tarea habría requerido al menos un mes, si no más. Era, pues, imposible disponer de ese tiempo sin correr el grave riesgo de que el largo viaje que me proponía a través del desierto de Lop hasta Dunhuang se hiciera impracticable por el derretimiento, a medida que avanzaba la estación, del hielo de los manantiales de sal de los que, en varias etapas, tendríamos que depender para obtener agua. Así que, de mala gana, tuve que dejar esta difícil tarea para más adelante.

Mi pesar por esta necesidad resultó estar demasiado justificado. Cuando en marzo de 1908 pude permitir que Naik Ram Singh regresara para esa tarea desde los alrededores de Jotán, mi hábil y siempre afortunado «manitas» llegó al lugar sólo para caer allí víctima de esa enfermedad del glaucoma antes de que pudiera comenzar su tarea de mudanza. La forma heroica en que el valiente sij* se aferró al intento incluso después de haberse quedado ciego primero de un ojo y luego del otro es una historia trágica, demasiado larga y triste para contarla aquí en detalle.

Cuando en enero de 1914 regresé el lugar en ruinas, descubrí con consternación que el cuidado que tanto yo como más tarde Naik Ram Singh habíamos puesto en que el interior del santuario volviera a estar a salvo bajo la arena y los escombros, no había bastado para protegerlo. Unos años después de mi descubrimiento, un joven viajero japonés que carecía de la preparación, la habilidad técnica y la experiencia necesarias para su afán arqueológico intentó retirar los frescos. El intento estaba abocado a la mera destrucción, como demostraron claramente los fragmentos de yeso duro pintado que encontré esparcidos por el suelo del pasadizo bajo el hemiciclo sur. Afortunadamente, este desafortunado intento de «proceder arqueológico» fue abandonado antes de que se extendiera al hemiciclo norte, y logramos retirar sin daños el fresco de éste tras un prolongado y exigente trabajo. Pero de la mayor parte de las pinturas que había sacado a la luz aquí por primera vez, sólo mis fotografías, imperfectas como son, y mis cuadernos, han conservado un registro.

---

*   Seguidor del sijismo, religión originaria del norte de la India.

BASE DE UN ANTIGUO SANTUARIO BUDISTA, EN EL YACIMIENTO DE MIRAN, DESDE EL NORESTE, TRAS LA EXCAVACIÓN

ESQUINA SURESTE DEL INTERIOR DE UN FUERTE TIBETANO EN RUINAS, MIRAN, EN CURSO DE EXCAVACIÓN

SALÓN DE LA CASA EN RUINAS DEL YACIMIENTO OCCIDENTAL EN LOULAN, CON PILARES DE MADERA TORNEADA, TRAS LA EXCAVACIÓN

FRESCOS DE FIGURAS ALADAS DEL FRISO DE UN PASILLO DE UN SANTUARIO BUDISTA EN RUINAS, EXCAVADO EN EL YACIMIENTO DE MIRAN

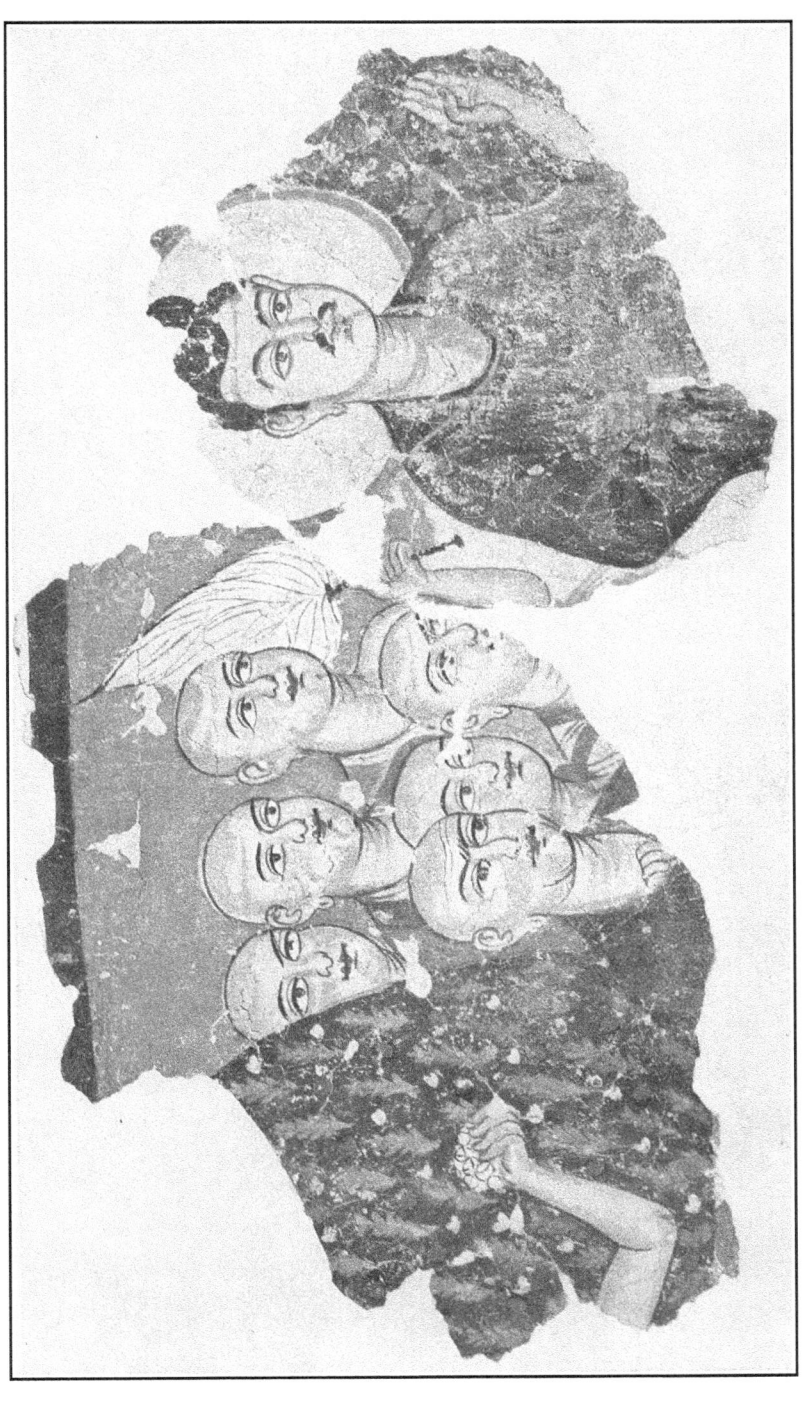

PARTE DE UNA COMPOSICIÓN AL FRESCO QUE MUESTRA UNA ESCENA DE UNA LEYENDA BUDISTA, PROCEDENTE DEL FRISO DE UN SANTUARIO BUDISTA EN RUINAS, EXCAVADO EN EL YACIMIENTO DE MIRAN

CAPÍTULO VIII

Exploraciones en la antigua Loulan

Fue en el pequeño oasis de Charklik, como ya se ha relatado, donde en los primeros días de diciembre de 1906 tuve que hacer los preparativos para mi largamente planeada expedición a las ruinas del desierto sin agua, al norte de Lop Nor, que el doctor Hedin había descubierto por primera vez en su memorable viaje de 1900. Después de explorar cualquier vestigio que pudiéramos encontrar allí, me proponía llevar mi caravana a través del desierto de Lop, descrito por Marco Polo, hasta Dunhuang por la antigua ruta que él siguió y que desde entonces había caído en el olvido durante siglos. Todo indicaba que era necesario organizar cuidadosamente el transporte y los suministros si se querían evitar graves riesgos. Igualmente importante era administrar mi tiempo con el mayor cuidado posible, pues el trabajo en el desierto sin agua sólo sería practicable durante los pocos meses de invierno en que el frío me permitiría transportar agua en forma de hielo.

Los recursos extremadamente limitados de Charklik, una mera aldea como corresponde al cuartel general de un distrito casi totalmente desértico, hacían de estos preparativos una tarea exigente. En el plazo de tres días, tuve que reunir un contingente de cincuenta trabajadores para las excavaciones propuestas, con provisiones de alimentos para todos nosotros durante cinco semanas, y reunir tantos camellos como me fuera posible para el transporte; ya que tendríamos que llevar agua, o más bien hielo, suficiente para satisfacer las necesidades de todos nosotros durante siete días de marcha a través del desierto, luego durante una prolongada estancia en las ruinas, y por último en el viaje de regreso.

El problema parecía bastante formidable cuando descubrí que, después de agotar los recursos locales, sólo podía aumentar el número de camellos a veintiuno, incluyendo mis propios siete, animales finos y curtidos, y algunos animales traídos en alquiler de Cherchen. El problema habría sido aún más complicado si no hubiera podido contar como conveniente depósito con la pequeña aldea de pescadores de Abdal, cerca de donde las aguas del Tarim se vierten en los pantanos de Lop. Allí podía dejar todo el equipaje y las provisiones que no necesitara inmediatamente, para disponer de ellas cuando llegara el momento de avanzar por el desierto hasta Dunhuang.

Afortunadamente, Liao Daloye, el magistrado chino de este desamparado distrito, se mostró muy servicial. Pronto se unieron a mí dos robustos cazadores de Abdal: Mulla, un anciano enjuto, y el fornido Tokhta Akhun. Ambos habían trabajado con Hedin y no estaban asustados, como el resto de los hombres, por los riesgos de una expedición en el desierto. Era cierto que ninguno de los dos se había acercado nunca a las ruinas desde el lado de Abdal, y, por lo tanto, no se podía esperar que actuaran como guías más allá del punto en que debíamos abandonar los pantanos. Pero conocían la naturaleza del terreno que debíamos atravesar y, acostumbrados a las dificultades por su experiencia como cazadores, estaban dispuestos a enfrentarse al desierto invernal como hombres. Su pronta aparición en escena animó a los agricultores locales seleccionados como excavadores, que estaban muy asustados ante la perspectiva de tener que abandonar sus hogares en pleno invierno para emprender un viaje lejano y totalmente desconocido por el desierto sin agua hacia el noreste. Sus parientes se lamentaban de que ya estaban condenados.

Tras denodados esfuerzos, pudimos partir la mañana del 6 de diciembre. Cuando pasé revista a mi equipo de trabajadores, debidamente reunidos al borde de los últimos cultivos, me llamó mucho la atención el fuerte aspecto mongol de los rostros de los *lopliks*. Son descendientes de la estirpe autóctona seminómada de pescadores, a diferencia de los colonos turcos provenientes de los lejanos oasis occidentales. Allí los parientes de los hombres nos despidieron con gritos de *yol bolsun,* (que haya camino). Pocas veces este «adiós» turco había sonado tan cargado de significado.

Ya he relatado cómo las excavaciones de prueba nos detuvieron durante un par de días en el emplazamiento en ruinas de Miran, al que llegamos tras dos largas marchas a través de un glacis de grava completamente yermo. El 10 de diciembre alcanzamos Abdal, la última aldea de pescadores del Tarim. Allí nuestros ponis, así como todas las provisiones y equipaje, que no necesitábamos hasta la partida hacia Dunhuang, quedaron a cargo de Tila Bai, el más fiable de mis sirvientes turcos. Mi devoto secretario chino, Jiang Xiaowan, muy a su pesar, también tuvo que quedarse atrás, deseoso como estaba de seguir a mi lado. Sus pies no habrían estado a la altura de las largas caminatas por el difícil terreno que teníamos ante nosotros, y era imposible prescindir de camellos para su persona y su impedimenta, por delgados que fueran ambos.

A la mañana siguiente partí de Abdal con mi columna del desierto, tras cruzar el profundo Tarim, aún sin congelar. Durante un día seguimos los incipientes pantanos de Lop Nor hacia el este, y afortunadamente encontramos buen hielo grueso ya disponible en una de las lagunas de agua dulce formadas por el río moribundo. Todos los camellos disponibles estaban cargados con grandes sacos llenos de hielo, cada carga pesaba entre ciento ochenta y doscientos veinte kilogramos. Cuatro depósitos de hierro galvanizado llenos de agua, que también se congeló pronto, debían servir de reserva segura. Además, teníamos unos treinta burros cargados con bolsas de hielo más pequeñas. Debían marchar durante dos días más allá del último punto donde hubiera agua potable o hielo y dejar allí sus cargas como una especie de depósito de reserva a medio camino. Por supuesto, ellos mismos necesitarían agua; pero con dos días de sed encima, y aliviados de cargas, se podía confiar en que regresarían rápidamente al Tarim.

En cuanto a los camellos, se les dio de beber agua durante mucho tiempo, de seis a siete cubos grandes cada uno, y eso tendría que durarles, por lo que sabíamos, algunas semanas. En el crudo frío del invierno tendrían mucha menos necesidad de agua que de pasto. No cabía esperar ningún pasto para ellos, una vez dejada atrás la última vegetación viva, hasta que llegaran a los cañaverales de unos manantiales salados al norte del lugar en ruinas. Pero Hassan Akhun, mi excelente jefe de camelleros en todos mis viajes, nos había proporcionado a nuestro equipo unas cuantas pieles llenas de aceite de colza para administrar de vez en cuando media pinta de este maloliente lujo a cada uno de nuestros camellos. Era el «té de los camellos», según declaró mi factótum camellero, en el frío del invierno, y resultó ser de gran valor nutritivo cuando tuvieron que pasar tanto tiempo sin pastar.

Después de otro día de marcha a través de una lóbrega estepa cubierta de sal, otros dos de mis hombres fueron dejados atrás en un estanque cerca del pantano de Chainut Kol, donde el agua era apenas potable para los animales y estaba cubierta de fino hielo. Esto iba a formar una especie de campamento avanzado con raciones de sobra para los trabajadores. La ruta que emprendimos desde este punto hacia el norte-noreste se aproximaba necesariamente a la seguida por Hedin, en 1900, en sentido inverso. Pero no había nada para guiarnos, salvo la posición de las ruinas indicada en su hoja de ruta y la brújula. Además, se había producido un notable cambio en los aspectos físicos de este lúgubre terreno desde que Hedin lo hubiera atravesado desde el norte. Las grandes lagunas recién formadas en que las aguas del Tarim se habían extendido hacia el norte, en aquel año de excepcional crecida primaveral, se habían secado por completo desde entonces. El agua de los raros charcos que quedaban en los lechos salinos de esas lagunas era tan salada que, a pesar del gran frío, aún no se había congelado.

Al atardecer del 14 de diciembre habíamos dejado atrás la última depresión con álamos y tamariscos muertos y acampado entre altos conos de arena cubiertos de tamariscos. Allí, todas las bolsas de hielo llevadas en los burros fueron cuidadosamente apiladas en el lado norte del cono de arena más alto para formar un depósito, y los burros fueron enviados de vuelta a cargo de dos hombres más. Estos debían regresar de Chainut Kol y traer los víveres de reserva de los trabajadores.

Al reanudar la marcha, nos adentramos muy pronto en esa zona de excesiva erosión eólica que constituye una característica tan llamativa de la porción septentrional del desierto de Lop. Consiste en una sucesión interminable de terrazas arcillosas, separadas por zanjas. Los *lopliks* las conocen con el nombre de *yardangs*. Todas ellas han sido esculpidas por los vientos con la ayuda de la arena que impulsan ante ellas y que les sirve así de instrumento de corrosión. Estas terrazas, o *yardangs*, se extienden invariablemente de este-noreste a oeste-suroeste y marcan así claramente la dirección predominante de los vientos más fuertes y persistentes, que descienden durante la mayor parte del año desde la meseta de Mongolia hasta esta porción más baja de la cuenca del Tarim, y obedecen al poderoso factor atmosférico conocido como «aspiración».

La marcha a través de esos bancos terriblemente duros y las trincheras de arcilla sobre las cuales proseguía nuestra ruta cansaba a hombres y animales gravemente. Era muy duro para los pies de los camellos, ya que sus blandas almohadillas se agrietaban y laceraban con facilidad en ese terreno. Así, en cada campamento, varias de las pobres bestias tenían que someterse a una dolorosa aunque siempre eficaz operación de arreglo. Consiste en coser pequeños trozos de piel de buey sobre la piel viva para proteger los puntos doloridos. Es una operación que requiere mucha habilidad, ya que el camello se resiste tenazmente.

Afortunadamente, Hassan Akhun era un gran experto y siempre estaba dispuesto a instruir a los demás camelleros, aunque sus métodos de instrucción distaban mucho de ser suaves, pues a veces incluían golpes y patadas.

En medio de este terreno erosionado, cruzábamos a intervalos depresiones poco profundas, generalmente marcadas por hileras de troncos caídos de álamos silvestres muertos. Podían seguirse con la mirada serpenteando en la distancia, como las ramas de los ríos, antes de perderse en la llana extensión del desierto arenoso. Y, de hecho, las observaciones repetidas en las diferentes rutas por las que he cruzado sucesivamente esta parte del desierto de Lop, junto con las pruebas proporcionadas por nuestra cuidadosa cartografía de todas estas características, me han llevado a creer que estas depresiones con las franjas de bosque muerto a lo largo de ellas marcan los lechos terminales en los que las aguas del Kyruk Darya, que una vez irrigó la tierra alrededor del sitio en ruinas de Loulan, en diferentes periodos se habían abierto camino en los pantanos que bordean el gran mar seco de Lop. Las razones topográficas y arqueológicas de esta creencia se han expuesto ampliamente en *Serindia* e *Innermost Asia*. Baste mencionar aquí que encuentran apoyo en las interesantes referencias proporcionadas por los registros históricos chinos a este antiguo delta y al lecho marino desecado hacia el este.

Apenas habíamos entrado en esta desolada zona cuando, sobre su suelo desnudo, barrido por el viento, se recogieron en frecuente sucesión puntas de flecha de sílex, hojas de cuchillo y otros pequeños utensilios de la Edad de Piedra, junto con fragmentos de cerámica muy tosca. Lo mismo volvió a ocurrir, a intervalos, más adelante. Teniendo en cuenta que nuestra ruta tenía que ser lo más recta posible, y que la búsqueda a derecha o izquierda estaba prácticamente excluida, la frecuencia de tales hallazgos era una prueba concluyente de que los cinturones de esta zona debían haber sido ocupados por el hombre en la prehistoria tardía.

La difícil naturaleza del terreno no nos permitía cubrir más de veintidós kilómetros de marcha al día como máximo, aunque mantuve a hombres y bestias en movimiento desde primera hora de la mañana hasta el anochecer. Tampoco era fácil mantener un rumbo correcto hacia el punto de la brújula por el que nos guiábamos en un terreno tan quebrado. Por la misma razón, tuve que tener cuidado de que nuestro camino estuviera marcado en puntos fácilmente visibles entre sí mediante postes construidos con madera muerta o trozos de arcilla. Estos postes debían servir de guía a los que iban a traer nuestra reserva de hielo y provisiones.

Nos acercábamos al final de una segunda marcha problemática a través de este páramo de arcilla dura erosionada, cuando una serie de pequeños objetos metálicos, entre ellos monedas chinas de cobre de la dinastía Han, con abundantes fragmentos de cerámica bien acabada, tirados en el suelo, nos dieron la seguridad de que nuestra ruta conducía aquí a través de un cinturón que durante tiempos históricos había conocido la ocupación humana; al menos en algunos lugares. Sin embargo, como indicaba nuestro reconocimiento, nos encontrábamos aún a veinte kilómetros en línea directa hacia el sur de las ruinas trazadas por Hedin.

Para entonces ya estábamos bajo las garras de un gélido viento del noreste que, en mitad de la noche siguiente, casi hizo volar mi tienda de campaña. Este viento cortante continuó con breves intervalos durante toda nuestra estancia en esta región. Con temperaturas mínimas que caían rápidamente a −15 °C nos hizo la vida extremadamente difícil. Si no hubiera sido por el abundante combustible suministrado por las hileras de troncos de árboles muertos blanqueados que se encontraban cerca de los antiguos lechos de los ríos, los hombres habrían sufrido aún más. Incluso con el sol brillando intensamente no podía mantener la cabeza y las manos calientes con mis más gruesos abrigos y guantes mientras soplaba aquel viento penetrante.

Monedas chinas de cobre del tipo Han, puntas de flecha de bronce y otros pequeños objetos fueron recogidos con creciente frecuencia el 17 de diciembre, cuando por fin en la tarde, después de cruzar un ancho y bien marcado lecho de río muerto, el primer montículo en ruinas que indicaba la proximidad del yacimiento fue debidamente avistado en la distancia; exactamente donde el mapa esquemático de Hedin lo situaba. La excitación entre nuestro grupo de trabajadores era grande después de la creciente ansiedad que habían sentido en cuanto al resultado de esta larga búsqueda. Todavía quedaban por recorrer unos doce kilómetros a través de escarpados bancos de arcilla y zanjas cortadas con precisión entre ellos antes de que al anochecer pudiera acampar al pie de la estupa en ruinas que destaca en este paisaje extrañamente desolado como el punto de referencia del grupo principal de ruinas.

A la mañana siguiente se iniciaron las excavaciones que, llevadas a cabo sin descanso durante once días con un número relativamente grande de hombres, me permitieron despejar todos los restos localizables en los diversos grupos de ruinas. No se perdió tiempo en enviar a los camellos. La mayoría fueron enviados hacia el norte, donde cabía esperar que encontraran pasto, al menos en los cañaverales cercanos a un manantial de sal conocido por Tokhta Akhun, al pie de las áridas colinas de Kuruk Tagh. Los demás fueron enviados al sur, a nuestro almacén a medio camino, para recoger las provisiones de hielo y otros utensilios dejados allí.

Aquella mañana, mirando a mi alrededor desde la alta base de la estupa, tenía ante mí unas vistas que me resultaban extrañamente familiares y, al mismo tiempo, sorprendentemente nuevas. Al sur y al suroeste se alzaban, en pequeños grupos, ruinas de casas de madera y yeso. Recordaban curiosamente a las ruinas del yacimiento de Niya, aunque aquí los vientos habían dejado mucha menos capa de arena protectora. Fuera de la zona ocupada por estas ruinas no había nada en lo que posar la vista, salvo una sucesión interminable de *yardangs* de arcilla dura y zanjas profundamente excavadas, todas ellas cortadas en la misma dirección en la que el implacable viento del noreste las había esculpido. Era, además, extrañamente parecido a una imagen del mar, pero de uno congelado y abombado en innumerables crestas de presión.

La excavación comenzó en una vivienda en ruinas situada cerca del sur de la estupa, en la cima de una terraza que se elevaba cinco metros sobre el suelo erosionado por el viento. No era más que un escaso vestigio de una casa bien construida, y los pesados restos de madera que cubrían las laderas mostraban dónde habían desaparecido por completo las habitaciones a causa de la erosión del suelo subyacente. Sin embargo, el registro de las partes supervivientes bastó para sacar a la luz algunos documentos chinos en estrechos trozos de madera, así como en papel. Otros documentos estaban en karosti, escritos en tablillas de madera con la forma exacta de las del yacimiento de Niya, y algunos también en trozos de papel.

Así pues, pronto hubo pruebas de que la misma lengua india primitiva que se encuentra en los registros del yacimiento de Niya era de uso común también en esta lejana región de Lop para la administración y los negocios indígenas. Teniendo en cuenta lo alejada que está la región de Lop de Jotán, esta extensión uniforme de una escritura y una lengua indias al extremo oriental de la cuenca del Tarim fue un descubrimiento de gran interés histórico. De la variedad de otras reliquias curiosas con las que se recompensó la búsqueda de esa primera ruina sólo puedo mencionar fragmentos de una alfombra de pelo de lana, la más antigua conocida hasta ahora, y un pequeño fardo de seda amarillenta, bastante bien conservado. Hallazgos posteriores de medidas de madera y de un orillo de seda inscrito me han permitido demostrar que este fardo nos muestra la anchura regular, de unos cincuenta centímetros, y la forma real en que ese antiguo y famosísimo producto de la industria china solía transportarse al Occidente clásico.

Desde el principio, el suelo expuesto y erosionado por el viento cerca de las viviendas en ruinas produjo una abundante cosecha de pequeños objetos de metal, vidrio y piedra. Abundaban los fragmentos de espejos de bronce, a menudo con una buena decoración, relieves en la parte posterior, broches de metal, sellos de piedra y similares. Se recogieron abundantes cuentas de vidrio, pasta o piedra. La profusión de monedas de cobre, todas pertenecientes a los tipos de orificio cuadrado de emisión Han, era significativa, pues sugería una abundante circulación de moneda de poco valor, así como un animado tráfico de personas.

En una gran estructura situada al suroeste, construida en parte con ladrillos secados al sol, era posible reconocer, a pesar de su avanzado estado de deterioro, los restos de un *yamen* o sede administrativa china. En una pequeña habitación parecida a un ropero, que pudo haber servido originalmente como celda de una prisión, el doctor Hedin había encontrado un número considerable de registros chinos en madera y papel, algunos fechados entre los años 264 y 270. La búsqueda minuciosa en toda la estructura dio como resultado una gran cantidad de documentos. Un cuidadoso registro de toda la estructura arrojó muchos más documentos de este tipo, entre ellos finos trozos de madera rizada, evidentemente virutas de tablillas de tamaño normal que habían sido raspadas para un nuevo uso.

Cerca de allí había casas más pequeñas, construidas exactamente igual que las residencias en Niya, aunque más toscamente, que probablemente habían servido de alojamiento a funcionarios de la administración local no china, pues aquí predominaban las tablillas karosti de forma familiar, y su estilo y contenido se parecían mucho a los de los documentos de Niya. Pero el botín más rico se hizo en un gran montón de basura, de más de treinta metros de ancho, fuera del extremo occidental del *yamen*. Entre capas de desperdicios de establo y otros desechos, esta desagradable cantera, que aún conservaba su olor acre, contenía abundantes documentos chinos, tanto en madera como en papel. Evidentemente, habían sido barridos de las oficinas como papeles viejos. A menudo estaban rotos o, en el caso de los papeles de madera, mostraban signos de haber sido utilizados como varillas para encender fuego.

Los documentos karosti, en madera, papel y seda, también habían encontrado su lugar, aunque en menor número, en este vertedero de desechos. Un hallazgo muy interesante y único en su época, fue un trozo de papel rasgado inscrito en una escritura desconocida, que recordaba al arameo. Desde entonces se ha demostrado que se trata de una reliquia de la lengua y la escritura sogdianas, hasta ahora completamente perdidas, que en los primeros siglos de nuestra era se utilizaban en la lejana Sogdiana, la región de las actuales Samarcanda y Bujará.

La interpretación de los registros chinos recuperados fue realizada por mi gran amigo, ya fallecido, el sinólogo Édouard Chavannes, en una magistral publicación editada por la Oxford University Press y que incluye todos los documentos chinos de mi segunda colección. Su contenido, al igual que los encontrados anteriormente por el doctor Hedin, demuestra de forma concluyente que el lugar fue un sitio designado como Loulan, el antiguo nombre de todo ese territorio. Constituía la cabeza de puente occidental, por así decirlo, de la primera ruta que los chinos abrieron hacia finales del siglo II a. C. en la cuenca del Tarim.

La gran mayoría de los documentos fechados pertenecen a los años comprendidos entre 263 y 270 d. C., coincidiendo así con el reinado del emperador Wu de la dinastía Jin, quien, tras la caída de la dinastía Han, reafirmó la supremacía china en los «territorios occidentales». El último documento data del año 330 d. C. Su fecha se expresa en un periodo regio que en China había concluido catorce años antes. Por lo tanto, es evidente que el pequeño sitio debió de quedar completamente aislado de las relaciones con las autoridades centrales del imperio. El abandono definitivo del lugar y de la ruta desértica para la que había servido de estación terminal estaba por entonces evidentemente muy próximo.

A pesar de lo pequeña que era la estación y de lo limitados que eran los recursos locales de toda la zona, hay suficientes pruebas en los documentos chinos para demostrar la importancia del tráfico que soportaba mientras la ruta permaneció abierta. Hay fragmentos de informes emanados del «Comandante en Jefe de las Regiones Occidentales» o dirigidos directamente a él, y de registros relativos a acciones militares en un escenario manifiestamente no local. Pero la mayoría de los documentos se refieren a pequeños detalles de la rutina administrativa llevada a cabo por aquellos que se ocupaban del cultivo, los almacenes de alimentos y el transporte de una pequeña colonia militar china. Las dificultades para hacerla autosuficiente quedan curiosamente ilustradas por las repetidas órdenes que instan a reducir el suministro de alimentos a oficiales y soldados.

Los documentos karosti, cuyo texto ha sido publicado ahora por el profesor Rapson y sus eruditos colaboradores en Francia, muestran en carácter, lenguaje y otros aspectos, la mayor concordancia con los del yacimiento de Niya. A partir de traducciones de extractos que me fueron comunicadas posteriormente, pude establecer que la designación indígena de la localidad era *Kroraina*. Con lo que el nombre de Loulan pretendía ser una traducción, lo más parecida que permitiera la fonética china.

No puedo referirme aquí a las muchas y diversas reliquias que la limpieza de ese gran montón de escombros, así como la búsqueda de otras viviendas en ruinas de los alrededores, produjeron. Pero hay un hecho curioso que ilustra la fuerza destructiva que ha dejado su huella en todo el lugar. El examen minucioso de algunas terrazas estrechas muy rotas, visibles aquí y allá al sur y al norte de la zona ocupada por las ruinas, demostró que en otro tiempo habían formado parte de murallas construidas con arcilla estampada con capas intermedias de matorral de tamarisco. Este era el método de construcción habitual utilizado por los antiguos ingenieros chinos para las obras defensivas en esta región y estaba especialmente adaptado para resistir la erosión eólica.

Sin embargo, de esta circunvalación, que originalmente formaba un cuadrado de unos trescientos metros de interior, sólo sobrevivieron fragmentos, incluso en aquellos lados que, construidos exactamente para seguir la dirección del viento predominante del este-noreste, estaban menos expuestos a su fuerza destructiva. Los otros dos lados que daban directamente a éste habían sido totalmente demolidos y literalmente arrastrados por la erosión. Sólo después de la experiencia adquirida en la apertura de brechas similares en lugares lejanos hacia el este, me di cuenta plenamente de lo que el viento había logrado aquí; y así pude, en mi segunda visita al yacimiento de Loulan en 1914, reconocer los escasos vestigios de las paredes orientadas hacia el este y el oeste que no habían sido borradas casi por completo.

Al anochecer del 22 de diciembre, nuestro trabajo en la antigua estación fortificada había concluido. Quedaba por explorar otro grupo de ruinas a unos trece kilómetros hacia el oeste. Éstas habían sido descubiertas por el doctor Hedin. Pero como sólo había podido visitarlas desde el sitio de Loulan una vez y en el curso de un solo día, y sólo tenía cinco hombres con él para ayudarle a explorarlas, obviamente quedaba margen para una excavación sistemática por mi parte. La cuestión principal era si podríamos disponer del tiempo suficiente para ello. Nuestras reservas de hielo disminuían rápidamente. Mi ansiedad aumentó cuando Tokhta Akhun regresó del manantial al pie del Kuruk Tagh con el informe de que su agua era tan salada que aún no se había formado hielo en ella. Sin embargo, las temperaturas mínimas durante nuestra estancia en las ruinas habían descendido hasta −7 °C. Por la misma razón, los camellos se habían negado a beber. Afortunadamente, el regreso de los camellos de nuestro depósito a mitad de camino nos permitió trasladar nuestro campamento a esas ruinas el 23 de diciembre.

Las excavaciones que se llevaron a cabo allí durante los cinco días siguientes con nuestro contingente de trabajadores, a pesar de los casos de enfermedad que todavía contaban con treinta hombres, resultaron muy fructíferas. Baste mencionar aquí algunas observaciones y hallazgos de especial interés. El cuidadoso desbroce de un pequeño santuario budista produjo abundantes piezas de madera tallada, incluidas vigas de más de dos metros de largo, con motivos decorativos de tipo claramente helenístico o grecobudista.

La erosión eólica había causado terribles estragos aquí también, y en algunas grandes viviendas situadas a dos kilómetros hacia el sureste. Sin embargo, en estas últimas recuperamos muchas reliquias interesantes. Entre ellas había finas piezas de muebles elegantemente tallados y lacados; fragmentos de paneles de madera tallada con motivos de estilo romano; tejidos decorados, como una zapatilla bien conservada adornada con diseños de tapices inconfundiblemente occidentales, etcétera. Cerca de otro pequeño santuario budista sobrevivían árboles frutales muertos de un antiguo huerto vallado, la única prueba de cultivo antiguo que se pudo rastrear en el lugar. También había otros indicios de que el asentamiento que existió allí, y alrededor de la estación fortificada, había derivado su importancia mucho más del tráfico con China que pasaba por allí que de sus recursos locales.

Me sentí ansioso por trazar la línea seguida por este tráfico a través de la vasta extensión de desierto inexplorado hacia el este. Pero cualquier intento de llevar a cabo esta difícil tarea se veía impedido en aquel momento. Nuestra reserva de hielo se estaba agotando. Los crecientes casos de enfermedad entre los hombres mostraban cómo la exposición a las continuas ráfagas de viento les estaba afectando. Así que cuando, el 29 de diciembre de 1906, la exploración de todos los restos estructurales en el sitio occidental fue completada, el cuerpo principal de los hombres fue enviado de vuelta a Abdal junto con el «botín arqueológico» a cargo del topógrafo Rai Ram Singh. El reumatismo provocado por la exposición a los vientos helados ya le había dejado más o menos fuera de combate antes de nuestra llegada al yacimiento.

Yo mismo, con un grupo muy reducido, partí a través del inexplorado desierto hacia el suroeste. Tras siete días de penosa marcha llegamos sanos y salvos a los hielos del Tarim. El avance fue mucho más difícil que en el viaje desde Lop Nor, debido a la altura cada vez mayor de las crestas de arena. No se encontraron más ruinas, sólo ocasionales vestigios de la Edad de Piedra. Incluso las hileras de árboles muertos que marcaban los antiguos cursos fluviales, tan frecuentes antes, desaparecieron pronto. La dificultad resultante en cuanto al combustible se hizo sentir seriamente mientras las temperaturas mínimas descendían a −9 °C. Interesantes observaciones geográficas acompañaron este viaje, que finalmente nos llevó de vuelta a Charklik y Miran; pero de ellas no es necesario dar cuenta en este libro.

RUINAS DE UNA ANTIGUA VIVIENDA Y DE UNA ESTUPA, YACIMIENTO DE LOULAN, VISTAS DESDE EL SUR

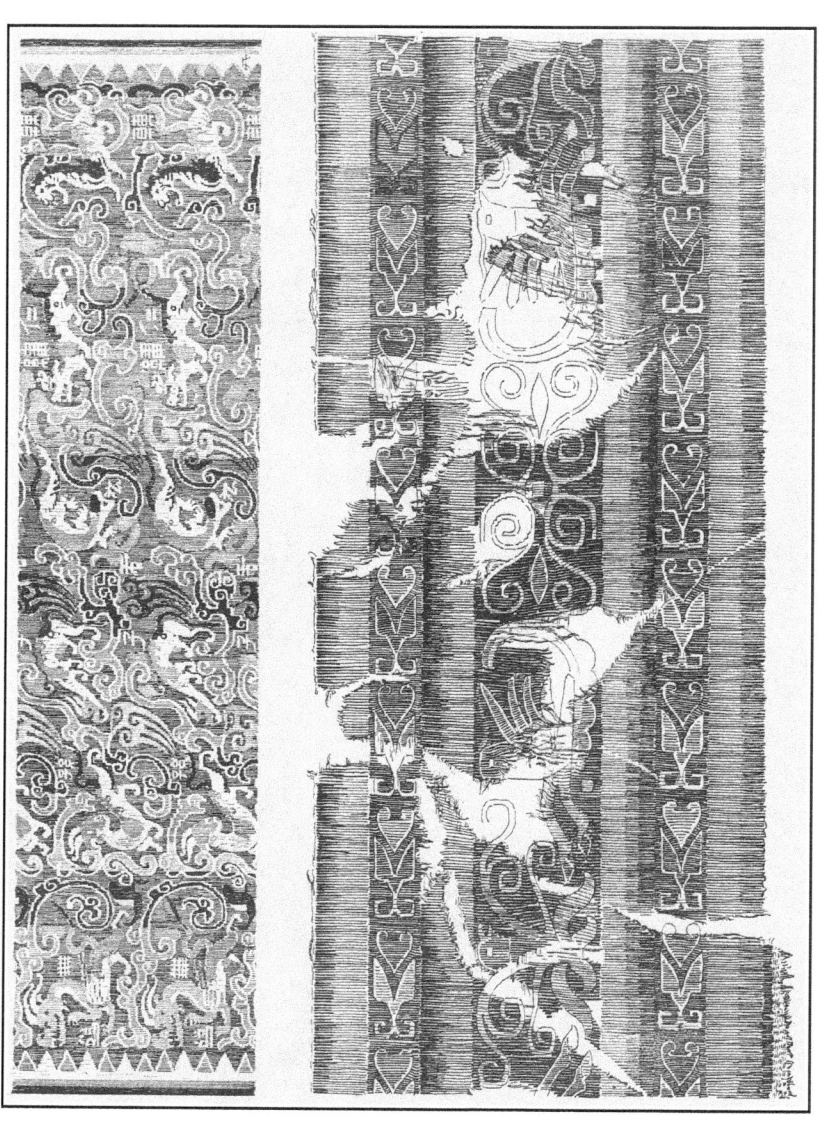

DIBUJOS DE UN TAPIZ DE SEDA POLICROMADA (SUPERIOR) Y DE UN TAPIZ DE LANA DE DISEÑO MIXTO HELENÍSTICO Y CHINO (INFERIOR), PROCEDENTES DEL CEMENTERIO DE LOULAN

TROZO DE TAPIZ ANTIGUO DE LANA, REPRESENTANDO LA CABEZA DE HERMES CON CADUCEO, PROCEDENTE DE FOSA SEPULCRAL, YACIMIENTO DE LOULAN

CAPÍTULO IX

Siguiendo la antigua ruta a través del mar desecado de Lop

En el capítulo siguiente daré cuenta del largo viaje por el desierto que en febrero y marzo de 1907 me llevó, por la ruta de Marco Polo, de Lop a Dunhuang y me condujo al descubrimiento de la antigua muralla fronteriza china cerca de este oasis más occidental de la China propiamente dicha. Este viaje me permitió localizar con certeza el punto de partida oriental de aquella prohibitiva ruta desértica hacia Loulan, que durante siglos había servido como nexo de unión entre China, Asia central y Occidente. Pero el intento de seguirla sólo era posible desde el lado de Loulan. Desde allí, además, la tarea iba a resultar formidable. Así que tendría que esperar hasta siete años, cuando mi tercera expedición me permitiera emprenderla.

El 8 de enero de 1914 llegué a Charklik. Una vez más, el pequeño oasis debía servir de base para mis exploraciones en el desierto de Lop. Pero mis dificultades aumentaron considerablemente por un acontecimiento significativo debido a los problemas causados en el Turquestán por la revolución china, los cuales describiré aquí brevemente. Antes de partir la víspera de Año Nuevo desde Cherchen hacia Charklik, me enteré de que una banda de «revolucionarios» chinos, en otras palabras, tahúres y aventureros, había partido poco antes hacia Charklik y, según se informaba, había atacado y capturado al magistrado del distrito de Charklik. El suboficial chino de Cherchen se había visto impotente de impedir la revuelta. De modo que, con toda consideración, me proporcionó presentaciones, una sobre el infortunado *amban*, suponiendo que de algún modo había recobrado la libertad y la autoridad, y la otra sobre el espíritu dirigente de los «revolucionarios», a quien sagazmente él adivinaba instalado por ellos en el cargo.

En el curso de las diez marchas hacia Charklik, principalmente a lo largo del río Cherchen, no nos encontramos con un solo caminante. Esto me pareció extraño en aquel momento. A mi llegada, comprobé que no se había podido presentar ninguno de los dos. Cuando la pequeña banda de revolucionarios había capturado y luego asesinado cruelmente al desventurado magistrado, su líder se había erigido en *amban ad interim*, mientras los mahometanos locales miraban con indiferencia. Pero al cabo de una semana llegó un pequeño destacamento de tropas dunganas desde la lejana Karashar. Introducidos sigilosamente en el oasis por los mismos versátiles jefes locales, habían sorprendido a los revolucionarios mientras dormían y los habían matado o capturado a todos. Este levantamiento local no había dejado autoridad civil china alguna, y en su ausencia no se podía esperar ayuda efectiva de los apacibles *lopliks* y sus indolentes jefes.

Me molestaron mucho los consiguientes retrasos en la obtención de los suministros, la mano de obra y los camellos necesarios para mis exploraciones cuidadosamente planeadas. Pero, en realidad, los disturbios revolucionarios serían una suerte al final. Después de mi partida de Charklik me vi obligado a dedicar casi dos semanas de extenuantes trabajos en el yacimiento de Miran para rescatar lo que quedaba de esas bellas pinturas murales, que he descrito en el séptimo capítulo como descubiertas en la mayor de dos rotondas en ruinas. Mientras estaba ocupado, recibí información de sir George Macartney, cónsul general británico en Kashgar, de que se había emitido un edicto desde el cuartel general de la provincia china, que ordenaba a las autoridades del distrito que impidieran los trabajos de prospección por nuestra parte. La intención era prácticamente poner fin a todas mis exploraciones. El siempre vigilante amigo había invocado inmediatamente la intercesión del ministro británico en Pekín. Pero, mientras tanto, tendría que enfrentarme, si no a un intento de injerencia forzosa, sí a la obstrucción pasiva china, tan fácil de aplicar en mis circunstancias.

Afortunadamente, la esperada prohibición de Charklik nunca llegó. Como supe más tarde, me pude zafar de esta gracias al oportuno estallido «revolucionario». Éste había eliminado al magistrado legítimo del distrito antes de que pudiera tomar ninguna medida. Su sucesor rebelde, que se había hecho cargo del *yamen* y había encontrado allí las órdenes, tenía asuntos más urgentes y provechosos que atender antes de ser asesinado él mismo. Posteriormente, los comandantes militares, en estricta observancia de las normas oficiales chinas, se abstuvieron cuidadosamente de ocuparse de los asuntos civiles y mantuvieron sellados los papeles del *yamen* hasta que el nuevo magistrado llegó del lejano cuartel general de Urumchi y tomó posesión del cargo. Sin embargo, ¡qué alivio sentí cuando hube reunido a salvo todo lo que necesitaba y pude partir hacia el desierto sin agua, donde no había riesgo posible de interferencia humana!

Mis tareas incluían la excavación de cualquier ruina que pudiera revelar las nuevas exploraciones previstas en el delta desecado del Kyruk Darya y la búsqueda de la antigua ruta china que una vez condujo hacia el este de Loulan. A fin de disponer de tiempo suficiente para esta última empresa, bastante peligrosa, era esencial realizar las excavaciones con rapidez y, por lo tanto, llevar conmigo tantos trabajadores como me fuera posible mantener abastecidos de agua, o más bien de hielo. Con grandes cargas de hielo suficientes para asegurar el suministro mínimo de agua para treinta y cinco personas durante un mes, además de provisiones de alimentos de un mes para todos y de un mes adicional para mis propios hombres; y con el equipo indispensable para proporcionar protección en el desierto invernal expuesto a vendavales helados, los treinta camellos que conseguí reunir, incluyendo nuestros propios quince, no eran en absoluto demasiados. Ni que decir tiene que todo el mundo tenía que ir a pie.

El 1 de febrero de 1914, ya habíamos puesto en marcha esta gran columna desde Miran. Al día siguiente tomamos nuestro suministro de hielo empacado en bolsas de una laguna terminal del Tarim. Desde allí, cuatro marchas nos llevaron a mi objetivo inmediato, un gran fuerte en ruinas que había sido avistado por primera vez algunos años antes por Tokhta Akhun, mi viejo y fiel seguidor *loplik*. La erosión del viento había socavado profundamente el suelo exterior y en algunos lugares había roto por completo la sólida muralla que lo rodeaba. Estaba construida con capas alternas de fajinas de matorral y arcilla estampada, según el modelo observado antes en la antigua muralla fronteriza china al oeste de Dunhuang. Se recuperaron abundantes reliquias en forma de tallas arquitectónicas de madera, utensilios, monedas, etcétera; al despejar lo que quedaba de las viviendas del interior. Las hileras de árboles caídos que bordeaban las orillas del fuerte permitían seguir fácilmente el curso de un río seco bien marcado que pasaba por allí. Su dirección demostraba que se trataba de un brazo meridional del Kyruk Darya, el «río seco», que antaño llevaba agua al emplazamiento de Loulan.

Tras seguir este brazo del río, llegamos a un segundo fuerte más pequeño y, al norte, a los restos dispersos de un extenso asentamiento. Sus viviendas de madera y zarzo habían sufrido mucho por la erosión del viento. Sin embargo, donde los montones de basura consolidados habían ayudado a proteger los suelos originales, encontramos antiguos registros en madera y papel en dos de las primeras escrituras indias, karosti y brahmi, así como en chino y sogdiano primitivo. También había otros restos interesantes, como una fina arqueta lacada, fragmentos de tejidos figurados de seda y lana, de aperos agrícolas de madera, etcétera. Al igual que el yacimiento de Loulan, este asentamiento debió haber sido abandonado a principios del siglo IV d. C.

Las pruebas arqueológicas aquí obtenidas tuvieron su valor especial al ayudar a datar una variedad de características físicas observadas en las inmediaciones del asentamiento en ruinas. Éstas arrojan luz sobre la hidrografía y la ocupación temprana de esta parte de la región de Lop durante los tiempos históricos y prehistóricos. A este último periodo pertenecen los abundantes hallazgos de utensilios de piedra, como puntas de flecha neolíticas y hachas de jade, recogidos en el terreno erosionado de las inmediaciones.

En las dos largas marchas que nos llevaron al yacimiento de Loulan, pasamos una vez más por una sucesión de antiguos lechos fluviales. Todos estaban bordeados por hileras de *toghrak* —álamos silvestres— caídos y claramente marcados por su dirección como pertenecientes al delta que una vez formó el Kyruk Darya, el «río seco». Hallazgos de monedas chinas Han y de pequeños fragmentos de metal y cerámica se mezclaban libremente en algunos lugares con reliquias de la Edad de Piedra sobre el suelo desnudo erosionado por el viento. La ruta que seguimos fue diferente de la de mi primera visita en 1906, pero tanto los hallazgos como las observaciones confirmaron plenamente las conclusiones a las que llegué entonces.

Llegamos al sitio en ruinas de Loulan bien entrada la noche del 10 de febrero, después de luchar a través de esa interminable sucesión de empinadas terrazas de *yardang* tan difíciles de cruzar para los camellos. Desde nuestro campamento base en las ruinas de la conocida estupa, me adentré en el desconocido desierto hacia el este y el noreste, mientras nuestros excavadores seguían trabajando con buenos resultados en las pequeñas ruinas periféricas y en los depósitos más profundos de desechos que habían pasado desapercibidos durante la tensión de mi visita anterior. Entre los hallazgos realizados en el curso de esta nueva limpieza había más documentos en madera y papel en chino, karosti y la lengua iraní conocida desde mis descubrimientos de 1906-07 como sogdiano temprano.

Igualmente interesante fue una serie de observaciones minuciosas que pude hacer en el terreno contiguo al lugar en ruinas sobre los niveles en los que un retorno temporal del agua; tras el abandono de la estación china, había detenido de vez en cuando el proceso de denudación y erosión eólica al permitir que la vegetación del desierto creciera de nuevo y protegiera así el suelo arcilloso. Estas observaciones mostraban claramente que el proceso, por sorprendentes que sean sus efectos en todas partes, no había sido constante durante los mil seiscientos años transcurridos desde que el lugar fuera abandonado al desierto. El agua, que explicaba la aparición aquí y allá en las depresiones de escasos matorrales de tamarisco y juncos ya muertos, sólo podía proceder del río seco. De hecho, al regresar en 1915 al Kyruk Darya, en el desierto, más al oeste, donde su lecho podía seguirse claramente a lo largo del pie de las completamente estériles Kuruk Tagh, las «colinas secas», descubrí que en su interior podía extraerse agua salobre cavando pozos poco profundos en algunas hondonadas. De ahí que no pudiera sentirme del todo sorprendido cuando en mi cuarto viaje por la cuenca del Tarim (1930-31) me enteré de que un reciente gran cambio hidrográfico que afectaba al curso del Tarim había hecho que la mayor parte de sus crecidas estivales se encontraran con el Konche Darya mucho más al norte que antes, y desviaran así las aguas unidas de ambos una vez más hacia el río seco y hacia la zona de la antigua Loulan. Lamento no haber tenido la oportunidad de estudiar este último cambio en la cuenca del Lop debido a la obstrucción china.

Llegó el momento de hacer un trabajo más emocionante cuando, a mediados de febrero, pude dedicarme a la tarea principal que me había traído de vuelta a esta tierra desolada de Loulan. Había sido debidamente preparada por reconocimientos hechos principalmente con la ayuda de Afrazgul Kan, el joven, aunque celoso e inteligente dibujante pastún que se había unido a mí como cipayo de los fusileros de Khyber y que desde entonces, por sus méritos, ha llegado muy alto en el servicio de cartografía de la India. Aquellos reconocimientos, en un terreno que no había sido tocado por los pies del hombre en muchos siglos, condujeron al descubrimiento de una sucesión de restos al noreste que indicaban claramente que la antigua ruta comercial y militar china, que yo estaba ansioso por seguir hacia Dunhuang a través del desierto, había seguido esa dirección, al menos en su parte inicial.

El más cercano de aquellos restos era un antiguo cementerio situado a unos seis kilómetros del sitio de Loulan, en la cima de una terraza de arcilla aislada, o mesa, que se elevaba unos once metros sobre el suelo erosionado. A los lados de la mesa, las tumbas habían quedado parcialmente expuestas y destruidas por la erosión del viento, que había socavado los bancos y provocado su caída. Pero la cima del altiplano había estado a salvo de este agente destructor, y allí una serie de grandes fosas sepulcrales, reveladas por la rápida limpieza, ofrecían un rico botín de restos arqueológicos en una confusión bastante desconcertante.

Mezclados con huesos humanos y fragmentos de ataúdes, aparecieron depósitos funerarios de todo tipo, objetos de uso personal como espejos de bronce decorados, modelos de madera de armas y utensilios domésticos, documentos chinos en papel y madera y, sobre todo, una maravillosa variedad de tejidos que deleitaron mis ojos. Entre ellos había piezas de sedas de hermosos colores, fragmentos de ricos tapices y bordados, así como alfombras afelpadas, junto a toscos tejidos de lana y fieltro. Pronto se hizo evidente que aquí se habían utilizado restos de prendas de todo tipo para envolver cuerpos. No podría haber deseado una exposición más representativa del antiguo comercio de la seda, que había sido uno de los principales factores en la apertura de esta primera ruta para las relaciones directas de China con Asia central y el lejano Occidente.

Era fácil darse cuenta, por diversos indicios, de que el contenido de estas fosas debía de proceder de tumbas más antiguas que la erosión del viento o alguna causa similar había dejado al descubierto o amenazaba con destruir por completo. En consecuencia, las reliquias aquí salvadas, obedeciendo a una costumbre piadosa que aún se practica entre los chinos, pueden asignarse con seguridad a ese periodo del gobierno de la dinastía Han que siguió a la primera expansión del comercio y el poder chinos en Asia central hacia finales del siglo II a. C.

La gran cantidad de sedas bellamente labradas, tanto policromas como adamascadas, que se han recuperado aquí, han resultado ser toda una revelación en cuanto al estilo artístico y la perfección técnica de los productos del tejido de seda chino que viajaban hacia el oeste a través de Loulan mientras el comercio seguía esta ruta. Estas reliquias del arte textil chino, de la época de Cristo y anteriores, tienen un interés especial porque se han conservado en la misma ruta del primer comercio de la seda. Pero igualmente importante para el estudioso de aquellas primeras relaciones entre Extremo Oriente y Occidente es observar que entre los tejidos decorados se encuentran fragmentos de tapices de lana exquisitamente trabajados que muestran un estilo inequívocamente helenístico. Ya sean de fabricación local o importados de territorios centroasiáticos situados más al oeste, tenemos en ellos sorprendentes ilustraciones de una influencia cultural a la que esa antigua ruta del desierto también sirvió durante siglos, pero en sentido inverso.

Los numerosos e interesantes detalles revelados por el examen de la técnica, el material y los diseños de estos especímenes, los más antiguos conocidos hasta ahora del arte textil decorativo de China, han sido tratados en mi libro *Innermost Asia*. Entre los tapices de influencia clásica hay un fragmento de una cabeza de Hermes de diseño clásico. Otra pieza de tapiz refleja curiosamente la mezcla de influencias artísticas chinas y occidentales, y obviamente fue producida en Asia central. En este caso, los motivos decorativos del borde, inconfundiblemente clásicos, se combinan con la figura de un caballo alado bien conocido en las esculturas chinas de la época Han.

Tras continuar hacia el noreste durante otros doce kilómetros, pronto dejamos atrás el último lecho seco del río, alimentado antaño por el Kyruk Darya y marcado aún por troncos de álamos silvestres y tamariscos muertos desde hace siglos. Luego nos topamos con las ruinas de un pequeño castro amurallado que, como demostró un examen minucioso, había servido de punto de apoyo avanzado para las misiones y tropas chinas cuando alcanzaran por primera vez el territorio habitable de Loulan desde el lado de Dunhuang. Sus muros, construidos con capas alternas de fajinas de junco cuidadosamente aseguradas y arcilla estampada, y notablemente bien conservados tras dos mil años de exposición, mostraban una concordancia tan estrecha en todos los detalles constructivos con la extensión más occidental de la antigua muralla fronteriza Han en el desierto de Dunhuang que no cabía duda sobre su datación. Al igual que dicha muralla, los muros fueron construidos durante el primer avance militar de los chinos en la cuenca del Tarim. Representaba la cabeza de puente occidental, por así decirlo, de la ruta por la que fue posible ese avance.

Los muros del castro, construidos con la misma habilidad técnica que los del antiguo *limes* de Dunhuang, habían resistido bien los ataques del enemigo más formidable de esta región, la erosión eólica. Su fuerza destructiva, que ha actuado durante dos mil años, no había conseguido romper seriamente estos enormes muros. Pero en el interior de la circunvalación, la fuerza del viento había causado terribles estragos, abriendo huecos de hasta seis metros o más por debajo del nivel del suelo. Sin embargo, en un montón de basura al abrigo de la muralla norte, sobrevivieron registros chinos fechados, pertenecientes, como la mayoría de los encontrados en el sitio de Loulan, al periodo que precedió al abandono definitivo de la ruta, poco después del final del siglo III d. C.

Más allá de esta gran estación fortificada se encontraron otros restos. De especial interés fue un pequeño fuerte en ruinas descubierto a unos cinco kilómetros al noreste, en la cima de una escarpada meseta de unos treinta metros de altura, desde la que se dominaba una vista lejana de los desolados parajes circundantes. La posición elevada, junto con la absoluta aridez del clima desde tiempos remotos, había asegurado aquí un estado de conservación verdaderamente notable a los cuerpos de hombres y mujeres encontrados en tumbas, fuera de lo que evidentemente era un puesto de vigilancia ocupado por indígenas Loulan. Varios de los cuerpos estaban maravillosamente bien conservados, junto con sus depósitos funerarios. Los gorros de fieltro decorados con grandes plumas y otros trofeos de caza, las flechas que llevaban a los lados, las toscas, pero resistentes prendas de lana, las pequeñas cestas cuidadosamente tejidas que contenían la comida de los muertos, etcétera; todo indicaba que se trataba de una raza de pastores y cazadores seminómadas, tal como los *Anales de la dinastía Han* describen a las gentes de Loulan, cuando los chinos los encontraron en la primera apertura de la ruta a través del desierto.

Era una sensación extraña contemplar figuras que, a no ser por la piel reseca, parecían las de hombres dormidos, y sentirse así cara a cara con gentes que habitaron y, sin duda, se contentaron con esta lóbrega región de Lop hace dos mil años. Las características de las cabezas de los hombres mostraban una estrecha afinidad con la raza alpina que, como han demostrado los materiales antropométricos recogidos por mí, sigue siendo el elemento predominante en la constitución racial de la población actual de la cuenca del Tarim. La vista lejana que se obtenía desde este punto elevado permitía afirmar que nos hallábamos cerca del extremo oriental del terreno al que antaño llegaba el agua vivificante del río. Más allá, hacia el este, se extendía la ilimitada extensión de sal resplandeciente que marcaba el lecho marino desecado del Lop.

Aparte de su interés directo, los descubrimientos brevemente indicados tenían una importancia especial, ya que me proporcionaban un punto de partida seguro y cierta orientación para la difícil tarea que aún tenía ante mí, la de recorrer la antigua ruta china a través del desierto prohibitivo hacia el este. Pero era imposible partir de inmediato. El trabajo incesante en el desierto sin agua y la exposición constante a sus vientos helados habían agotado a nuestros trabajadores *loplik*, por muy resistentes que fueran. Una vez terminada la última excavación en las ruinas del noreste, tuve que llevarlos de vuelta a nuestro campamento base de Loulan, donde podrían regresar sanos y salvos al mundo de los vivos.

Allí, en la estación en ruinas, me reuní, para mi gran alivio, con mi viejo y valiente compañero de viaje, Rai Bahadur Lal Singh, a quien había enviado desde Miran para hacer un reconocimiento a lo largo del moribundo Tarim hasta el Konche Darya y luego por el lecho del río seco hasta Loulan. Con él llegó también aquel valiente cazador, Abdurrahim, del Kuruk Tagh, quien, con su experiencia de una vida en el desierto y sus magníficos camellos, aportó nuevas fuerzas a nuestro grupo. Puede servir para ilustrar la resistencia de sus animales el hecho de que la cría de camello que una de ellas dio a luz en el lugar de Loulan atravesara posteriormente con nosotros todos aquellos páramos sin agua, de sal y grava, ilesa y después de los primeros días de incorporarse sobre sus propias patas.

Las indicaciones topográficas que yo había deducido de la posición de los restos descubiertos sucesivamente parecían apuntar a que la antigua ruta había discurrido hacia el noreste. Sin embargo, este rumbo nos alejaba perpendicularmente de la línea por la que, como mostraba nuestra cartografía anterior, debíamos buscar el camino directo hacia el punto de partida oriental de la ruta, más allá de la terminación de la antigua muralla fronteriza china. Era una observación claramente desalentadora para la búsqueda que tendríamos que hacer de la antigua ruta, ya que el terreno que teníamos por delante carecía, con toda probabilidad, de todos los recursos para la vida humana, incluida el agua.

Una cuidadosa preparación era esencial para garantizar la seguridad en semejante viaje a través de un páramo absoluto. Su duración, estimada en al menos diez días de marcha, iba a poner a prueba la resistencia de nuestros valientes camellos, ya duramente castigados por el trabajo de las semanas precedentes. Así pues, en esta etapa fue necesario llevar primero a mi grupo hacia el norte, a los lejanos manantiales de sal de Altmish Bulak, al pie del Kuruk Tagh. La marcha de tres días permitió descubrir interesantes restos en pequeños cementerios chinos en el glacis de grava que domina la antigua franja ribereña. Hubo que parar unos días en Altmish Bulak para que nuestros camellos recuperaran fuerzas pastando en los cañaverales y para que bebieran algo después de tres semanas. También a nosotros, los humanos, nos pareció deliciosa esta pequeña parcela de vegetación.

Después de reponer nuestras provisiones de hielo y de aprovisionarnos cuidadosamente de combustible, partimos el 24 de febrero hacia nuestras respectivas tareas. La asignada a Lal Singh consistía en inspeccionar las desconocidas costas nororientales de la gran cuenca incrustada de sal que representaba el antiguo lecho marino desecado de Lop. Yo mismo, acompañado por Afrazgul, me propuse buscar la antigua ruta china en el lugar donde abandonaba el borde de la zona de Loulan, antaño habitada, y seguirla sobre cualquier terreno que pudiera haber atravesado en dirección a Dunhuang. Era una tarea fascinante, que combinaba el interés geográfico y el histórico, pero que también entrañaba graves dificultades y riesgos.

Por lo que sabía del carácter general del terreno que teníamos ante nosotros, era seguro que no podíamos esperar encontrar agua. Ni siquiera combustible con que derretir nuestro hielo, antes de dar con el camino de caravanas que conducía de Charklik a Dunhuang. Esto significaba unos diez días de dura marcha, y había un límite para la resistencia de nuestros valientes camellos, ya muy exhaustos por el trabajo de las semanas precedentes en el desierto absoluto. Era imposible prever qué obstáculos físicos podrían encontrarnos y retrasarnos en este páramo tan desprovisto de todo recurso. Quedaba el problema de cómo dar con el trazado de la antigua ruta y seguirla a través de un terreno que a lo largo de la historia había sido más árido, quizá, que cualquier otra zona similar de este planeta. No habría tiempo para una búsqueda cuidadosa de cualquier reliquia dejada por el antiguo tráfico. Mucho, si no la mayor parte del objetivo que tenía ante mí, debía dejarlo en manos de la buena fortuna, junto con los indicios que pudiera deducir de observaciones anteriores. La fortuna me acompañó más de lo que me había aventurado a esperar.

Las dificultades físicas no tardaron en presentarse cuando nos abrimos camino hacia el sur, a través de un perfecto laberinto de empinadas terrazas de arcilla y lomas incrustadas de sal dura, y el 25 de febrero llegamos a las proximidades de aquel pequeño fuerte periférico. Allí tuve la suerte de descubrir más restos que confirmaron mi conjetura de que el rumbo inicial de la ruta era hacia el noreste. En el borde mismo de la zona con signos de vegetación muerta, me topé con una imponente meseta que tenía en su cima los restos, casi completamente erosionados, de una antigua torre de vigilancia del tipo que me resultaba familiar de la muralla fronteriza china más allá de Dunhuang. Evidentemente, habíamos llegado aquí al límite oriental de la zona a la que las aguas del río seco habían llevado vida en otro tiempo. Más allá no había ruinas que nos guiaran, pues nos adentrábamos en un terreno que a lo largo de la historia debió de estar tan desprovisto de vida vegetal o animal como lo está ahora. Cuando dejamos atrás los fragmentos marchitos y blanqueados del último tamarisco muerto que yacía sobre el suelo salado, sentí que habíamos pasado de la tierra de los muertos a un terreno que nunca conoció la vida, excepto en la ruta que íbamos a seguir.

Pero a medida que avanzábamos hacia el noreste, y seguíamos la brújula a través de yermos absolutamente estériles de detritus arcillosos o costras de sal, la casualidad acudía una y otra vez en nuestra ayuda de un modo que a veces parecía casi insólito. Hallazgos de antiguas monedas chinas de cobre, pequeños objetos metálicos, abalorios y similares, parecían querer asegurarnos que seguíamos cerca de la antigua ruta por la que los misioneros, tropas y comerciantes chinos habían atravesado durante cuatro siglos este desierto sin vida. Estos hallazgos demostraron que yo tenía razón al confiar en que aquellos antiguos chinos, con su sentido topográfico, habían elegido por buenas razones este rumbo, por desconcertante que pareciera en aquel momento.

Baste mencionar aquí el que quizá fue el más sorprendente y grato de estos hallazgos. Hacía tiempo que habíamos dejado atrás los últimos vestigios de vegetación muerta que marcaban el final del antiguo delta cuando, de repente, encontramos la antigua línea de la ruta claramente marcada por doscientas monedas de cobre chinas esparcidas por el lúgubre suelo de arcilla incrustada de sal a una distancia de unos treinta metros. Estaban dispuestas en una línea bien definida de noreste a suroeste. Las monedas, cuadradas, eran todas del tipo Han y parecían recién acuñadas. Estaba claro que se habían soltado del cordel que las ataba y que poco a poco habían ido cayendo por una abertura de la bolsa o estuche en que las transportaba algún convoy. A unos cincuenta metros, en la misma dirección, había esparcidas puntas de flecha de bronce, evidentemente sin usar. Su forma y peso concordaban exactamente con la munición de la época Han, tan familiar para mí por los hallazgos a lo largo del *limes* de Dunhuang. No cabía duda de que las monedas y las puntas de flecha habían caído de algún convoy de provisiones que se dirigía a Loulan en tiempos de Han. Su permanencia en el suelo se explica fácilmente si suponemos que el convoy se desplazó de noche y un poco fuera de la ruta principal, pero en la dirección correcta.

La larga marcha de aquel día nos llevó junto a un extenso conjunto de grandes mesetas que, con sus formas fantásticamente erosionadas, sugerían curiosamente torres, mansiones o templos en ruinas. Era fácil reconocer en ellas aquellos montículos erosionados por el viento que un antiguo texto chino menciona cerca del extremo noroccidental de Puchang, o el «pantano salado», es decir, el anterior lecho marino de Lop, donde los chinos antiguos situaron las ruinas de una mítica «ciudad del dragón». Finalmente, después de continuar un día más hacia el noreste a través de arcilla desnuda y detritus de yeso, llegamos a un imponente cinturón de terrazas erosionadas cubiertas de sal. Correspondían claramente a las que los avisos chinos de la antigua ruta a Loulan mencionan y describen gráficamente como los temidos «montículos del dragón blanco». El avance entre ellas fue muy duro para las patas de nuestros pobres camellos. Ya estaban doloridas, y había que recurrir noche tras noche al doloroso proceso de cosido de parches descrito anteriormente. Pero aún peor era afrontar la travesía del lecho del mar muerto de Lop, con su terrible superficie de sal dura, que yo sabía que se extendía más lejos.

Me disponía a escalar una prominente meseta que nos había servido de punto de referencia y a utilizarla como vigía, cuando un afortunado hallazgo en sus laderas, de monedas chinas y una colección de objetos metálicos, entre ellos una daga y una brida de hierro bien conservadas, demostró que evidentemente había servido de lugar de parada en la antigua ruta. La inspección del terreno confirmaba la hipótesis de que se había usado con ese fin, porque a sus pies se encontraba el primer terreno, bastante llano y limpio de sal, que los viajeros encontraban después de pasar el duro fondo marino con incrustaciones de sal.

Así que decidí inmediatamente dirigirme directamente hacia el este, hacia ese lecho, y la travesía efectuada al día siguiente demostró que me había guiado correctamente. La marcha a través de este lecho marino petrificado, con su dura costra de sal arrugada en grandes tortas oblicuas y con pequeñas crestas de presión entre ellas, fue muy dura tanto para los hombres como para los animales. Pero cuando esta fatigosa caminata de treinta y dos kilómetros nos llevó a salvo al primer trozo de sal blanda frente a la línea opuesta de terrazas recubiertas de sal, y pudimos detenernos para descansar, tuve motivos para sentirme contento de mi elección y agradecido por los hallazgos que la habían motivado. Como demostraron los reconocimientos posteriores, habíamos cruzado el prohibitivo lecho del mar salado por su punto más estrecho, y nos habíamos librado así de pasar la noche en un terreno en el que ni los animales ni los hombres habrían encontrado un lugar en el que descansar cómodamente.

Fue, sin duda, esta consideración la que determinó a los primeros pioneros chinos a elegir esta línea para su ruta. Pronto volvieron a aparecer pruebas arqueológicas del antiguo tráfico por ella en forma de monedas y otras pequeñas reliquias cuando, a través del cinturón opuesto de los «montículos del dragón blanco»,* llegamos a las orillas orientales del antiguo pantano salado. Tres marchas a lo largo de estas orillas, sobre terreno fácil, pero totalmente desprovisto de cualquier rastro de vegetación, viva o muerta, nos llevaron finalmente a la última rama de una baja cordillera desértica, que domina desde el norte la gran bahía en el extremo oriental del antiguo lecho marino desecado. Entonces, mientras bordeábamos su costa, bajo escarpados acantilados que parecían exactamente los de un mar aún existente, tuve la satisfacción de encontrar la antigua carretera china aún marcada en el lugar. Allí, un camino recto y ancho trazado por el paso durante siglos de animales de transporte, y probablemente también

---

* Nombre que los habitantes de la región dieron a las rocas salinas que se proyectan a través de la arena y que se asemejan a las púas triangulares del lomo de un dragón.

de carros, atraviesa una pequeña bahía del lecho marino incrustado de sal.

Fue un gran alivio cuando, al noveno día de haber partido desde Altmish Bulak, nos topamos con los primeros matorrales y juncos que crecían en suelo arenoso junto a la orilla del lecho marino desecado. Finalmente, una larga marcha hacia el sudeste nos llevó sanos y salvos a través de la amplia bahía incrustada de sal, que aquí mostraba manchas de salinas, hasta el solitario camino de caravanas hacia Dunhuang, en el pozo de Kum Kuduk.

Cómo se organizó y mantuvo un tráfico de tal magnitud, según indican los anales chinos, en una ruta que atravesaba unos doscientos kilómetros de terreno completamente estéril, ya en la antigüedad, sin agua, combustible o pastos, es un problema que no necesito discutir aquí. Fue un logro cargado de resultados trascendentales para el intercambio de civilizaciones. El hecho de que se debiera mucho más al prestigio, los recursos económicos y la capacidad de organización de China que a la destreza militar de su pueblo o de sus gobernantes tiene un profundo significado. De hecho, este hito del comercio puede considerarse un triunfo de la mente sobre la materia.

CAPÍTULO X

Descubrimiento de una antigua línea fronteriza

En febrero de 1907, una vez terminadas mis excavaciones en las ruinas de Miran y el embalaje seguro de su producción arqueológica, emprendí el largo viaje por el desierto que nos llevaría desde los lóbregos pantanos de Lop Nor hasta Dunhuang, en la frontera más occidental de la provincia china de Gansú. Era la misma ruta por la que Marco Polo había viajado «a través del desierto de Lop». Seis siglos antes que él, había pasado por allí un viajero no menos grandioso, Xuanzang, el peregrino de piadosa memoria, que regresaba a China cargado de reliquias budistas y libros sagrados tras muchos años de peregrinaje por las regiones occidentales.

Aunque menos importante y menos directa que la antigua ruta de Loulan, esta vía desértica, de casi seiscientos kilómetros de longitud que conducía al sur de Lop Nor, debió de recibir mucho tráfico de caravanas durante periodos sucesivos; para volver a ser prácticamente olvidada cuando el poder chino en el oeste se debilitó o una política de rígido aislamiento estranguló el comercio. Así, tras la última reconquista china de la cuenca del Tarim, tuvo que ser redescubierta. Desde entonces, esta ruta ha vuelto a ser frecuentada en ocasiones por comerciantes de Jotán y Yarkanda, pero sólo durante los meses de invierno, cuando el uso de hielo permite superar las dificultades que de otro modo plantearía la salinidad de los pozos en una sucesión de etapas.

El terreno atravesado en las diecisiete largas marchas en las que viajamos por el desierto, todavía considerado ordinariamente como en los días de Marco Polo de veintiocho etapas, no se comparaba en dificultades con el que encontramos en nuestras exploraciones alrededor y más allá de Loulan. Sin embargo, sus extensiones sin vida —no encontramos ni un solo ser humano en este viaje— me permitieron apreciar fácilmente los sentimientos de temor supersticioso que han perseguido a los antiguos viajeros que seguían este solitario camino del desierto.

Estos sentimientos están debidamente reflejados en los relatos de los peregrinos budistas y en las reseñas de los cronistas chinos. Pero en ninguna parte los encontramos expresados más gráficamente que en la descripción hecha por Marco Polo del «desierto de Lop». Por lo tanto, me siento tentado a citarlos aquí de su inmortal libro, tal y como lo tradujo sir Henry Yule:

> La longitud de este desierto es tan grande que se dice que se tardaría un año o más en cabalgar de un extremo a otro. Y aquí, donde su anchura es menor, se tarda un mes en cruzarlo. Está todo compuesto de colinas y valles de arena, y no se encuentra en él nada de comer. Pero después de cabalgar durante un día y una noche se encuentra agua fresca, suficiente tal vez para unas cincuenta o cien personas con sus bestias, pero no para más...
>
> No hay animales, pues no tienen nada que comer. Pero hay una cosa maravillosa que se cuenta de este desierto: cuando los viajeros se mueven de noche, y uno de ellos se queda rezagado o se duerme o algo parecido, al intentar recuperar su compañía oirá espíritus que hablan, y supondrá que son sus camaradas. A veces los espíritus le llamarán por su nombre; y así un viajero se extraviará a menudo de modo que nunca encuentre a su grupo. Y de esta manera muchos han perecido. A veces el viajero extraviado oirá como el ruido y el zumbido de una gran caravana de gente que se aleja de la verdadera línea del camino, y tomándola por su propia compañía seguirá el sonido; y cuando amanezca descubrirá que le han engañado y que se encuentra en una mala situación. Incluso de día se oye hablar a esos espíritus. Y a veces se oye el sonido de diversos instrumentos musicales, y aún más comúnmente el sonido de tambores. Por eso, al hacer este viaje, es costumbre que los viajeros se mantengan juntos. También todos los animales llevan cascabeles en el cuello, para que no se extravíen fácil-

mente. Y a la hora de dormir se hace una señal para indicar la dirección de la próxima marcha. Así es como se cruza el desierto.

No eran tales reflejos de viejas creencias folclóricas lo que más ocupaba mis pensamientos mientras proseguíamos por largas marchas a lo largo de las lóbregas orillas incrustadas de sal del gran lecho marino desecado; o por el ancho valle desértico que divide el pie del Kuruk Tagh oriental de las altas crestas de arena que cubren el glacis del Kum Tagh en el sur. Muchas observaciones geográficas interesantes mantuvieron mi mente ocupada, especialmente después de haber pasado de lo que parecía la cabecera de ese valle desértico a un terreno muy desconcertante a primera vista.

Allí, en una amplia cuenca delimitada al norte por las sombrías y absolutamente estériles laderas del Kuruk Tagh y al sur por altas cordilleras de dunas que se elevan a más de noventa metros, encontramos una serie de inconfundibles lechos de lagos secos, y entre ellos y a su alrededor un perfecto laberinto de terrazas de arcilla notablemente altas y empinadas. Estos lechos lacustres resultaron representar una antigua cuenca terminal del río Sulo Ho que ahora encuentra su fin en grandes marismas saladas a más de veinticuatro kilómetros al sur. Se comprobó que el lago Khara Nor de los mapas, donde antes se creía que se perdía el Sulo Ho, se encontraba todavía más de un grado de longitud al este.

El descubrimiento de esa cuenca terminal más antigua, ahora desecada, tiene un interés geográfico considerable. Presenta una analogía muy instructiva con los cambios fluviales que han tenido lugar en tiempos históricos en las ramas terminales del Tarim y el Kyruk Darya. Sugiere que en una época anterior el Sulo Ho, que drena una gran parte de las altas cordilleras nevadas de Nanshan, se vaciaba en el gran mar de Lop. Así, el área de drenaje de este último se extendía entonces desde el Pamir a través del Asia más remoto hasta la cuenca del océano Pacífico.

Me venía constantemente a la mente el antiguo tráfico que la primera ruta china hacia los «territorios occidentales», a través de Loulan, había conocido desde los días de aquel valiente pionero de la expansión centroasiática de China, Zhang Qian, y no menos el pensamiento de todo el trabajo y sufrimiento humano que había presenciado. Por breves reseñas de los *Anales de los últimos Han*, supe que la ruta de Loulan, como podemos llamarla brevemente, partía en el este de una estación fronteriza fortificada, famosa en los primeros registros históricos chinos con el nombre de Yumenguan, o «barrera de la puerta de jade». Tomaba su significativo nombre del precioso jade —*yu*— de Jotán, que desde los primeros tiempos, hasta los modernos, constituyó un importante artículo de exportación comercial desde la cuenca del Tarim a China. Pero ni los eruditos chinos ni los occidentales conocían la posición exacta de esta famosa «puerta de jade».

En el curso de las investigaciones que había realizado en Charklik y Abdal, tampoco pude obtener ninguna información sobre ruinas que pudieran marcar la ruta que conducía a ella. Supe, sin embargo, por un breve relato que el señor C. E. Bonin, del servicio diplomático francés, había publicado de su tentativa infructuosa en 1899 de seguir la ruta del desierto de Dunhuang a Charklik, que él había pasado algunas torres de vigilancia en ruinas; e incluso restos de una pared que funcionaba a lo largo de ellas antes de que él tuviera que dar vuelta detrás de algunos pantanos encontrados al oeste del lago de Khara Nor. El relato del señor Bonin sugería la probable antigüedad de aquellas ruinas, pero a falta de mapa o croquis de ruta no sería fácil localizarlas.

Afortunadamente, el viejo y observador mulá de Abdal, el verdadero pionero moderno de la ruta, me había dicho que podría encontrarme con los primeros *pao tais*, como él los llamaba —término que suele aplicarse a las pequeñas torres que sirven de señalización en las carreteras chinas— en la primera marcha después de salir de aquel laberinto de altas terrazas o mesas de arcilla. No me defraudó. Aquella tarde del 7 de marzo, avanzábamos por una meseta de grava desnuda cuando un pequeño montículo, a un kilómetro y medio del camino de caravanas que seguíamos, atrajo mi atención. Al llegar a él, descubrí para mi alegría que se trataba de una torre de vigilancia relativamente bien conservada, sólidamente construida con ladrillos de arcilla dura, secada al sol y de unos siete metros de altura.

Cuando vi las conocidas capas de ramas de tamarisco intercaladas a intervalos regulares entre las hileras, no cabía duda de la gran antigüedad de esta torre de vigilancia. Se alzaba en una posición fácilmente defendible, al borde mismo del lecho seco y profundo de un río. Junto a ella se encontraban los cimientos de una pequeña estructura, muy deteriorada, probablemente las dependencias de los vigilantes. Fragmentos de utensilios de hierro, madera tallada y un trozo de tejido de lana resistente, que recogí rápidamente, lo confirmaron. Una prospección sistemática posterior ha demostrado que esta era una torre de vigilancia avanzada más allá de la sección occidental de la antigua línea fronteriza protegida.

La provisión de forraje para nuestros ponis empezaba a escasear, por lo que era imperativo llegar sin demora al oasis de Dunhuang, aún a cinco marchas de distancia. A la mañana siguiente habíamos pasado sólo cinco kilómetros más allá de donde nos habíamos detenido, junto a lo que resultó ser el lecho terminal del Sulo Ho, cuando observé otra torre de vigilancia en ruinas sobre una cresta de grava a cierta distancia hacia el sudeste. Dejé que la caravana avanzara por el camino bien marcado y me apresuré a acercarme a la torre. Tenía la misma construcción que la primera. En la superficie plana de grava que la rodeaba no había indicios de otros restos estructurales. Pero pronto me llamó la atención una hilera de haces de juncos que brotaban del suelo de grava cercano. Siguiéndola a corta distancia por el borde de la meseta, vi para mi deleite que la línea se extendía perfectamente recta hacia otra torre visible a unos cinco kilómetros al este y asumía la forma de un muro inconfundible donde cruzaba una depresión.

Una pequeña excavación reveló que en realidad me encontraba sobre los restos de esta pared. Al quitar la ligera capa de arena, pronto nos encontramos con una pared regular construida con haces de juncos horizontales colocados a intervalos regulares a través de capas de arcilla estampada, el conjunto impregnado de sal. En el exterior, y colocados en ángulo recto con respecto a los haces del interior, había otros haces de juncos cuidadosamente atados a modo de fajinas y formando un revestimiento. Los haces de juncos, o fajinas, mostraban una longitud uniforme de dos metros y un grosor de unos veinte centímetros. El cuidado y la solidez de este extraño muro no podían por sí solos proporcionar una pista definitiva sobre su antigüedad, pero una afortunada casualidad alentó la esperanza de que encontrara la prueba cronológica necesaria.

Entre los haces de juncos que quedaron al descubierto al raspar un poco la parte superior de la pared aparecieron, junto con pequeños trapos de seda de colores, fragmentos de tablas de madera y similares, así como una tablilla de madera en forma de etiqueta con caracteres chinos de notable claridad y aspecto claramente antiguo. No había fecha, sólo la anotación: «La bolsa de ropa de uno llamado Lu Tingxi». Mi excelente secretario chino, en su modestia de erudito, se limitó a afirmar que los caracteres parecían más antiguos que los utilizados desde el siglo x d. C. Sin embargo, en mi ignorancia de sinólogo, me atreví a conjeturar que podrían ser de la época Han.

Cómo se habían mezclado estas reliquias de manifiesta antigüedad con los materiales empleados para el muro no era una cuestión que me ocupara mucho en aquel momento. Lo que importaba era el cuadro claro que obtuve de más torres que se extendían en línea tanto hacia el suroeste como hacia el este. La necesidad de seguir a mi caravana por la ruta hacia Dunhuang me hizo desviarme hacia el este, y no tuve motivos para arrepentirme. Avanzando de torre en torre, encontramos aquella extraña muralla que se alzaba en largos tramos.

En algunos lugares se conservaba hasta casi dos metros de altura; en otros, la erosión la había reducido a lo que parecía una mera hinchazón en la superficie plana de grava. Pero también aquí un pequeño raspado revelaba las mismas fajinas de juncos o maleza. Antes de llegar a nuestro campamento por la tarde, había conseguido una prueba inequívoca de que las torres de vigilancia estaban destinadas a proteger una línea fronteriza continua. Aquello recordaba a las líneas del *limes* con las que el Imperio romano protegía sus fronteras allí donde las incursiones bárbaras las amenazaban, desde el Muro de Adriano en Northumberland hasta los caminos de Siria y Arabia.

Fue un descubrimiento fascinante que invitaba a una exploración prolongada. Las torres que se cruzaban en el camino de las caravanas, o que se divisaban claramente a diferentes distancias hacia el norte, permitían seguir la línea durante dos marchas más, hasta una distancia total de más de ochenta kilómetros. A medida que avanzábamos, nos íbamos encontrando con ruinas más imponentes, hasta que el camino hacia el oasis de Dunhuang nos obligó a desviarnos por la meseta de grava desnuda hacia el sudeste.

Antes de emprender la exploración sistemática de todos estos restos en el desierto al oeste de Dunhuang, era esencial conseguir la mano de obra y también los suministros necesarios para las excavaciones. Así que tuve que dirigirme hacia el sur, a Dunhuang o Shazhou, la «ciudad de las arenas», como su nombre alternativo de origen posterior la llama apropiadamente. Los alrededores de la pequeña ciudad amurallada de Dunhuang aún mostraban abundantes pruebas de las terribles devastaciones que había sufrido el oasis durante el último gran levantamiento mahometano. Resultaba difícil conseguir siquiera un mínimo de excavadores entre su escasa e indolente población. Pero los dos mandarines locales, tanto el erudito magistrado como el comandante militar, un viejo y querido guerrero, mostraron un amistoso interés por mis objetivos e hicieron todo lo posible por ayudarme. Así que el 24 de marzo pude partir de nuevo hacia el desierto con una docena de peones fumadores de opio, toda la mano de obra que pude reunir.

Para cerciorarme de si la antigua línea fronteriza continuaba hacia el este y, como yo suponía, se extendía más o menos a lo largo de la orilla meridional del Sulo Ho y sus lagunas, me dirigí primero hacia el norte. Pero mi búsqueda durante dos días no reveló los esperados restos del antiguo *limes* chino. Como demostraron investigaciones posteriores, el efecto de las extensas inundaciones del Sulo

Ho y su gran afluente, el río de Dunhuang, como las que realmente encontramos, ha borrado allí sus huellas. Pero cuando extendimos nuestra búsqueda más hacia el este, logré dar de nuevo con la línea de murallas y torres de vigilancia. Mi alegría por este afortunado descubrimiento estaba plenamente justificada. En una distancia de unos veinticinco kilómetros, la línea podía seguirse prácticamente sin interrupción.

Donde la superficie de grava desnuda de la meseta daba paso en algunos lugares a dunas bajas, muy por encima del nivel de inundación, dimos con un tramo de muralla extraordinariamente bien conservado. De ocho metros y medio de espesor y prácticamente intacto en sus lados, se mantenía aquí inmóvil hasta una altura de más de ocho metros, y el peculiar método de su construcción podía estudiarse con facilidad. Las capas alternas de fajinas y arcilla estampada habían adquirido, debido a las sales que contenían por doquier el suelo y el agua del terreno, una consistencia casi petrificada.

En una región así, el muro podía resistir al hombre y a la naturaleza. Gracias a la combinación de elasticidad y fuerza de cohesión de las fajinas, podía resistir mejor que cualquier otro material la fuerza de la erosión del viento, lenta pero incesante. Al contemplar la muralla que se alzaba ante mí con caras casi verticales, no pude evitar sentirme impresionado por la habilidad de los antiguos ingenieros chinos. Debió de ser una tarea formidable construir una muralla tan sólida a través de una extensa zona desértica, desprovista de todo recurso y, en su mayor parte, incluso de agua. Y, sin embargo, se logró en un periodo comparativamente corto, y como se demostró al final sobre una distancia total de unos seiscientos cincuenta kilómetros hasta el Etsin Gol.

Pero mi satisfacción fue aún mayor cuando, de las capas de desechos que se encontraban cerca de la mayoría de las torres de vigilancia y entre los restos de los pequeños barrios adyacentes, recuperamos abundantes grabados chinos en madera. Un buen número de los estrechos trozos inscritos demostraron estar fechados; y nuestra emoción fue grande cuando el desciframiento de mi secretario chino demostró que todas estas fechas pertenecían al siglo I d. C. De este modo se hizo cierto que esta línea fronteriza en ruinas ya había sido ocupada en tiempos de la antigua dinastía Han, y que yo tenía en mis manos los documentos chinos escritos más antiguos recuperados hasta el momento.

También tenía motivos para alegrarme de lo que el rápido examen de Jiang Xiaowan había conseguido averiguar de su contenido. Demostró que su carácter era muy variado. Había breves informes u órdenes sobre asuntos de administración militar; acuses de recibo de artículos de equipo o suministros; comunicaciones privadas. También parecían estar representados fragmentos de un glosario escolar y ejercicios de escritura. Pero estaba igualmente claro que la interpretación completa de estos materiales requeriría un estudio prolongado. De hecho, había muchos enigmas de paleografía y dicción que esperaban ser resueltos por la perspicacia filológica del gran sinólogo, el señor Chavannes.

Sería más fácil familiarizarse sobre el aspecto de estos «pergaminos» misceláneos, por utilizar un anacronismo, en el mismo lugar. La forma más habitual era la de finas tiras de madera que medían siempre unos veinticinco centímetros de largo y un centímetro de ancho. El hecho de que una sola línea vertical contuviera a menudo más de treinta ideogramas chinos, es decir, palabras, ilustra la notable pulcritud de la escritura predominante. Además de las tablillas de madera o bambú cuidadosamente alisadas, para las comunicaciones menos formales se utilizaba también ese material de escritura local abundante, aunque más áspero, que es la madera de tamarisco. Recortada en formas extravagantes, era obviamente lo suficientemente buena para una simple copia. Los soldados estacionados en estos puestos desolados se habían acostumbrado evidentemente a entretenerse con ellas.

Abundantes virutas demostraban que el suministro de papelería de madera adecuada tenía su valor, y se usaba una y otra vez. También había otras pruebas entre las diversas reliquias recuperadas de los desechos de los apuros que parecen haber acosado a los guardianes de estos puestos remotos en el desierto. Difícilmente podría haber sido de otro modo, ya que los registros descifrados hacen probable que la tropa estuviera compuesta principalmente por convictos deportados de partes distantes del imperio para servir en esta frontera prohibida.

El 1 de abril habíamos completado la búsqueda de todos los puestos de vigilancia que una sucesión de tormentas de arena helada, que levantaban una espesa neblina de polvo, nos permitía por el momento rastrear hacia el este. En cualquier caso, el agotamiento de nuestro pequeño grupo de excavadores chinos nos habría obligado a regresar a nuestra base de Dunhuang. Tras un día de parada allí, partí con un nuevo grupo de trabajadores y todos los suministros necesarios para un trabajo prolongado en la frontera desértica del oeste. Mi nueva ruta me llevó primero al pequeño oasis periférico de Nanhu, una mera aldea, donde pude localizar las ruinas de esa antigua «barrera yang» que los anales Han mencionan junto con la «barrera de la puerta de jade». Era una estación militar, destinada a vigilar la ruta sur alternativa hacia la cuenca del Tarim. Ésta pasa a lo largo de las altas y completamente estériles laderas del Kunlun, más al este, y todavía sirve hoy en día para el tráfico ocasional cuando la ruta del desierto de Dunhuang a Charklik está cerrada desde finales de la primavera hasta el invierno, a causa de la salinidad de los pozos junto a las orillas del antiguo lecho marino desecado.

Las observaciones arqueológicas que había que hacer en los alrededores de la apacible y pequeña Nanhu no me entretuvieron más allá de abril. Luego nos adentramos en el desierto cubierto de matorrales hacia el norte, y al segundo día llegamos a la línea del *limes* chino, cerca de donde había estado nuestro primer campamento. Me sentí eufórico al estar de nuevo junto a la antigua muralla fronteriza, y tanto más contento por la oportunidad de explorar a fondo sus restos, ya que nuestros descubrimientos a lo largo de la sección al noreste de Dunhuang habían establecido definitivamente su gran antigüedad. La longitud de la línea que había que explorar y registrar era grande, y con unas condiciones climáticas cada vez más adversas y la lejanía de los recursos locales, la tarea iba a resultar ardua. Pero era un trabajo fascinante, y su recompensa resultó ser más abundante de lo que podía prever.

Sería totalmente imposible, dentro de los límites de este libro, intentar ofrecer una revisión sistemática de todos los hechos esenciales revelados por ese ajetreado mes de exploraciones en cuanto a la forma en que se protegía esa línea de la muralla, la más antigua de todas, y en cuanto a las condiciones de vida que prevalecieron a lo largo de ella durante siglos. Todo lo que han revelado los hallazgos y observaciones sobre el terreno y la interpretación de los centenares de documentos ha sido recogido íntegramente en mi libro *Serindia*. Baste aquí con echar un vistazo a las ruinas características y hacer una breve referencia a los hallazgos que han proporcionado.

En el borde de la meseta de grava desnuda, a lo largo de la cual se extendía la sección más occidental de la muralla, se alzaban a intervalos variables algunas de las torres de vigilancia mejor conservadas. Todas ellas estaban construidas de forma sólida, con ladrillos o arcilla estampada, y sobre una base de seis a siete metros cuadrados; se estrechaban hacia la parte superior. En la mayoría de los casos se podía llegar a la cima. A veces, sólo se podía llegar a la cima trepando con ayuda de cuerdas; los agujeros aún visibles en la mampostería servían como puntos de apoyo.

La posición de las torres se había elegido siempre teniendo en cuenta las ventajas naturales que ofrecía el terreno tanto para la defensa como para la vigilancia. Por ello, las distancias entre las torres variaban considerablemente, ya que el terreno fuera de la línea podía ser fácilmente observado o no. Del mismo modo, se aprovechaba cualquier posición elevada que pudiera ofrecer facilidades para la transmisión de señales ópticas. A lo largo de toda la línea se mantuvo un sistema cuidadosamente organizado de transmisión de información mediante señales de fuego durante la noche y señales de humo durante el día. Esto se demuestra tanto por las referencias en los documentos como por la evidencia real de los materiales que encontré para tales señales.

Teniendo en cuenta que habían transcurrido dos mil años desde la construcción de aquellas torres, me hubiera asombrado de su notable estado de conservación si no hubiera habido pruebas sorprendentes en el mismo suelo cercano a ellas. Pruebas que evidenciaban lo poco que la erosión del viento, el mayor enemigo de los restos antiguos en una región prácticamente sin lluvias, podía hacer valer su fuerza en esta superficie plana de grava. Una y otra vez, observé que las huellas que había dejado al pasar más de un mes antes parecían absolutamente frescas. De todos modos, fue una sorpresa cuando, al volver aquí siete años más tarde en mi tercera expedición, todavía era capaz de reconocer mis propias huellas y en algunos casos incluso las de mi siempre activo fox terrier Dash II.

La adaptación a todas las características naturales importantes y, el uso cuidadoso de las ventajas que ofrecían, habían desempeñado obviamente un papel decisivo en la planificación de esta antigua línea de defensa. Esto quedó plenamente demostrado en nuestro reconocimiento, donde se comprobó que terminaba la sección más occidental de su muralla. Hasta aquí, la línea de murallas se extendía a lo largo de la ruta hacia Lop, que obviamente debía proteger y vigilar. Luego, cerca del punto donde se cruza el lecho del Sulo Ho, giraba bruscamente hacia el suroeste y, tras un tramo de unos cuarenta kilómetros, terminaba en terreno pantanoso. La explicación es que la muralla había alcanzado en su punto de inflexión el extremo noreste de la gran cuenca terminal del Sulo Ho. Esta se extiende sobre un área de unos ochocientos kilómetros cuadrados llenos de lagos y pantanos, bastante intransitables durante la mayor parte del año. De este modo, el ejército podía salvaguardar aquí su flanco con seguridad durante una gran distancia sobre un terreno que ofrecía una protección eficaz contra los ataques de caballería.

CUERPO DE UN HOMBRE MUERTO ENCONTRADO EN UNA TUMBA EN LA CIMA DEL ALTIPLANO, DESIERTO DE LOP

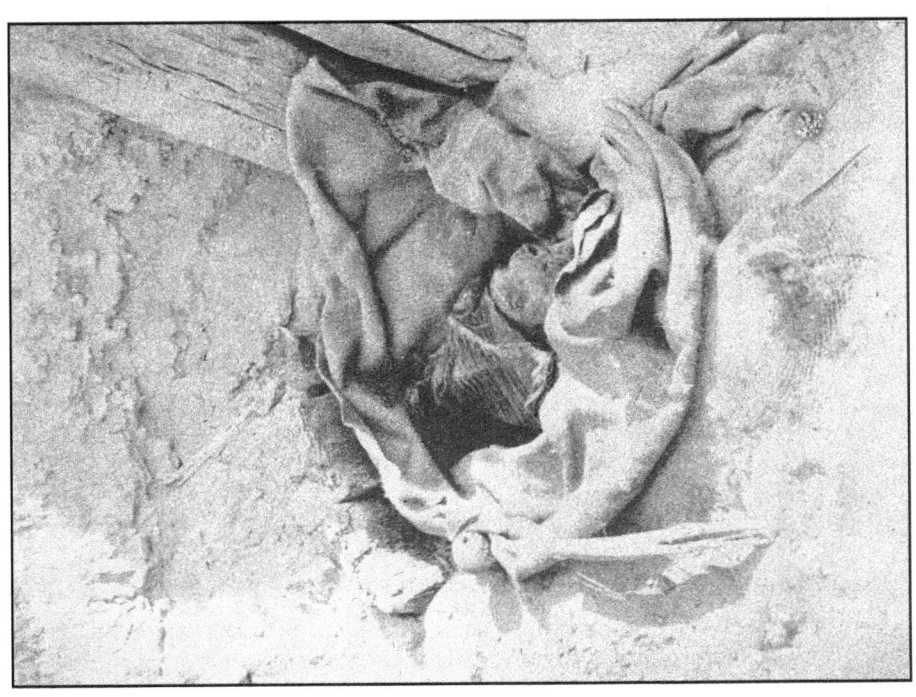

CABEZA DE UN HOMBRE MUERTO ENCONTRADA EN UNA TUMBA EN LA CIMA DEL ALTIPLANO, DESIERTO DE LOP

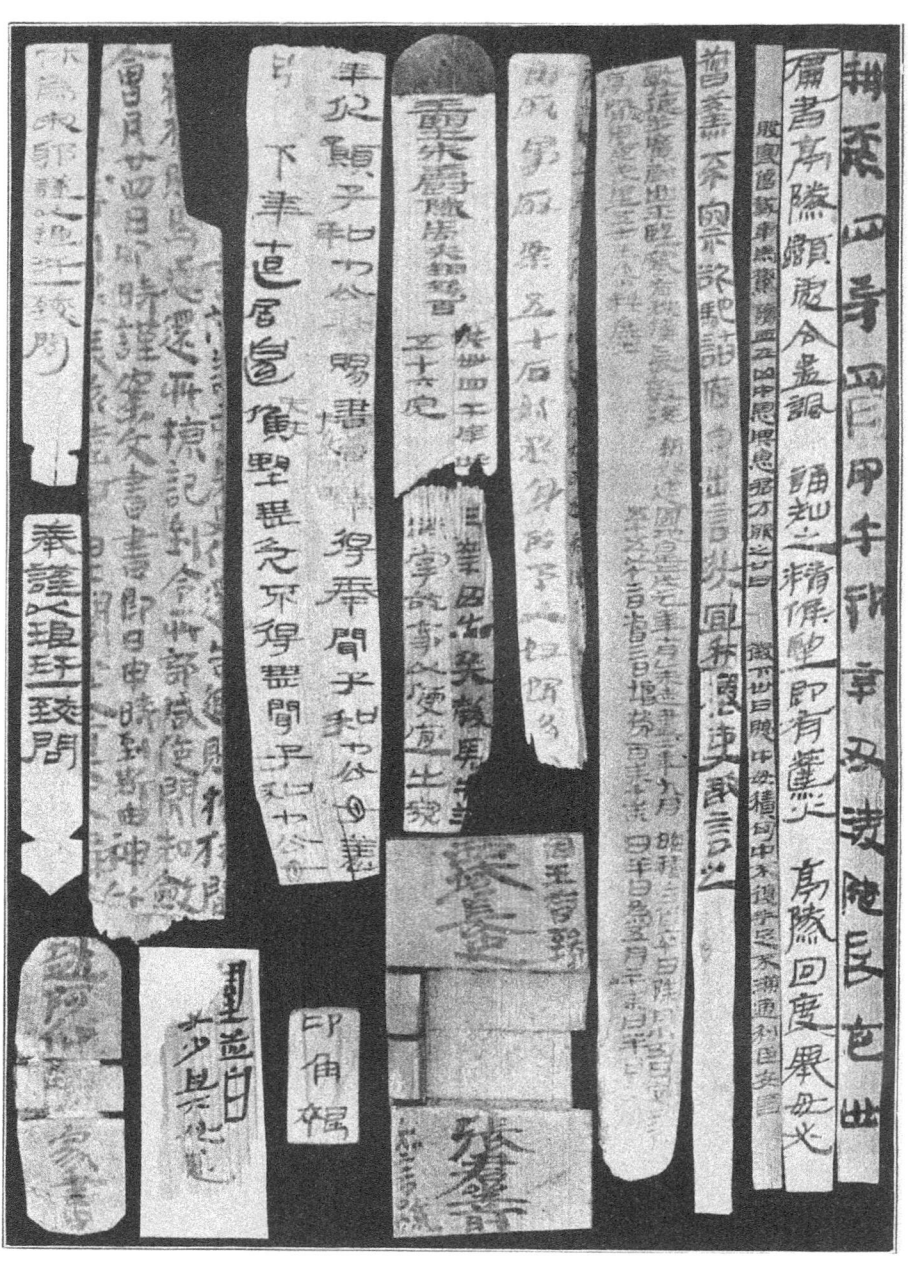

ANTIGUOS DOCUMENTOS CHINOS EN TABLILLAS DE MADERA, PROCEDENTES DE LAS RUINAS DE NIYA, LOULAN Y EL ANTIGUO LIMES CHINO

CAPÍTULO XI

Hallazgos a lo largo del antiguo *limes* chino

Antes de proceder a describir los hallazgos de especial interés entre las ruinas del *limes* chino, conviene hacer referencia a los hechos históricos, ya mencionados brevemente en el segundo capítulo, que arrojan luz sobre la construcción de esta línea fronteriza y explican su principal propósito. Cuando el gran emperador Wu de Han expulsó a los hunos de sus tierras de pastoreo al pie septentrional del Nanshan, en el año 121 a. C., se establecieron inmediatamente colonias militares en esa tierra de paso que iba a servir a su política de avance hacia Asia central. Los anales de la dinastía Han nos dicen que al mismo tiempo se inició la construcción de una muralla hacia el oeste, en extensión de la anterior Gran Muralla de China. No cabe duda de que su principal objetivo era proteger la gran vía abierta para el comercio y la expansión política en la cuenca del Tarim.

Como los hunos seguían merodeando por las zonas desérticas del norte, era esencial que esta larga línea de comunicación fuera segura tanto para el comercio como para el movimiento de tropas. La muralla del emperador Wu de Han, destinada a servir de instrumento para la expansión de China hacia el oeste, ofrece así una sorprendente analogía con los anteriores sistemas de *limes* del Imperio romano; pues ahora sabemos que las líneas del *limes* romano eran originalmente partes integrantes del gran sistema estratégico de carreteras del imperio allí donde se acercaba a sus fronteras. La palabra *limes* servía como término técnico para designar las carreteras militares romanas que partían de una base de operaciones en una frontera, lo que justifica que la utilicemos para designar su equivalente chino más antiguo.

Sabemos por los anales Han que en el año 108 a. C. se estableció una línea continua de puestos y pequeños fuertes desde la actual ciudad de Suzhou hasta la «puerta de jade». Ésta se encontraba entonces en algún lugar al este de Dunhuang. Pero después del éxito de la segunda expedición enviada a la cuenca del Tarim por el emperador Wu de Han en los años 102-101 a. C., sabemos que se establecieron puestos militares de un lugar a otro desde Dunhuang hacia el oeste hasta el «pantano salado». Su finalidad era salvaguardar el paso de las misiones políticas y las caravanas comerciales, así como asegurar su abastecimiento en ruta. No cabe la menor duda de que esta nota histórica china, basada en el registro contemporáneo del famoso «padre de la historia china», Sima Qian, se refiere a la línea de murallas y estaciones de vigilancia exploradas por mí.

Sabemos que la política de avance comercial y militar del emperador Wu de Han en Asia central se llevó a cabo con implacable energía a pesar de las formidables dificultades geográficas. Por lo tanto, parece seguro suponer que la extensión de la muralla hacia el oeste alcanzó el punto terminal, mencionado al final del capítulo anterior, en unos pocos años antes del 101 a. C. De todos modos, obtuve una gran satisfacción cuando la limpieza de las modestas dependencias de una de las torres que custodiaban la cabecera occidental del *limes* sacó a la luz una gran lápida inscrita con una fecha correspondiente al año 94 a. C. En ella se menciona el nombre local, *Tachientu*, con el que también se designa esta sección más occidental de la muralla en documentos encontrados en otros lugares. Como uno de estos documentos está fechado en el año 96 a. C., tenemos pruebas definitivas de que la extensión del *limes* debía de haber llegado hasta el extremo de la muralla.

Esta conclusión se confirmó plenamente cuando exploramos las estaciones de vigilancia que, desde el punto terminal de la muralla, se extendían hacia el suroeste a lo largo del borde de la gran cuenca pantanosa. Las distancias a las que estaban situadas entre sí mostraban claramente que estaban destinadas a servir principalmente como puestos de señalización a lo largo de una porción de la línea para la que los pantanos infranqueables proporcionaban una defensa natural. Altas crestas de arcilla se extendían como dedos desde la meseta de grava hasta la amplia cuenca llena de marismas. Eran lugares ideales para instalar llamativos puestos de señalización, y los ingenieros chinos no dejaron de aprovecharlos. Habían colocado aquí sus torres a lo largo de más de cuarenta kilómetros en una línea casi recta, como si hubieran fijado su posición mirando con una dioptra.*

Había interesantes reliquias que recuperar en casi todas estas torres de vigilancia. Pero en ninguna fueron tan abundantes como en la ruina de un pequeño puesto que estaba situado a unos tres kilómetros detrás de la línea y que evidentemente servía como una especie de cuartel general de la sección. La disposición de las modestas dependencias era muy clara, como muestra el plano. Los postes de madera de la puerta de entrada seguían en su sitio; la chimenea u horno, rodeado por una delgada pared de arcilla quemada al rojo vivo, aún conservaba sus cenizas. Sin embargo, entre los documentos de madera recuperados en la habitación, que probablemente estaba destinada a alojar a un oficial, uno llevaba una fecha correspondiente al 10 de mayo del año 68 a. C.

Pero mucho más importante fue el gran botín de documentos chinos obtenido poco después de que comenzáramos el primer raspado experimental de los montones de basura que surgían de las laderas sembradas de grava bajo la ruina. En un área de sólo unos metros cuadrados se recuperaron más de trescientas piezas con inscripciones. Era evidente que el contenido de un pequeño archivo oficial había sido arrojado aquí, y las numerosísimas piezas fechadas mostraban que estos «papeles sobrantes» de una antigua escribanía militar pertenecían a los años 65-56 a. C. No puedo mencionar aquí más que algunos de los que tienen un claro valor histórico y arqueológico por la luz que arrojan sobre la organización de esta frontera militar y la vida llevada a lo largo de su curso.

* La dioptra es un instrumento topográfico clásico similar al teodolito.

Varios documentos encontrados aquí reproducen o citan edictos imperiales relativos al establecimiento de una colonia militar agrícola en la región de Dunhuang y a la construcción de una «muralla» o muro para proteger la frontera. Otros se refieren a la organización de las tropas a lo largo de la misma, dando los nombres de las distintas compañías, etcétera. También hay informes y órdenes relativos a otros puestos y secciones del *limes*. La mención de «oficiales indígenas» en varios documentos demuestra que aquí se recurrió al alistamiento de soldados no chinos, es decir, bárbaros, al igual que en más de una línea fronteriza romana. Y, curiosamente, en un puesto de señales vecino encontré la mitad de una tablilla de madera inscrita en la lengua sogdiana primitiva que se hablaba en los alrededores de Samarcanda y Bujará. Evidentemente, la pieza había servido para llevar la contabilidad. También son curiosas las numerosas piezas que contienen elaborados calendarios chinos de los años 63, 59 y 57 a. C., y el fragmento de una conocida obra lexicográfica china. Una gran masa de virutas de madera mostraba que aquí, como en otros lugares, algún oficial o empleado, deseoso de mejorar su caligrafía, un asunto importante para los chinos hasta hace pocos años, había utilizado tablillas improvisadas para ejercicios de escritura, recortándolas con un cuchillo una y otra vez para obtener una superficie nueva.

Ahora debemos dejar esta sección más occidental, ya ocupada, como hemos visto, desde la época de la primera construcción del *limes*, para pasar a un rápido estudio de sus restos más al este. A lo largo de lo que se podría llamar las secciones pantanosas del *limes*, se podían hacer muchas observaciones y hallazgos interesantes. Sin embargo, antes de referirme a ellas, mencionaré brevemente la estación de vigilancia número ocho que encontramos en el camino hacia el este. Cuando la vimos por primera vez, no era más que un montículo bajo cubierto de grava. Pero su posición indicaba que aquí hubo una vez una torre de vigilancia. Al excavarla, se comprobó que contenía los escombros de una torre de ladrillo que, tal vez debido a una construcción defectuosa, se había derrumbado por completo y en su caída había sepultado las paredes y el tejado de las salas de guardia contiguas.

Una vez despejadas estas, se encontraron, entre otras curiosas reliquias, una medida en forma de regla de pie de zapatero marcada con las pulgadas del periodo Han; y cajas de sellos de madera con ranuras dispuestas para sujetar un cordel de cierre igual que en las tapas de las tablillas karosti de los yacimientos de Niya y Loulan. Había una etiqueta de madera que indicaba que la caja o bolsa a la que estaba unida contenía cien puntas de flecha de bronce de un tipo específico pertenecientes a la compañía Xianming de la puerta de jade. A lo largo de todo el *limes* se recogieron numerosos ejemplares de este tipo de munición antigua para ballestas. Pero fue de especial interés una cubierta de madera perfectamente conservada, provista de la cavidad para el sello y las ranuras para las cuerdas que me recordaron a los sobres oblongos de madera del yacimiento de Niya. Como demostraba un pequeño borde hundido en la superficie inferior de la tapa, había servido de tapa a una cajita que la inscripción china en finos caracteres grandes declaraba haber sido el «botiquín perteneciente a la compañía Xianming». Me alegró ver esta prueba de las primeras herramientas de asistencia médica en la exposición organizada en 1912 en el Wellcome Medical Museum de Londres.

Desde el pequeño lago donde se encontraba nuestro primer campamento junto al muro fronterizo, se extiende una porción bien definida y muy interesante del *limes* de Han hasta el lago Khara Nor. La línea defensiva se ha extendido aquí a través de una sucesión de pantanos y pequeños lagos que llenan las depresiones que se extienden desde el glacis de grava en el sur hacia el Sulo Ho. Más al este, se extiende a lo largo de las amplias lagunas y marismas en las que se expande el Sulo Ho tras abandonar el Khara Nor, así como a lo largo de este gran lago. Esta alineación había sido elegida con mucho cuidado por los antiguos ingenieros chinos para complementar su línea con defensas naturales y ahorrar así trabajo en la construcción y esfuerzo en su protección. El edicto imperial, que cita uno de los documentos anteriormente mencionados de la estación del cuartel general seccional en el flanco suroeste del *limes*, había ordenado al gobernador de Suzhou «examinar la configuración del terreno». Y aprovechando los obstáculos naturales, «construir un muro para ejercer el control a distancia».

Nuestra inspección de la sección del *limes*, que se extendía desde ese pequeño lago hasta una distancia de unos treinta kilómetros hacia el este, demostró con gran claridad la minuciosidad e inteligencia con que se habían llevado a cabo esas instrucciones de la orden imperial. La muralla había sido llevada allí infaliblemente sobre cada pedazo de tierra firme capaz de ofrecer un paso para las incursiones del enemigo y hasta el borde de las ensenadas pantanosas. Los lagos y ciénagas ocupaban necesariamente el lugar de la muralla, ya que proporcionaban una defensa natural y ahorraban así el trabajo de construcción a lo largo de muchos kilómetros. Es fácil apreciar esta ganancia si pensamos en las enormes dificultades de abastecimiento y transporte que debe haber conllevado el mantenimiento de una mano de obra adecuada para construir la muralla en un desierto absoluto.

La ganancia resultante de este uso de los obstáculos naturales ofrecidos por los pantanos intransitables debe haber sido aún mayor a lo largo de la sección que se extiende más al este hasta el lago Khara Nor, y luego a lo largo de sus orillas del sur. Allí, esta «frontera húmeda», formada por los pantanos de Sulo Ho y por el gran lago, es tan amplia que la construcción de un muro parece haber sido considerada innecesaria, excepto en dos cortos tramos donde el Sulo Ho fluye en un estrecho lecho bien definido.

Las características topográficas que acabamos de indicar brevemente hicieron necesariamente mucho más difícil nuestra búsqueda de la línea del *limes* en este punto. Una vez que mi siempre vigilante secretario chino y Ram Singh, mi muy inteligente «manitas» del grupo de zapadores y mineros de Bengala, se hubieron iniciado en la tarea de despejar tan modestas ruinas, pudieron quedarse con seguridad para dirigir este trabajo en los puestos trazados. De este modo, yo mismo quedé libre para comenzar con un par de mis seguidores turcos un reconocimiento de la zona. Era necesario para mostrarme de antemano la tarea que nos esperaba en cada ruina y para permitirme seleccionar los lugares de acampada adecuados más cercanos al agua. Nunca había sentido tanta fascinación por una desolada frontera, mientras seguía los restos de la muralla y las estaciones de vigilancia a lo largo de kilómetros y kilómetros de desierto yermo y más allá de los pantanos salados. Las torres servían de guía desde la distancia. Pero con los pantanos y las ciénagas incrustadas de sal entre las lenguas de la meseta desértica y, las franjas de terreno traicionero a lo largo de los bordes de los pantanos, a veces me parecía una carrera de obstáculos.

La búsqueda de los restos de la antigua muralla fue, por supuesto, aún más emocionante. En tramos considerables, en los que la dirección coincidente con el viento dominante y una posición protegida en un terreno más bajo habían reducido la fuerza de la erosión, el muro aún se alzaba a una altura llamativa, en unos pocos lugares hasta cuatro metros más o menos. En otros puntos, a menudo era necesario escudriñar cuidadosamente el terreno para descubrir la baja y continua hinchazón que marcaba su línea, junto con los extremos de los haces de juncos cuidadosamente colocados que brotaban de debajo de la grava.

Una vez que dimos con la línea en un tramo concreto de terreno elevado, fue fácil seguirla hasta la estación de vigilancia más cercana hacia el este. La posición de las torres se había elegido siempre teniendo en cuenta las ventajas del terreno que dominaba las depresiones más cercanas. Allí donde la terraza de arcilla, o la loma seleccionada, garantizaban por sí mismas una amplia perspectiva, las torres no se habían construido tan altas y, por lo tanto, el acceso a la cima seguía siendo practicable. Sentado allí, entre los escombros de la pequeña sala de vigilancia que solía servir de refugio a los hombres de guardia, y dejando que mis ojos vagaran por esta gran extensión de pantano y grava igualmente desolados, era fácil recordar las tristes vidas que una vez transcurrieron aquí. Ninguna vida del presente distraía mis pensamientos del pasado.

A mis pies yacían los escombros de los cuarteles que habían ocupado los hombres exiliados a esta frontera prohibida, sin que nadie los hubiera tocado en tantos siglos. Cerca de ellos estaban los montones de basura, a menudo más extensos, que se habían acumulado durante esta ocupación. La más delgada capa de grava bastaba para conservar aquí con absoluta frescura los objetos más perecederos. A menudo bastaba raspar la pendiente con el tacón de mi bota o con la punta de mi buche de caza para descubrir el lugar donde los destacamentos que ocupaban los puestos solían arrojar sus desperdicios, incluido el «papel usado», o mejor dicho, la madera. Así me acostumbré pronto a recoger documentos de la época de Cristo o anteriores a pocos centímetros de la superficie.

Nunca había reflexionado tan profundamente de lo poco que significan dos mil años donde la actividad humana está suspendida, e incluso la de la entumecida naturaleza, como cuando tomaba largos paseos de reconocimiento las tardes y me encontraba solo en alguna prominente estación de vigilancia. Golpeadas por los rayos del sol poniente, torre tras torre, hasta veinte kilómetros de distancia o más, podían verse brillando como si el revestimiento de yeso que sus paredes habían llevado una vez estuviera todavía intacto. Este enlucido tenía por objeto, naturalmente, hacer las torres más visibles desde lejos. Sin embargo, había sido renovado con frecuencia, como lo demuestran las numerosas capas sucesivas de yeso blanco que aún conservan las porciones de muro protegidas por los escombros. ¡Qué fácil fue imaginar entonces que las torres y murallas seguían custodiadas y qué ojos vigilantes escrutaban las engañosas depresiones hacia el norte en busca de ese enemigo veloz y astuto que eran los hunos!

Las puntas de flecha de bronce que recogimos en buen número cerca de la muralla y las torres, así como las referencias que aparecían en los registros encontrados que Jiang Xiaowan leía en voz alta e interpretaba, eran prueba de que los ataques y las alarmas eran incidentes familiares en esta frontera. Inconscientemente, mi vista buscaba el terreno de matorrales que flanqueaba las salinas, donde los asaltantes hunos podían reunirse antes de precipitarse en el crepúsculo. Una vez cruzada la cadena de puestos, el camino quedaba abierto para ellos hacia cualquier parte del oasis de Dunhuang o los asentamientos chinos más al este. No sólo la noción del tiempo, sino también el sentido de la distancia parecían correr peligro de desaparecer cuando pensaba en cómo esos mismos hunos estarían destinados, algunos siglos más tarde, a sacudir los imperios de Roma y Constantinopla.

Pero los rayos oblicuos del sol poniente revelarían también cosas del pasado mucho más reales. La línea de la muralla se veía claramente a lo largo de kilómetros y kilómetros, incluso donde se había convertido en poco más que un montículo bajo y recto. Fue entonces cuando el ojo captó más fácilmente una curiosa línea recta en forma de surco que corría paralela a la muralla y a una distancia de unos diez metros de ella. Una y otra vez, los hombres reconocieron tan claramente como yo esta extraña huella que reaparecía a lo largo de tramos de muralla a kilómetros de distancia de la ruta de las caravanas, allí donde los restos de la muralla eran lo bastante altos como para ofrecer protección contra la arena y los guijarros arrastrados por el viento.

En mi primer reconocimiento, ya había hecho otra curiosa observación igual de desconcertante a primera vista. En bastantes puestos de vigilancia observé una serie de pequeños montículos extraños, generalmente dispuestos en filas cruzadas regulares a modo de quincunce o bien en línea, pero siempre a cierta distancia unos de otros. Un examen más detenido demostró que todos ellos medían alrededor de dos metros en su base y estaban construidos enteramente con fajinas de juncos, colocadas transversalmente en capas alternas. Su altura variaba entre uno y dos metros, y eso en la misma estación. Se habían clavado palos de álamo silvestre en las fajinas para asegurarlas cuando se apilaban por primera vez. Ya no era necesario reforzarlas. Por la acción de las sales que las impregnaban, las fajinas habían alcanzado un estado casi petrificado y, sin embargo, las fibras de cada caña, una vez separadas, seguían siendo flexibles.

Las dimensiones de estas fajinas correspondían siempre a las utilizadas en la construcción del muro. Esto sugirió en un primer momento que estaban apiladas y listas para cualquier reparación urgente. Pero también se encontraban apiladas en algunas torres de vigilancia bien separadas de la línea de la muralla. El descubrimiento verdadero se presentó cuando encontré repetidamente algunas de las fajinas reducidas por el fuego a meros fragmentos calcinados. Esto dejó claro que las fajinas así apiladas estaban destinadas a ser usadas para señales de fuego o humo. Los registros chinos encontrados han proporcionado abundantes pruebas de que en este *limes* se había organizado y empleado sistemáticamente un sistema de señales de este tipo.

Como ya he dicho, es imposible referirse aquí a todos los hallazgos individuales de interés. Pero me limitaré a mencionar que de una habitación llena de basura en uno de los puestos de vigilancia de esta sección recuperamos no menos de ocho cartas, ya dobladas y escritas en papel, en esa lengua y escritura sogdianas primitivas de las que antes de mi segunda expedición no se sabía nada. Algunas estaban envueltas en fundas de seda, mientras que otras sólo estaban atadas con un cordel. El desciframiento de estas cartas, una tarea difícil debido a la escritura muy cursiva, además de otras razones, ha demostrado ahora que contenían comunicaciones privadas aparentemente de comerciantes que visitaban China desde Asia central. Evidentemente, debieron de preferir el nuevo material de escritura, el papel, a las tablillas de madera a las que se aferraba el conservadurismo chino.

El examen microscópico realizado por el difunto profesor von Wiesner, una de las principales autoridades en la historia de la fabricación del papel, ha demostrado que el material de estas cartas representa el papel más antiguo conocido hasta ahora. Se preparó a partir de tejidos de cáñamo reducidos a pulpa exactamente del mismo modo que los textos chinos registran cómo se utilizó para el papel cuando se inventó por primera vez en el año 105 d. C. El descubrimiento de estas cartas y de algunos fragmentos de papel en otros lugares del *limes* concuerda plenamente con el hecho de que este último puede demostrarse mediante documentos fechados que estuvo custodiado hasta mediados del siglo II d. C., excepto a lo largo de su tramo más occidental. Parece ser que se abandonó en el primer cuarto del siglo I de nuestra era, durante los turbulentos tiempos del usurpador al trono imperial Wang Mang.*

Una reducción del *limes* realizada a principios del siglo I d. C. está claramente marcada por un muro transversal posterior y menos sólido que discurre hacia el sur desde aproximadamente la mitad de la sección del pantano. Justo en este punto se alza, junto a la ruta de las caravanas, un fuerte cuadrado en ruinas de aspecto bastante imponente. Sus muros de arcilla estampada, de unos cinco metros de grosor en la base, aún se mantienen en pie a una altura de más de nueve metros. Su antigüedad quedaba patente por el hecho de que, a pesar de la gran solidez de la arcilla, partes considerables de las caras exteriores se habían caído. No encontramos restos fechables en el interior, pero una pequeña colina, a menos de cien metros, demostró al ser excavada que estaba cubierta de escombros y desechos de una importante estación antigua. Los abundantes hallazgos de documentos chinos pronto demostraron que habíamos dado aquí con el emplazamiento de aquella famosa «puerta de jade» en la que sabemos que en tiempos de los Han se controlaba todo el tráfico que pasaba por la ruta del desierto. Curiosamente, muchas de las tablillas mejor conservadas salieron a la luz al desenterrar un profundo pozo que probablemente había servido durante mucho tiempo como calabozo y más tarde se había convertido en un vertedero. No es éste el lugar para abordar los numerosos detalles curiosos que los abundantes documentos hallados en este lugar revelan sobre la organización militar, el servicio, etcétera, del *limes* chino.

A unos cinco kilómetros al norte, justo donde el muro transversal se une a la antigua línea, encontramos los restos de una estación que,

---

* Wang Mang (45 a. C. - 23 d. C.) fue un comandante imperial que, tras actuar como regente del joven emperador Xiaoping, declaró el comienzo de la dinastía Xin a la temprana muerte de éste.

a juzgar por los abundantes registros encontrados en sus montones de basura y que abarcan más de dos siglos, también debió de ser un importante cuartel general. Allí encontramos, entre otras cosas, interesantes reliquias del antiguo comercio de la seda en forma de tiras de seda con inscripciones en brahmi, chino e indio. Ofrecían detalles exactos sobre el lugar de producción, el tamaño y el peso de los fardos de los que se habían cortado. Igualmente curioso fue encontrar aquí también un paquetito bien atado que contenía una punta de flecha de bronce con los trozos rotos de su astil emplumado. Se trataba obviamente de un caso de una flecha rota que había sido devuelta al almacén de apoyo militar para ser reparada. Entre los documentos del *limes* hay numerosos registros que contienen indicaciones para la expedición de flechas nuevas, así como de ballestas para sustituir a otras devueltas en mal estado.

A unos ocho kilómetros al este del emplazamiento de la antigua «puerta de jade», se alza, cerca de la carretera de las caravanas y muy por detrás de la línea de la muralla, una ruina muy imponente. Con sus tres grandes salas contiguas en un bloque continuo y una longitud total de unos mil quinientos metros, esta estructura resultó al principio muy desconcertante. Sus gruesos muros de arcilla maciza estampada, que en algunos puntos alcanzaban los seis metros de altura, presentaban escasas aberturas, evidentemente destinadas a la ventilación. Había un recinto exterior y otro interior flanqueados por torres en las esquinas. La peculiar estructura nos hizo suponer en poco tiempo que esta extraña pila había servido como almacén de suministros para las tropas estacionadas o que se desplazaban a lo largo de la muralla y para los funcionarios y misiones políticas que viajaban por la ruta del desierto. Esto ha sido plenamente confirmado por los registros chinos recuperados de los desechos en un rincón de un recinto interior; pues éstos nos hablan de entregas de grano, traídas del oasis de Dunhuang; de trajes de ropa almacenados, etcétera. Así pues, aquí habíamos encontrado esa base avanzada de suministros, tan necesaria tanto para las tropas que custodiaban la frontera desértica como para las que utilizaban la difícil ruta hacia o desde Loulan.

Aquí podemos despedirnos de esta porción occidental del antiguo *limes* chino. Tras haber llevado su exploración hasta el extremo oriental del Khara Nor, a mediados de mayo de 1907, el creciente calor, apenas aliviado por las recurrentes tormentas de arena, junto con otras pruebas del desierto y el agotamiento de los hombres, me obligaron a regresar al oasis. En el otoño siguiente, cuando regresaba de las hazañas en las montañas de Nanshan, pude comprobar que la muralla continuaba hacia el este a lo largo del Sulo Ho hasta la gran curva del río desde el sur, cerca del oasis de Yumenxian. Este ha tomado su nombre de una ubicación posterior a la «puerta de jade».

Pero no fue hasta la primavera de 1914 cuando mi tercera expedición me permitió llevar a cabo mi renovada exploración sistemática del *limes* desde Dunhuang hasta el río Etsin Gol, en una distancia de unos quinientos kilómetros. Donde el *limes*, al este del oasis de Anxi, había sido llevado a la orilla derecha del Sulo Ho y corría cerca del lecho profundamente cortado del río, sus restos estaban no tan bien conservados; porque los vientos predominantes del nordeste, que soplaban con gran violencia desde las mesetas de grava del Beishan y eran temidos por los caminantes, podían hacer valer allí toda su fuerza destructiva de erosión sobre el suelo de loess de la desnuda franja ribereña.

Más al este, la línea del *limes* se encontraba más cerca de las estribaciones del árido Beishan. También aquí se hallaron pruebas sorprendentes de la perseverante energía y el poder de organización con que aquellos ingenieros militares del emperador Wu de Han se habían enfrentado a formidables dificultades naturales. Así, a unos cincuenta kilómetros al noreste del pequeño oasis de Yingpan, o la «guarnición», encontramos la línea del *limes* audazmente llevada a través de lo que desde tiempos antiguos debió de ser una gran zona de arena a la deriva. Aunque no estaba completamente enterrada por las dunas, la muralla, construida aquí enteramente con fajinas de tamarisco y del grosor habitual, aún se elevaba a una altura cercana a los cinco metros. Era fácil darse cuenta de los esfuerzos que debió costar asegurar agua y suministros a los hombres que se dedicaban a construir y vigilar esta sección del *limes*.

No hace falta que describa cómo seguimos la línea de protección a través de los desiertos de arena y detritus rocosos hasta la frontera del sur de Mongolia. Lo que ya se ha contado sobre el *limes* bastará para mostrar el gran poder de organización sistemática que se necesitaba para la rápida creación y protección continuada de este paso para el primer avance de China hacia Asia central. No obstante, los atisbos que se nos ofrecen del terreno inhóspito, sobre el que este avance se llevó a cabo con éxito, también deben impresionarnos con la magnitud de los sufrimientos y sacrificios humanos que la extensión de la Gran Muralla y las audaces empresas subsiguientes de la política Han deben haber implicado para el pueblo chino.

RUINAS DE UNA ANTIGUA TORRE DE VIGILANCIA, CERCA DEL EXTREMO OCCIDENTAL DEL LIMES DE DUNHUANG

LÍNEA DE LA MURALLA DEL LIMES CERCA DE LA TORRE DE VIGILANCIA

RUINAS DE UNA ANTIGUA TORRE DE VIGILANCIA, EN EL FLANCO OCCIDENTAL DEL LIMES

RUINAS DE UN ANTIGUO FUERTE CHINO, QUE MARCA LA POSICIÓN DE LA «PUERTA DE JADE», VISTO DESDE EL NORESTE

TORRE DE VIGILANCIA EN RUINAS CON RESTOS DE DEPENDENCIAS CONTIGUAS Y ESCALERAS, LIMES DE DUNHUANG

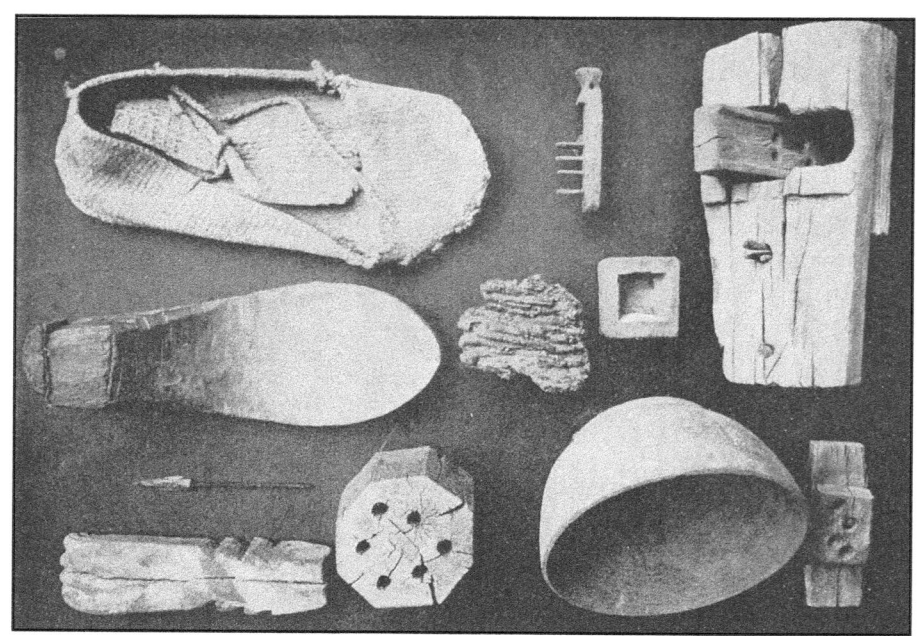

UTENSILIOS ANTIGUOS Y EQUIPO PERSONAL, EXCAVADOS PRINCIPALMENTE EN PUESTOS DE VIGILANCIA EN RUINAS DE LA ANTIGUA LÍNEA FRONTERIZA CHINA, DUNHUANG

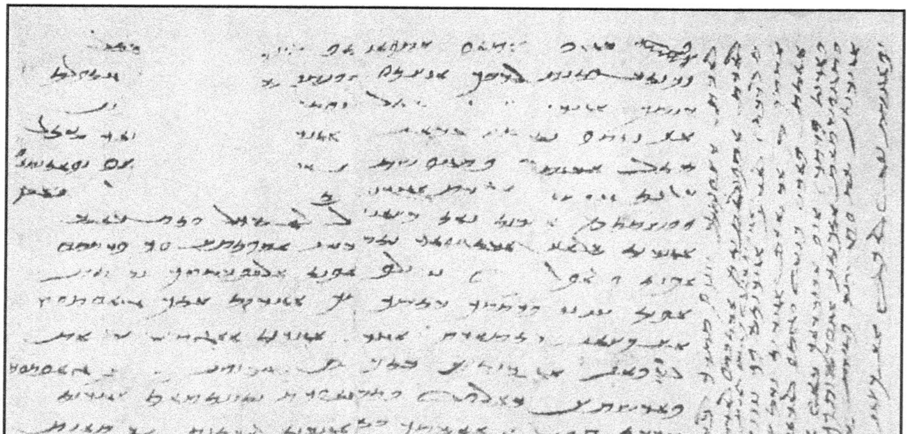

ANTIGUO DOCUMENTO SOGDIANO DE PAPEL, PROCEDENTE DEL PUESTO DE VIGILANCIA DEL LIMES DE DUNHUANG

CAPÍTULO XII

Los santuarios rupestres de los Mil Budas

Cuando, en los años inmediatamente posteriores a mi primera expedición en Asia central, comencé a planear la segunda, deseaba fervientemente extenderla a Gansú, esa provincia fronteriza del noroeste de China. Este deseo estaba motivado en gran parte por lo que mi amigo, el difunto profesor de Loczy, distinguido jefe del Servicio Geológico Húngaro, me había contado acerca de las grutas sagradas budistas situadas al sudeste de Dunhuang y conocidas como *qian fo dong*, o las «cuevas de los mil budas». Como miembro de la expedición del conde Széchenyi y, por tanto, pionero de la exploración geográfica moderna en Gansú, las había visitado ya en 1879. Sin ser él mismo un estudioso de la antigüedad, había reconocido con razón, el interés artístico y arqueológico de las bellas pinturas al fresco y las esculturas de estuco que había visto allí, y la brillante descripción que hizo de ellas me había impresionado mucho.

Mis expectativas se cumplieron plenamente cuando, pocos días después de mi llegada al oasis de Dunhuang, en marzo de 1907, visité por primera vez las cuevas sagradas. Están excavadas en los precipitados acantilados de conglomerado que dominan desde el oeste la boca de un árido valle situado a unos veinte kilómetros al sudeste del oasis. Un pequeño arroyo que desciende de la parte más occidental de la cordillera de Nanshan se ha abierto camino hasta aquí a través de las estribaciones recubiertas por enormes crestas de arena a la deriva, pero ahora se pierde a poca distancia por debajo de las cuevas. En los acantilados, por encima del amplio despojo de detritus y arena en el que desemboca el arroyo, se vieron por primera vez una multitud de oscuras cavidades, en su mayoría pequeñas, como si fueran las viviendas trogloditas de anacoretas retirados a una lejana Tebaida.* Por el pequeño tamaño de la mayoría de estos nichos y la ausencia de pinturas murales en casi todos ellos, parecía seguro concluir que habían servido en gran medida como aposentos de monjes budistas.

Más arriba se veían centenares de grutas, grandes y pequeñas, que cubrían en hileras irregulares las sombrías paredes rocosas, desde el pie del acantilado hasta la cima del precipicio, y se extendían en estrecha formación durante más de medio kilómetro. Esta desconcertante multitud de grutas mostraba pinturas en sus paredes o en lo que era visible desde el exterior. Entre ellas podían reconocerse inmediatamente dos santuarios que contenían estatuas colosales de Buda, pues para asegurar un espacio adecuado a las gigantescas imágenes de estuco de los budas, de casi treinta metros de altura, se habían excavado varias salas, una encima de otra, cada una de las cuales proporcionaba luz y acceso a una parte del coloso.

Delante de la mayoría de los santuarios había originalmente antecapillas o pórticos de forma oblonga excavados en la roca. Debido a la caída del muro exterior, las pinturas al temple con las que siempre habían estado decoradas, las superficies de las paredes interiores quedaban ahora a menudo totalmente expuestas a la vista. En muchos casos, las antecapillas talladas en la roca, originales o restauradas, habían sido sustituidas por verandas de madera, generalmente muy deterioradas. Las galerías y escaleras que servían de acceso a las grutas superiores o de comunicación entre ellas se habían derrumbado casi en su totalidad. De ahí que muchos de estos santuarios situados en lo alto de las rocas resultaran inaccesibles. Pero la desaparición de los pórticos y las verandas permitió comprobar que la disposición interior y la decoración de estos santuarios supe-

---

* Tebaida (Thebais en griego) es una región del sur del antiguo Egipto conocida por haber albergado numerosos ermitaños cristianos.

riores no diferían en lo esencial de las que prevalecían en los templos rupestres excavados al pie del acantilado.

El acceso no ofrecía ninguna dificultad, a pesar de que el fino montón de arena que la negligencia había dejado acumular durante siglos había cubierto el suelo de delante y también el suelo original de la entrada, a menudo hasta una altura considerable. Así pude familiarizarme rápidamente con la planta y la disposición estructural general de estos santuarios. Todos presentaban una gran uniformidad. Desde la antecapilla oblonga, y a través de un pasadizo alto y bastante ancho, se accedía al templo-cueva propiamente dicho, que era el único que permitía la entrada de luz y aire al interior. En todas partes se trataba de una sola cella rectangular, casi cuadrada, excavada en la roca maciza y provista de un alto techo cónico.

Dentro de la cella, se encontraba generalmente una gran plataforma rectangular decorada con estuco pintado. Su centro solía estar ocupado por la colosal imagen de estuco de un Buda sentado, con grupos de bodhisattvas, discípulos santos y asistentes divinos a ambos lados. Estos grupos variaban en número, pero siempre estaban dispuestos simétricamente. Resultaba fácil darse cuenta de lo mucho que este estatuario de estuco había sufrido en el transcurso de los siglos a causa del deterioro natural de su material, y aún más a manos de iconoclastas y restauradores devotos. Pero a pesar de toda esta destrucción, estos templos rupestres conservaban abundantes restos que atestiguaban la prolongada continuidad aquí de las tradiciones escultóricas que el arte grecobudista había desarrollado, y el budismo centroasiático había transmitido al Extremo Oriente.

Allí donde las cabezas, los brazos y, a menudo, la parte superior de las estatuas habían sido destruidas por manos vandálicas y luego reemplazadas en tiempos modernos, el contraste de estas toscas restauraciones ponía aún más claramente de manifiesto el fino modelado de lo que había sobrevivido en otros lugares; así como la elegante disposición de los ropajes y el armonioso colorido del conjunto. En la profusión del dorado, del que han sobrevivido abundantes vestigios, así como en el notable esfuerzo dedicado a esas colosales figuras de Buda, reconocí rasgos del arte budista típico de la frontera noroccidental de la India, similares a los enormes *buts* tallados en la roca de Bamiyán.

Aún más impresionante, quizás, fue la riqueza y el abundante interés artístico de las pinturas antiguas, de carácter budista en su totalidad, que cubren las paredes enlucidas de todos los santuarios grandes y de muchos de los más pequeños. En su mayor parte se encontraban en muy buen estado de conservación. Ello se debe, evidentemente, a la extrema aridez de la atmósfera y a la absoluta sequedad de las paredes excavadas en la roca, así como a la fuerza y tenacidad con que el yeso que contiene los frescos se adhiere a la superficie de conglomerado. Utilizo el término «fresco» en aras de su conveniente brevedad, ya que, con la excepción de un pequeño santuario, todas las pinturas murales están realizadas al temple.

En las antecapillas y pasadizos, la decoración mural consiste normalmente en hileras de grandes bodhisattvas o santos budistas que se mueven en digna procesión. En muchas de las celdas más pequeñas, las pinturas murales mostraban patrones de pequeños budas o bodhisattvas, tal y como los había visto en las paredes de los santuarios de Dandan Oilik y otros lugares. Combinados con elaborados diseños florales y tracerías, también servían para adornar los techos de las grandes cellas. En ellas, las paredes solían presentar grandes paneles de frescos frisos de volutas florales de una belleza sorprendente. Debajo de estos paneles se extendían dados pintados que a menudo representaban a fieles, en algunos casos monjes o monjas budistas.

Los paneles se rellenaban con elaboradas composiciones que contenían un gran número de figuras. Las que mostraban a budas rodeados de una multiplicidad de Bodhisattvas, santos y otros asistentes divinos eran obviamente representaciones de los cielos budistas. Otros paneles mostraban escenas, desconcertantes por su variedad, que parecían sacadas de la vida mundana. Unas breves inscripciones chinas insertadas en cartuchos sugerían que estas escenas procedían de leyendas budistas sagradas. Sin embargo, sólo después de que escenas similares entre las pinturas sobre seda que recuperé de las cuevas de los Mil Budas fueran sometidas a un examen de expertos en Londres, pude estar seguro de que estas pinturas murales ilustraban historias Jataka, leyendas de nacimientos anteriores de Buda.

En todas estas escenas legendarias, con sus fondos de paisajes libremente dibujados, su arquitectura china, el movimiento audaz y el realismo de sus figuras, prevalecía un estilo claramente chino. Lo mismo ocurría con la graciosa y a menudo fantástica libertad de las volutas de nubes, las tracerías florales y otros motivos decorativos. Pero todas las figuras divinas principales, así como las que las rodean, multiplicadas de forma esquemática, tan apreciadas por la piedad budista, tenían la inconfundible impresión de los modelos indios transmitidos a través del budismo centroasiático. La tradición hierática había conservado para estos budas, bodhisattvas y asistentes santos el tipo de rostro, pose y ropaje originalmente desarrollado por el arte grecobudista, cualesquiera que fuesen las modificaciones que el gusto chino hubiese introducido en la técnica del tratamiento y el colorido.

A pesar de esta fuerte tendencia conservadora, en estas pinturas murales podían distinguirse distintas fases de desarrollo. Hay abundantes indicios arqueológicos que sugieren que la mayoría de los santuarios más grandes pertenecían a los tiempos de la dinastía Tang, desde el siglo VII hasta el X, cuando el lugar sagrado, como el propio oasis de Dunhuang, había disfrutado de prolongados periodos de prosperidad. Dado que una bella inscripción en piedra de la época de los Tang, que el señor Chavannes había publicado anteriormente a partir de un estampado, menciona la primera consagración del lugar en el año 366 d. C., también podrían buscarse restos de santuarios incluso anteriores a los Tang. La búsqueda de los mismos no me habría sido posible sin una formación de sinólogo y un conocimiento experto del arte secular chino. Por otra parte, fue fácil reconocer frescos de estilo más tardío, pero todavía hábiles y vigorosos, en las paredes de antecapillas y pasadizos. Éstos estaban necesariamente muy expuestos al deterioro y los daños, y las restauraciones, como las inscripciones posteriores mencionadas bajo la dinastía mongola, habían sido aquí manifiestamente frecuentes.

Durante los siglos que siguieron a la caída de la dinastía Tang, hasta el establecimiento del poder supremo mongol, estas rutas del Imperio chino, que entonces ya no se encontraban dentro de la Gran Muralla, habían estado expuestas a las incursiones bárbaras tanto de las tribus turcas en el norte como de las razas tibetanas en el sur. Estas vicisitudes debieron de afectar tristemente al esplendor de los santuarios de los Mil Budas y al número de monjes y monjas que se dedicaban a su culto. Sin embargo, a pesar de todos los cambios y devastaciones, Dunhuang se las había arreglado para conservar sus tradiciones de piedad budista incluso entonces. Pues mientras yo examinaba una gruta tras otra, no me cabía la menor duda de que fue la visión de estos multitudinarios santuarios, y las primeras vívidas impresiones allí recibidas del culto rendido a las imágenes, lo que había hecho que Marco Polo incluyera en su capítulo sobre Sachiu, es decir, Shazhou o Dunhuang, un largo relato de las extrañas costumbres idólatras de sus gentes.

En efecto, la buena gente de Dunhuang ha permanecido hasta hoy apegada con particular celo a las formas de culto que representan al budismo en el extraño popurrí de la religión popular china. Mi primera y rápida visita a las cuevas de los Mil Budas me había demostrado que los templos rupestres, a pesar de su aparente decadencia, seguían siendo verdaderos lugares de culto «en existencia». Esto me quedó aún más claro por la gran feria religiosa anual que, justo en el momento de mi regreso de la exploración de los restos del antiguo *limes* en el desierto, a mediados de mayo, atrajo al lugar a miles de aldeanos y habitantes del oasis. Por lo tanto, reconocí que, por razones de prudencia, era aconsejable limitar mi actividad arqueológica en el yacimiento, en cualquier caso al principio, a las amplias oportunidades que sus restos, plenamente accesibles, ofrecían para el estudio del arte budista, es decir, a aquellos trabajos que no pudieran razonablemente despertar el resentimiento popular con sus eventuales riesgos.

Sin embargo, cuando el 21 de mayo de 1907 arribé al lugar sagrado, que para entonces había vuelto a recuperar su aire de total desolación y silencio, y establecí allí mi campamento para una estancia prolongada, confieso que lo que mantenía mi corazón animado eran esperanzas de otro tipo. Poco después de mi primera llegada a Dunhuang me llegó un vago rumor acerca de una gran cantidad de manuscritos antiguos que habían sido descubiertos por casualidad varios años antes, escondidos en uno de los templos de la cueva. Al parecer, estaban custodiados por un sacerdote taoísta que los había encontrado en una capilla lateral tapiada mientras restauraba el templo. Se suponía que los había guardado bajo llave por orden oficial, y había motivos para ser cautelosos a la hora de acceder al tesoro.

En mi primera visita a las cuevas, el sacerdote taoísta o *daoshí*, de nombre Wang Yuanlu, estaba de viaje pidiendo limosna en el oasis. Así que tuve que contentarme con saber por boca de un joven monje tangut, por aquel entonces el único habitante allí, que el lugar del descubrimiento del tesoro de manuscritos era un gran santuario cerca del extremo norte del grupo principal de cuevas. La entrada había estado bloqueada por restos de rocas caídas y montones de arena. Mientras el sacerdote realizaba lentamente las restauraciones a las que se había dedicado durante años con piadoso celo y devoción, una grieta en la pared pintada al fresco del pasadizo reveló una abertura que conducía a una pequeña cámara excavada en la roca de detrás.

Se decía que estaba completamente llena de pergaminos, escritos en caracteres chinos, pero en lo que se suponía que era una lengua no china. El tesoro, estimado en varias cargas de carro, estaba ahora custodiado tras una puerta cuidadosamente cerrada con llave con la que se había amueblado el hueco. Lo único que pude ver entonces fue un largo rollo de papel excelentemente conservado que el joven monje había tomado prestado para dar lustre a su improvisada capilla privada. Una somera inspección del texto chino, bellamente escrito, demostró a Jiang Xiaowan que contenía un *ching*, o libro del canon budista chino. No había indicios claros de su antigüedad, pero tanto el papel como la escritura parecían muy viejos. Hubo que aplazar toda especulación hasta que se pudiera acceder a toda la biblioteca oculta. En aquel momento, la confirmación de su existencia fue suficiente estímulo.

A mi regreso, en mayo, encontré al *daoshí* esperándome en el lugar. Tenía un aspecto muy curioso, extremadamente tímido y nervioso. Tan ignorante de lo que custodiaba como lleno de temores respecto a dioses y hombres, resultó al principio una persona difícil de manejar. El hecho de encontrar ahora la estrecha abertura del nicho completamente tapiada con ladrillos bastó para advertirme de que no cabía esperar un rápido acceso al gran tesoro. Lo que mi celoso secretario chino había averiguado acerca de la peculiar disposición del sacerdote corroboraba plenamente este temor de serios obstáculos. La tentación de obtener una ganancia para sí mismo, o para su santuario, a través del dinero que yo pudiera ofrecerle, no era por sí misma capaz de vencer sus escrúpulos, ya fuera impulsado por sentimientos religiosos o por temor al resentimiento popular, o tal vez por los efectos de ambos. El nuevo estatuario y las demás adiciones al santuario de las que era responsable eran bastante toscas y llamativas. Sin embargo, no pude evitar sentirme impresionado por lo que el humilde monje había logrado con su devoción incondicional a su tarea de mérito religioso, la restauración del templo. Por todo lo que vimos y oímos, yo estaba seguro de que, de las donaciones caritativas que había estado recogiendo laboriosamente durante años para este preciado objeto piadoso, no había gastado casi nada en sí mismo y ni en sus dos humildes acólitos.

No necesito contar aquí toda la historia de nuestra larga lucha con sus objeciones concienzudas y de otro tipo. La ignorancia de Wang Yuanlu sobre todo lo que constituye el saber tradicional chino habría hecho inútil hablar con él de mis intereses académicos. Pero afortunadamente había otra ayuda a la que recurrir: la memoria del gran peregrino chino Xuanzang. Y a esto se debió en gran parte nuestro éxito final, aparte de la diplomacia discreta de Jiang Xiaowan. El hecho de mi conocido apego a la memoria del santo viajero había sido de ayuda; porque, curiosamente, el *daoshí*, aunque poco versado e indiferente a las cosas budistas, era un ardiente admirador a su manera de *Tang Seng*, el «gran monje del periodo Tang» —como se conoce popularmente a Xuanzang—, como yo mismo.

Una prueba visible de la devoción del sacerdote por la memoria del gran peregrino eran los cuadros con los que había decorado la nueva galería que daba al templo rupestre. Ilustraban de forma bastante pintoresca esas leyendas fantásticas que han transformado a mi santo patrón chino en una especie de barón Münchhausen en la creencia popular china. Es cierto que dichas historias no se encuentran en las auténticas memorias y biografía de Xuanzang. Pero, ¿por qué debería importar esta pequeña diferencia? El sacerdote quedó obviamente impresionado por lo que en mi pobre chino pude contarle de mi propia devoción por el gran peregrino, y de cómo había seguido sus pasos desde la India a través de montañas y desiertos inhóspitos.

HILERAS DE PEQUEÑOS TEMPLOS-CUEVA BUDISTAS, VISTOS DESDE EL SANTUARIO DE UN BUDA COLOSAL, EN EL SUR DE LAS CUEVAS DE LOS MIL BUDAS, DUNHUANG

GRUTAS BUDISTAS EN RUINAS, CERCA DEL TEMPLO-CUEVA DE WANG YUANLU, CUEVAS DE LOS MIL BUDAS, DUNHUANG

INTERIOR DE LA CELLA DEL TEMPLO, EN LAS CUEVAS DE LOS MIL BUDAS, MOSTRANDO LA PLATAFORMA CON IMÁGENES DE ESTUCO Y PINTURAS EN LA PARED OESTE Y EL TECHO

EL MONJE TAOÍSTA WANG YUANLU, EN LAS CUEVAS DE LOS MIL BUDAS

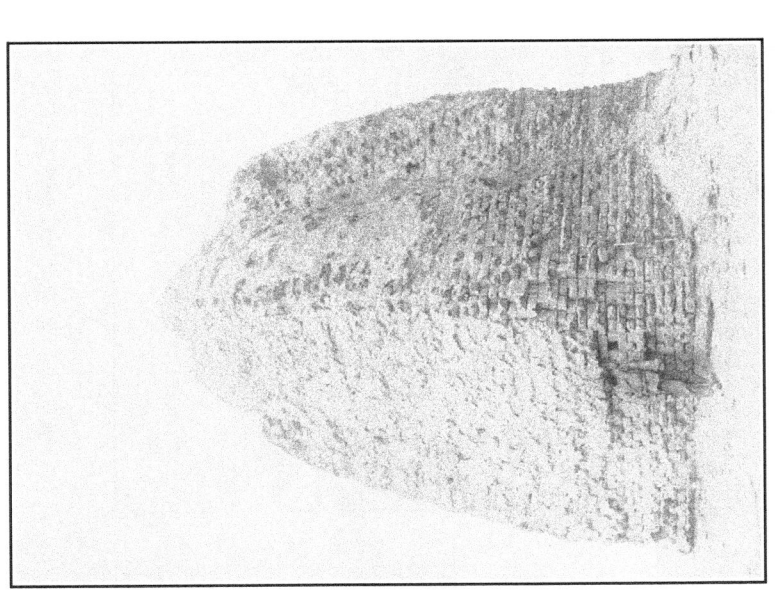

RUINAS DE UNA TORRE DE VIGLANCIA EN EL LIMES AL NOROESTE DE DUNHUANG

CELLA Y PORCHE DEL TEMPLO DE WANG YUANLU, CUEVAS DE LOS MIL BUDAS, DUNHUANG

CAPÍTULO XIII

Descubrimientos en una capilla oculta

AL FINAL, Wang Yuanlu fue inducido por la noche, y en secreto, a entregar a mi celoso ayudante algunos ejemplares de manuscritos chinos del almacén oculto para que los examináramos. Y aquí vino en nuestra ayuda una afortunada casualidad, de una manera que al sacerdote le pareció una intervención milagrosa por parte de mi santo patrón chino. Incluso Jiang Xiaowan se sintió impresionado por el presagio cuando, al examinar de cerca aquellos rollos, resultó que contenían versiones chinas de ciertos textos budistas canónicos que, según los colofones, habían sido traídos de la India y traducidos por Xuanzang. ¿No era el espíritu del santo peregrino quien me había revelado en el momento oportuno el escondite del gran tesoro de manuscritos para prepararme una adecuada recompensa arqueológica?

Bajo la influencia de esta insinuación casi divina, el sacerdote se armó de valor aquella mañana para abrir ante mí la tosca puerta que cerraba la entrada al hueco horadado en la roca donde yacía oculto el gran tesoro. La visión que me ofreció la tenue luz de la lamparilla de aceite del sacerdote me hizo abrir los ojos de par en par. Amontonados en capas, pero sin ningún orden, aparecía una sólida masa de fardos de manuscritos que se elevaba hasta tres metros del suelo y llenaba, como demostraron las mediciones posteriores, cerca de catorce metros cúbicos. En la pequeña habitación, de un metro cuadrado, apenas cabían dos personas de pie.

Era imposible examinar nada en aquel «agujero negro». Pero cuando el sacerdote sacó algunos fardos y nos permitió examinar rápidamente su contenido en una habitación del porche recién construido, bien protegida de ojos curiosos, pronto se reveló la importancia de la gran mina que aquí se abría para la investigación en diversos campos. Los gruesos rollos de papel fuerte y bien hecho, de unos treinta centímetros de alto y a veces de hasta veinte metros o más de longitud, que aparecieron en primer lugar, contenían textos budistas chinos. Todos ellos se encontraban en excelente estado, más o menos como cuando fueron depositados.

Incluso antes de que el examen detallado de los colofones mostrara fechas exactas, que en algunos casos se remontaban a principios del siglo V d. C., se observaban signos inequívocos de gran antigüedad en la escritura, el papel, la disposición, etcétera. Un extenso texto en caracteres indios brahmi, escrito en el reverso de un rollo chino, no dejaba lugar a dudas acerca de que la mayor parte de los manuscritos databan de un periodo en el que la escritura india y el conocimiento del sánscrito aún prevalecían en el budismo centroasiático. No dejaba de sorprenderme de que tales reliquias del culto y la erudición antiguos hubieran escapado, a todos los efectos, del paso del tiempo; mientras reposaban en una cámara excavada en la roca, en estas colinas terriblemente áridas. Estaban herméticamente aisladas de toda humedad que pudiera contener la atmósfera de este valle desértico.

Ya la búsqueda de aquellas primeras horas, llevada a cabo en un estado de alegre excitación, mostraba cuán variados eran los restos que esperaban aquí una excavación de un tipo novedoso. A medida que el sacerdote iba sacando fardos y más fardos, para que los abriéramos con una avidez difícil de disimular, aparecieron también en abundancia manuscritos tibetanos, largos rollos y paquetes enteros de hojas, ambos pertenecientes al inmenso canon budista del Tíbet. Evidentemente, databan del periodo de dominación tibetana, que en esta región fronteriza de China se extendió desde mediados del siglo VIII hasta mediados del siglo IX. Que el cierre de la capilla había tenido lugar algún tiempo después de este periodo quedaba claro por una fina inscripción china en piedra fechada en el 851 d. C., que el sacerdote había encontrado primero dentro del nicho y posteriormente colocado fuera.

Mezcladas con los textos chinos y tibetanos, y en total confusión, había un montón de hojas de papel oblongas con escritura india pertenecientes a diferentes manuscritos, algunos en sánscrito, otros en una u otra de las lenguas indígenas que los budistas del Turquestán habían utilizado para sus traducciones de los textos sagrados. Ninguno de mis hallazgos anteriores de tales manuscritos igualaba a éstos en extensión, ni en excelencia de conservación.

Pero aún más agradecido me sentí por la protección que me brindaba este extraño almacén cuando, al abrir un gran paquete descuidadamente, envuelto en una descolorida hoja de lona robusta, encontré pinturas, en su mayoría sobre gasa fina como la seda o bien sobre lino. Estaban mezcladas con papeles diversos, así como con una masa de pequeñas piezas de tejidos de seda finamente figurados y estampados que sugerían exvotos. La mayoría de las primeras pinturas encontradas eran cuadros estrechos de medio o un metro de largo. Por su parte superior triangular y sus serpentinas flotantes, se reconocían inmediatamente como estandartes de templo. Cuando se desplegaban, estos estandartes de seda mostraban figuras de divinidades budistas bellamente pintadas, que conservaban sus armoniosos colores con perfecta frescura.

La seda utilizada para estos estandartes era invariablemente una gasa transparente de notable finura. Los riesgos que conllevaba el uso de un tejido tan delicado se demostraron con toda claridad cuando posteriormente me topé con rollos que contenían pinturas en seda de tamaño mucho mayor. Aunque originalmente estaban provistas de bordes de un material más resistente, estas grandes colgaduras de seda a menudo habían sufrido mucho, debido al transcurso de un empleo prolongado tras haber sido expuestas en las paredes del templo. Debían de haber sido dobladas con mucho cuidado en el momento de depositarlas, por lo que estaban muy arrugadas.

Tras siglos de compresión, no podría haber intentado abrirlas completamente en el momento de su descubrimiento sin correr el riesgo evidente de dañarlas aún más. No obstante, tras levantar un pliegue aquí y otro allá, pude ver que las escenas representadas eran a menudo elaboradas y estaban repletas de figuras. No es de extrañar que el delicado y difícil proceso de desplegar y limpiar todas las pinturas, que al final eran cientos, ocupara a manos expertas del Museo Británico durante unos siete años.

Apenas hubo tiempo de buscar inscripciones votivas o de estudiar las pinturas con detenimiento. Mi principal preocupación era saber cuántas de ellas podría rescatar de su lúgubre encierro y de los riesgos de una manipulación descuidada por parte de su actual guardián. Para mi sorpresa y alivio, él concedía poco valor a estas bellas reliquias artísticas de la era Tang. Así que pude apartar rápidamente, «para una inspección posterior», los mejores cuadros que caían en mis manos en aquella rápida búsqueda del primer día.

Era aconsejable no mostrar demasiada determinación en esta fase, y tal moderación diplomática tuvo su recompensa inmediata. Parecía confirmar al sacerdote en su indiferencia hacia este tipo de reliquias. Así que, esperando aparentemente desviar con su sacrificio mi atención de los preciosos rollos de textos canónicos chinos, procedió más asiduamente a buscar a tientas y repartir fardos de lo que evidentemente clasificaba bajo el epígrafe de basura diversa. El resultado fue claramente alentador, pues entre las cantidades de textos chinos fragmentarios se podían recoger cada vez más documentos de carácter claramente secular, a menudo fechados; dibujos y grabados en bloque sobre papel; pequeños paquetes de hojas de textos en escritura india, así como restos de cuadros y finos tejidos de seda, siendo todas ellas ofrendas votivas. Jiang Xiaowan y yo trabajamos sin descanso ese primer día hasta que oscureció.

Por el momento, lo más importante era evitar que Wang Yuanlu se dejara llevar por sus temores y nervios sobre rumores hostiles, etcétera. Yo me había encargado de asegurarle de antemano generosas donaciones para su santuario. Sin embargo, él parecía vacilar constantemente entre los temores por su reputación de santo y una sagaz comprensión de los beneficios que obtendría para su preciada tarea. Al final lo conseguimos, gracias a la genial persuasión de Jiang Xiaowan y a la tranquilizadora demostración que pude hacer de mi genuina devoción por la tradición budista y la bendita memoria de Xuanzang.

Pero mi satisfacción fue grande cuando el devoto Jiang Xiaowan apareció cautelosamente hacia medianoche en mi tienda y trajo él mismo el gran paquete que contenía el «surtido» de aquel primer día. El *daoshí* había estipulado que nadie, aparte de nosotros tres, debía conocer el origen de estos «hallazgos» mientras yo estuviera en suelo chino. Así, Jiang Xiaowan fue el único transportista durante siete noches más, con cargas cada vez más pesadas que necesitaban ser transportadas por tramos.

Aquellos días de angustioso trabajo dieron como resultado el rápido registro de todos los fardos misceláneos amontonados en lo alto y la selección de manuscritos, documentos, cuadros y otras reliquias no chinas de especial interés. A continuación atacamos la sólida muralla de paquetes uniformes, atados con fuerza, que contenían rollos de manuscritos chinos. Fue una tarea problemática en más de un sentido. El mero trabajo de vaciar toda la habitación abarrotada podría haber consternado por sí solo a un corazón más robusto que el del *daoshí*. Ese trabajo necesitaba un tratamiento discreto y la juiciosa administración de dosis de plata para contrarrestar sus recaídas en una timorata contrariedad.

El esfuerzo se vio recompensado por el descubrimiento, en el fondo de aquellos montones, de lo fardos más diversos. De su contenido, aplastado como estaba por el peso, recuperamos, entre otras preciosas reliquias, un hermoso cuadro bordado y otros restos del antiguo arte textil. El rápido examen de aquellos cientos de paquetes de manuscritos nos llevó también a la recuperación de más manuscritos de la India y de escritos centroasiáticos que se habían incrustado de algún modo entre la gran cantidad de rollos chinos. La búsqueda de todos ellos no pudo completarse antes de que el sacerdote, presa de un súbito acceso de temor o compunción, partiera hacia el oasis durante la noche, cerrando bajo llave la capilla de la cueva con todos los tesoros que le quedaban. Pero para entonces la mayoría del «surtido para un estudio más detallado», como se llamaba nuestra cortés convención, ya había sido trasladado a salvo a mi improvisado almacén.

Afortunadamente, el *daoshí*, en su visita al oasis, obtuvo la plena seguridad de que nuestras amistosas relaciones no habían despertado resentimiento alguno entre sus mecenas locales y de que su reputación espiritual no se había resentido. A su regreso, estaba casi dispuesto a reconocer que era un acto piadoso, el que yo rescatase para la erudición occidental todas aquellas reliquias de la antigua literatura y arte budistas que, de otro modo, estaban destinadas a perderse tarde o temprano por la indiferencia local. Así se pudo negociar la compensación que se ofrecería al *daoshí* en forma de un generoso regalo para el templo rupestre que, con su restauración, podía afirmar que había hecho suyo con todo su contenido, conocido o no.

Al final recibió una prueba onerosa de nuestro trato justo en forma de un número de lingotes de plata o «herraduras de caballo», que satisfizo plenamente su honesta conciencia y los intereses de su apreciado santuario.* Recibí una gratificante demostración del pacífico estado de su mente cuando, a mi regreso cuatro meses más tarde a la vecindad de Dunhuang, también permitió a Jiang Xiaowan adquirir, en mi nombre, una parte considerable de los paquetes de manuscritos chinos y tibetanos para cierta sede del saber en el lejano Occidente. Pero mi verdadero alivio llegó cuando, unos dieciséis meses más tarde, las veinticuatro cajas, repletas de manuscritos, y otras cinco llenas de pinturas, bordados y reliquias artísticas similares, cuidadosamente embaladas, hubieran sido depositadas en el Museo Británico de Londres.

Ahora aludiré brevemente al destino de lo que me había visto obligado a dejar atrás de aquel gran hallazgo, en la insegura custodia

---

* La suma total ofrecida por Stein fue de 220 libras esterlinas en el año 1900. Esta cifra, ajustada a la inflación de enero de 2023, supone unas 21.400 libras esterlinas. *The man who loved China* (2008), Simon Winchester.

del buen sacerdote. Casi un año después, las cuevas de los Mil Budas fueron visitadas por el distinguido sabio francés, el profesor Paul Pelliot. Ayudado por su excepcional dominio de los conocimientos sinológicos, indujo a Wang Yuanlu a permitirle efectuar un rápido escrutinio de las masas restantes de rollos chinos. En el curso de este extenuante trabajo fue capaz de separar los restos de manuscritos no chinos que se habían mezclado con ellos, así como de seleccionar aquellos textos chinos que reconocía como de interés filológico, arqueológico o de otro tipo. El sacerdote, evidentemente tranquilizado por su transacción anterior conmigo, permitió al profesor Pelliot adquirir una parte considerable de los quince mil textos y fragmentos manuscritos así examinados.

Durante la estancia del gran sabio francés en Pekín en 1909, de regreso a París, la noticia de los importantes manuscritos chinos que se había llevado despertó gran interés entre los eruditos chinos de la capital. En poco tiempo, el gobierno central emitió una orden por la que se ordenaba el rápido envío de toda la biblioteca a la capital. La información que recibí cuando regresé a Dunhuang en 1914, en mi tercera expedición, no dejaba lugar a dudas sobre la triste, pero característica forma en que se había cumplido esta orden del cuartel general.

Según Wang Yuanlu, que entonces se apresuró a darme la bienvenida como a un viejo y querido mecenas, la gran suma de dinero asignada en compensación a su templo se había desvanecido completamente en el camino, siendo debidamente absorbida en tránsito por las diversas oficinas. Toda la colección de manuscritos fue llevada en carros, embalada de manera muy superficial. Mientras los carros esperaban en el *yamen* de Dunhuang, se produjeron numerosos robos, ya que en 1914 me llevaron allí paquetes enteros de magníficos rollos budistas de la época Tang para ser vendidos. Oportunidades similares para rescatar reliquias del gran alijo se me ofrecieron también en diferentes puntos de camino a Kanchou, así como en el Turquestán chino. Así que cabe preguntarse qué parte de los materiales transportados llegó a Pekín.

En mi segunda visita, en 1914, Wang Yuanlu presentó debidamente sus cuentas públicas, en las que aparecían todas las sumas que había recibido de mí debidamente ingresadas en beneficio del santuario. Señaló con orgullo el montón de nuevas capillas y alojamientos para peregrinos que aquellas «herraduras» de plata le habían ayudado a erigir frente a su templo rupestre. En vista del trato oficial que había sufrido su preciada colección de rollos chinos, expresó su amargo pesar por no haber tenido antes el valor y la sabiduría de aceptar la gran oferta que yo le había hecho a través de Jiang Xiaowan por toda la colección en bloque.

Pero, ante este expolio oficial, había sido lo bastante astuto como para guardar en un lugar seguro una especie de «alijo», por así decirlo, de manuscritos chinos que consideraba de especial valor. Debía de ser bastante grande, porque quedaba lo suficiente para permitirme llevar, como fruto de mi nueva peregrinación al lugar, cinco cajas más llenas de unos seiscientos rollos de manuscritos budistas, por supuesto, después de donar a Wang Yuanlu una suma adecuadamente incrementada.

Así ha terminado, por mi parte, el «cuento del zorro y la cigüeña»* de las cuevas de los Mil Budas. No obstante, debo ofrecer un testimonio de los resultados que ha dado el estudio de los abundantes e importantes materiales llevados a buen recaudo. Alguna idea de su extensión y variado interés puede deducirse del hecho de que, aunque su examen se inició muy poco después de mi regreso a Inglaterra, a principios de 1909, con la entusiasta ayuda de un buen número de expertos colaboradores muy competentes, y aunque una gran parte de los resultados se ha publicado desde entonces en mis volúmenes de *Serindia* y en otros trabajos, todavía quedan ciertas tareas pendientes.

Obviamente, los abundantes restos de pinturas y dibujos budistas antiguos que en su día sirvieron para la decoración de las cuevas sagradas, o fueron depositados allí como piadosos exvotos, son los

---

* El original hace referencia a uno de los cuentos de Canterbury titulado como *The nun's priest's tale*.

que más reclaman el interés del gran público. Todos estos restos artísticos, que suman cerca de quinientas piezas, aparte de pequeños fragmentos, han sido cuidadosamente tratados por manos expertas en el Museo Británico y puestos a salvo para su futura conservación. Las listas descriptivas de todas ellas se han plasmado en mi publicación *Serindia*, y los especímenes característicos han sido ilustrados y comentados en su totalidad por el señor Laurence Binyon y por mí en el libro *The Thousand Buddhas*. En un volumen publicado por el Museo Británico, el señor A. Waley ha proporcionado un catálogo detallado de todas estas reliquias pictóricas. En el próximo capítulo se hará una breve reseña de las mismas.

Es imposible describir aquí los múltiples tejidos de seda decorados, que comprenden una gran variedad de sedas labradas, además de tapices, bordados y grabados recuperados de la capilla amurallada. Tanta es la abundancia y el interés de estos magníficos productos del antiguo y justamente famoso arte textil chino. Pero al menos puedo dar alguna indicación, aunque sea somera, de la riqueza de los restos manuscritos sacados a la luz. Ayudará a ilustrar ese notable intercambio de influencias de diversas regiones, razas y credos del que Dunhuang fue escenario desde la época Han en adelante. Huelga decir que la mayor parte de la información que esta rápida sinopsis puede presentar procede de la minuciosa investigación que varios distinguidos colaboradores orientalistas han llevado a cabo durante años.

La gran cantidad de manuscritos chinos demuestra que la vida religiosa en las cuevas de los Mil Budas y también en el oasis de Dunhuang, del que siempre ha sido el lugar más sagrado, era mantenida principalmente por budistas chinos. Los materiales chinos que me llevé en 1907 comprenden unos tres mil rollos más o menos completos, muchos de ellos de gran extensión, y además cerca de seis mil documentos y fragmentos de textos sueltos. No es de extrañar que su catalogación, iniciada hacia 1914 por el doctor Giles del Museo Británico, después de que el profesor Pelliot se viera obligado a abandonar esta tarea, apenas haya sido completada ahora para la imprenta. La gran mayoría de los rollos contienen textos del canon budista chino. Los abnegados trabajadores del erudito japonés Yabuki, han demostrado que entre ellos hay obras desconocidas o perdidas hasta ahora.

Pero, además, se han encontrado muchos fragmentos de textos seculares, desconocidos hoy en día, relacionados con la historia, la geografía y otras ramas de la erudición china. Se han encontrado centenares de documentos que arrojan luz sobre las condiciones de vida locales, la administración monástica y otras cuestiones similares, y que representan una categoría de registros de la que prácticamente no nos ha llegado nada de aquella época temprana. Las fechas exactas indicadas en los colofones de los rollos y en los documentos se extienden desde principios del siglo V hasta finales del siglo X d. C. Del examen de estas fechas y de los materiales reunidos por el profesor Pelliot se desprende que el amurallamiento del gran yacimiento debió de tener lugar hacia principios del siglo XI, probablemente en el momento en que la conquista de esta región fronteriza por los tanguts puso en peligro los establecimientos religiosos del lugar.

Este gran depósito de vestigios literarios chinos será objeto de minuciosas investigaciones durante los años venideros. Aquí sólo puedo referirme a uno o dos de los interesantes descubrimientos ya realizados por eruditos europeos y japoneses. En el gran rollo impreso en bloque fechado en el año 868 d. C., se encuentra el ejemplar más antiguo de libro impreso conocido hasta ahora. La perfecta técnica mostrada en el texto y el frontispicio indica un desarrollo muy anterior al oficio de impresor.*

Aún más importante, desde otro punto de vista, es el descubrimiento de textos maniqueos de apariencia china. Su estudio ha proporcionado la base más segura disponible hasta ahora para el estudio de esa extraña religión sincretista del profeta Mani que incorpora tantos elementos cristianos. Hasta ahora se conocía casi únicamente por los escritos de sus adversarios cristianos y por fragmentos de textos descubiertos en Turfán. Firmemente establecido

---

* Posteriormente identificado como el *Sutra del diamante*.

primero en el Imperio persa de los sasánidas, el maniqueísmo se había extendido ampliamente durante siglos por Asia central. Hacia el oeste penetró incluso en los países mediterráneos, y en ciertas sectas heréticas de Europa oriental su influencia sobrevivió hasta la Baja Edad Media.

Los rollos y documentos manuscritos tibetanos se aproximan más a los materiales chinos en carácter y extensión. También contienen, en su mayor parte, textos canónicos budistas. Pero los eruditos trabajos del profesor F. W. Thomas, de Oxford, han demostrado que entre estos restos tibetanos también se pueden reunir datos interesantes sobre la historia local y similares, mientras que esta región, junto con la cuenca del Tarim hacia el oeste, estuvo bajo dominio tibetano desde mediados del siglo VIII hasta mediados del siglo IX. Fue entonces cuando el budismo, en su forma tibetana, se asentó por primera vez en Asia central y más tarde, gracias a la conversión de los conquistadores de Mongolia, consiguió el predominio eclesiástico que aún conserva en gran parte de Asia.

Los abundantes restos de manuscritos en escritura brahmi india han sido completamente catalogados gracias a los trabajos de un experto en la filología centroasiática, el difunto profesor Hoemle, y han demostrado comprender textos en tres lenguas distintas. La mayoría de los textos son budistas, pero algunos son de carácter médico. Entre los escritos en sánscrito puedo mencionar un gran *pothi* de hoja de palma que, como demuestra su material, procede indudablemente de la India. Es uno de los manuscritos indios más antiguos jamás descubiertos. Una de las lenguas antiguas de Asia central, antes «desconocida» y ahora designada como jotanés o *saka*, está representada por varias docenas de *pothis* y rollos, incluyendo un rollo gigantesco de más de veinte metros de largo. Los restos manuscritos de otra lengua antigua, el kucheano o tocario, que se hablaba en el norte de la cuenca del Tarim y en Turfán, reclaman un interés especial, porque se ha demostrado que esta lengua está más emparentada con las ramas itálica y eslava de la familia de lenguas indoeuropeas que con las habladas en Asia.

En un sentido geográfico, quizás nada mejor ilustre la variedad de corrientes cruzadas de la fe budista, que una vez se encontraron en Dunhuang, que el hecho de que también salieran a la luz textos de las cuevas de los Mil Budas en la lengua iraní de la antigua Sogdiana, la región de las actuales Samarcanda y Bujará. La escritura sogdiana deriva del arameo, y variedades de la misma escritura semítica se utilizan también en una serie de manuscritos que contienen textos turcos. Entre ellos se encuentra un magnífico rollo que contiene una versión turca primitiva de oraciones maniqueas.

Evidentemente, la iglesia del profeta Mani, que durante la época de los Tang había llevado su difusión hasta la propia China, tenía sus fieles también en Dunhuang. Sus sacerdotes allí, como en otros lugares, podían vivir pacíficamente al lado de los monjes budistas y se beneficiarían de los atractivos que las cuevas presentaban como lugar de peregrinación popular. Aunque quizás la prueba más curiosa de la presencia maniquea la proporciona un pequeño libro escrito en la forma más antigua de escritura turca que, por su parecido con los alfabetos rúnicos del norte de Europa, se conoce como «turco rúnico». Se trata de un libro de cuentos utilizado para la divinación, y el difunto profesor Thomsen, famoso descifrador de esa escritura, lo ha caracterizado como el «más notable, completo y también el mejor conservado» entre las raras reliquias que han llegado hasta nosotros de la más antigua literatura turca.*

Con esta curiosa reliquia de una raza y una lengua que se han extendido desde el mar Amarillo hasta el Adriático, puedo cerrar este breve relato de todos los asombrosos vínculos entre el antiguo Oriente, Sur y Occidente que han salido a la luz en ese cruce de caminos de Asia que es Dunhuang.

---

* Este libro es conocido como *Irk Bitig* o *Libro de los augurios*.

CAPÍTULO XIV

Pinturas budistas en las cuevas de los Mil Budas

Las pinturas recuperadas de la capilla amurallada de las cuevas de los Mil Budas son tan numerosas, y de carácter tan variado, que apenas puedo intentar aquí más que un rápido resumen de las principales clases características de los ejemplos más significativos. En vista de la importancia que se atribuye a estos abundantes materiales para el estudio del arte pictórico budista importado en China, unas pocas observaciones sobre los datos relativos a su origen y cronología pueden preceder a esa revisión.

En primer lugar, es importante señalar que la evidencia de las inscripciones votivas que fueron fechadas en las pinturas concuerda totalmente con la que, como ya se ha mencionado, aportan los textos y documentos chinos fechados en cuanto a que el cierre final del almacén tuvo lugar hacia principios del siglo XI d. C.

Pero es posible que el pequeño, y bien protegido nicho, sirviera durante algún tiempo como lugar de depósito de todo tipo de objetos sagrados que ya no se necesitaban en los diversos santuarios y dependencias monásticas. En cualquier caso, es seguro que algunos de los objetos tenían una antigüedad considerable ya en la época en que se amuralló la capilla. Así, entre los miles de manuscritos y documentos chinos que se llevaron, hay algunos fechados, con exactitud, que se remontan a principios del siglo V d. C. Entre las reliquias textiles también hay algunas a las que se puede asignar con seguridad un origen de varios siglos atrás.

Hemos visto que el gran acervo de textos y documentos chinos había recibido adiciones en lenguas utilizadas en regiones lejanas al sur, oeste y norte. Algo parecido se observa también en el caso de las reliquias pictóricas. Entre las que pude rescatar de la descuidada custodia del sacerdote hay una serie de imágenes, en su mayoría estandartes o dibujos, que son inequívocamente tibetanas o nepalesas, es decir, de factura india. Pero su número es tan pequeño, comparado con los abundantes restos pictóricos que podemos atribuir con seguridad a manos chinas, que no necesito una descripción en este rápido resumen.

Creo que, a los efectos de este estudio, las ilustraciones pueden ser mucho más útiles que cualquier explicación u observación general que yo pueda ofrecer. Por profundo que sea mi interés por esas reliquias artísticas, no puedo pretender la plena competencia de un experto en lo que respecta al arte religioso del Extremo Oriente. Tampoco me hubiera sido posible proporcionar el análisis iconográfico de todo el variado material pictórico que publiqué en mis libros *Serindia* y *The Thousand Buddhas*, si no hubiera contado con la ayuda y orientación de amigos expertos como el señor Laurence Binyon, del Museo Británico, y el difunto señor Petrucci; así como de mis ayudantes, el señor Fred H. Andrews y la señorita F. Lorimer.

Lo que confiere a las pinturas de las cuevas un gran valor para el estudio del arte del Lejano Oriente, es el hecho de que pertenecen al periodo Tang, del siglo VII al X d. C., cuando el arte chino estaba en su mayor apogeo, y que apenas se conocían ejemplares genuinos de pintura religiosa budista china de ese periodo. Es cierto que pocas de nuestras pinturas de Dunhuang pueden atribuirse a las manos de grandes maestros. La mayoría de ellas no son más que cuadros producidos en talleres provinciales para satisfacer la demanda de ofrendas votivas de los devotos locales.

Pero nuestras pinturas, por el mero hecho de haber sido producidas en el extremo occidental de China, y en una de las grandes confluencias de Asia, nos permiten distinguir más claramente lo que el arte pictórico del budismo mahayana, desarrollado primero en la región de la frontera noroccidental de la India y llevado luego con la doctrina budista a través del Irán oriental y Asia central, aportó a la tradición artística del Lejano Oriente, y lo que se derivó del genio y el estilo puramente autóctonos de la pintura china más temprana.

Podemos distinguir claramente estos dos elementos esenciales en una serie de estandartes de seda bellamente ejecutados que representan leyendas de Sakyamuni en su última vida en la tierra, es decir, antes de convertirse en Buda. Éstos y todos los demás estandartes están realizados en una gasa muy fina, como la seda, y son casi transparentes. Estaban pensados para colgarse libremente, probablemente en la antecapilla o el pasadizo de acceso a la cella del templo, y para obstruir la luz lo menos posible. Al estar pintadas por ambos lados, podían ser vistas correctamente por los piadosos visitantes de los santuarios, independientemente de la dirección en que las moviera el viento.

Curiosamente, cuando las leyendas de Buda están representadas en varios paneles de un mismo estandarte, no se respeta un orden cronológico estricto. En el panel superior de un estandarte aparece a la derecha el futuro bodhisattva Gautama en un nacimiento anterior, rindiendo homenaje al buda Dipankara y recibiendo de él la profecía de su propia grandeza futura. La figura, la pose y la vestimenta del Buda reproducen fielmente la tradición hierática derivada de la India.

A continuación hay una representación condensada de los famosos «cuatro encuentros» del príncipe Gautama, que determinan su inicio en el camino hacia la budeidad y el nirvana. Luego sigue la escena del anuncio del nacimiento de Gautama en un sueño de su madre Maya, en el que se muestra al futuro Buda como un bebé llevado por un elefante blanco sobre una nube. Por último, debajo aparecen la reina Maya y una dama de compañía, ambas con trajes claramente chinos, saliendo del palacio de Kapilavastu.

En otro estandarte rico en colorido y de brioso dibujo, tenemos arriba una representación de las «siete joyas» que la mitología budista asocia a todo monarca universal desde su nacimiento. En lugar de explicar su significado, lo que llevaría demasiado tiempo aquí, me parece de especial interés la escena de abajo, que muestra el baño de Buda después de su nacimiento. Los *nagas*, o divinidades de las «nubes del trueno», que realizan el baño según la tradición india, han sido debidamente transformados en dragones por el pintor chino. Por último, en la parte inferior aparece la escena tradicional de los siete pasos que da el bodhisattva niño inmediatamente después de su nacimiento, ante el asombro de las damas de la corte que le rodean al ver brotar un loto debajo de cada paso.

La misma escena se representa en el panel inferior de otro estandarte. Los paneles superiores muestran escenas tradicionales de la natividad de Buda en correcta sucesión. Arriba, su madre Maya está dormida, en la misma postura que cuando ve en sueños el descenso del bodhisattva Gautama. Luego la llevan en un palanquín al Jardín de Lumbini; el rápido movimiento de los portadores está excelentemente expresado con verdadera habilidad china. El nacimiento milagroso del niño del lado de Maya se representa a continuación en estrecha conformidad con la tradición india. Sin embargo, la forma ingeniosamente delicada en que la manga de la madre se utiliza para ocultar el acto, y la hábil representación de las colinas detrás del jardín, son significativamente chinas.

Aún más distintivamente chino es el tratamiento de dos de los «cuatro encuentros» que se ven en un estandarte fragmentario. Muestran al príncipe Gautama saliendo a caballo del palacio real de su padre, arriba al encontrarse con el anciano, enfermo y encorvado por la edad, y abajo al encontrarse con el enfermo tendido en el suelo. Las inscripciones chinas de los laterales sirven para interpretar las escenas.

Otras escenas de la historia de la vida del futuro Buda son de los episodios que siguen a la huida del príncipe del palacio real. En los paneles superiores de un estandarte se muestra la leyenda de la huida nocturna del príncipe Gautama de su palacio, mientras las mujeres y los juglares de su serrallo y los guardias de fuera de las puertas son vencidos por el sueño. En la nube superior, que simboliza la escena como si hubiera sido vista en sueños, se representa al futuro Buda galopando hacia la liberación de las ataduras mundanas en su corcel favorito, Kanthaka. Abajo, los mensajeros enviados en vano por el padre de Gautama para llamar al fugitivo, son llevados ante el rey Suddhodana para recibir su castigo. Detrás, dos verdugos vestidos de púrpura están de pie.

En otro estandarte, todo en las figuras y el paisaje es característicamente chino. Sin embargo, la conmovedora pose del fiel corcel del príncipe, Kanthaka, cuando se despide de su amo, a punto ya de retirarse del mundo, reproduce exactamente la adoptada regularmente en las representaciones correspondientes de los relieves grecobudistas. A continuación, el príncipe se dispone a cortarse el pelo antes de retirarse al bosque. Debajo, una figura demacrada en la postura tradicional de los ascetas indios simboliza las austeridades practicadas por Gautama antes de encontrar el verdadero camino hacia la iluminación y la liberación.

En la parte superior de otro estandarte se representan dos escenas relacionadas con la despedida del príncipe de su caballo Kanthaka y su fiel mozo Chandaka. En la parte inferior, en una escena excelentemente compuesta, se muestra la persecución de los mensajeros a caballo enviados en busca del príncipe.

La manera francamente china en que se tratan estos temas tradicionales de la historia de la vida contrasta sorprendentemente con el hecho de que las figuras de budas y bodhisattvas, o futuros budas, se ajustan más o menos estrechamente a los arquetipos tal como se desarrollaron originalmente en la escultura grecobudista y se transmitieron a través del arte centroasiático. El problema que se plantea es de gran interés. Cualquiera que sea la explicación correcta, tenemos aquí un curioso paralelismo con la transformación que ha sufrido la leyenda cristiana a manos de pintores italianos o flamencos.

Entre los cuadros que muestran divinidades budistas individuales, las representaciones de Buda Gautama, y de quienes le precedieron en la consecución de la iluminación y el nirvana son, significativamente, muy escasas. La fe budista, tanto en China como en otros lugares, parece haber estado siempre mucho más atraída por divinidades menores y casi humanas. Sin embargo, estas figuras supremas son tratadas con especial respeto conservador. De ahí que sus ropajes reproduzcan siempre con fidelidad el canon fijado según modelos helenísticos en las esculturas grecobudistas de Buda.

Por otra parte, los cuadros que representan a bodhisattvas individuales, ya sea en seda, lino o papel, son muy numerosos. Hay marcadas diferencias de estilo y tratamiento, pero la influencia de la tradición grecobudista es muy notable en todos los paños y ornamentos. Entre las numerosas representaciones de Avalokitesvara, el Bodhisattva de la Misericordia, se encuentran pinturas del bodhisattva de especial mérito artístico. La posición que ocupaba en el panteón budista de Dunhuang era, de hecho, tan predominante como la de Guanyin o «Kannon», la llamada «Diosa de la Misericordia», en el culto budista moderno de China y Japón.

En una pintura que muestra a Avalokitesvara de pie en una pose característicamente india y sosteniendo una ramita trenzada, el color desvaído sólo ayuda a resaltar la excelencia del diseño y el delicado dibujo de la figura y el rostro. Dos formas de Avalokitesvara, casi de tamaño natural, muestran una dignidad y grandeza de diseño que parecen derivadas de un original ejecutado por la mano de un maestro.

Una fina pintura sobre papel de Avalokitesvara sentado junto al agua en una orilla bajo sauces, y sosteniendo una rama de sauce en su mano derecha, es interesante porque, según la tradición japonesa, se supone que un emperador de la dinastía Sung (siglos XII-XIII) vio por primera vez en sueños a Avalokitesvara tal y como está representado aquí. No obstante, esta pintura demuestra que el tema ya se trataba en China mucho antes. La figura del devoto tiene el sombrero de ala ancha característico del traje masculino del siglo X.

Entre otros bellos estandartes de seda, que muestran bodhisattvas que, a falta de inscripción o emblema característico, permanecen anónimos, hay dos notables por la gracia del delineado y la belleza del rico colorido. Un bodhisattva está de pie sobre un loto verde azulado, con las manos juntas en señal de adoración. La figura, el atuendo y los ornamentos se ajustan a las convenciones del tipo chino de bodhisattva. Pero el ropaje de las vestiduras, derivado como siempre de modelos de Gandhara, está tratado con impecable soltura, y la combinación de colores es muy armoniosa.

Aún más interesante es la otra figura de bodhisattva. La sorprendente pose, que combina dignidad y sentido del poder con movimientos rápidos, y los marcados rasgos no chinos del rostro del bodhisattva convierten a esta figura en una de las más impresionantes de todo el conjunto de este panteón budista. El porte erguido del cuerpo, la cabeza levantada y el peso echado hacia delante sobre el pie derecho expresan admirablemente la fuerza de movimiento. Las borlas y cascabeles del dosel, que oscilan libremente, acentúan hábilmente este aspecto. Los rasgos del rostro, con su curiosa expresión desdeñosa, se alejan igualmente del tipo chino que prevalece entre estas divinidades y del tipo helenístico del arte grecobudista propagado en su adaptación india. El aspecto extrañamente extranjero de la cabeza contrasta fuertemente con la cuidadosa habilidad china que se aprecia en las sinuosas líneas del cuerpo y los ropajes. El conjunto transmite una impresión deliciosamente desconcertante.

Aparte de Avalokitesvara, hay otros dos bodhisattvas cuya especial atención por parte de los devotos está atestiguada por numerosas pinturas. Uno de ellos es Manjushri. En un estandarte bien conservado, se le presenta de una manera claramente india en cuanto a tipo físico, pose y vestimenta. Su asiento de loto lo lleva a lomos de un león, su montura heráldica habitual, guiado por un mozo de cuadra negro que aquí representa a un indio. La pose del cuerpo, con sus contornos más bien femeninos, y el vestido, con su corto taparrabos y su falda transparente, son característicamente indios. El armonioso diseño y la combinación de colores dan vida al conjunto. Las convenciones hieráticas sugieren claramente la derivación de un prototipo indio que había llegado a China, no desde

Gandhara o el noroeste indio, sino desde el sur a través de Nepal y el Tíbet.

El único rival posible de Avalokitesvara en popularidad entre los bodhisattvas del panteón budista del Lejano Oriente es Ksitigarbha, conocido como Dizang en China y Jizo en Japón. En nuestros estandartes se le distingue fácilmente por la cabeza afeitada del monje y el manto barrado, que representa la vestimenta del mendicante. A través de innumerables encarnaciones, ha trabajado por la salvación de los seres vivos. Como confiado protector de los viajeros, está representado en una bella pintura. Sentado con las piernas cruzadas sobre un loto abierto, sostiene en su mano derecha el bastón del mendicante errante; la cabeza y los hombros están envueltos en el sencillo chal del viajero, mientras que la mano izquierda porta una bola de cristal en llamas para iluminar la oscuridad del Infierno. Por la sencillez de su diseño y la armoniosa quietud de su colorido, el cuadro posee un singular encanto, expresivo de serena beatitud.

Abajo, a la izquierda, se ve la figura, rota en la parte inferior, de un joven devoto. Ni el espacio situado frente a ella a la derecha ni la cartela intermedia han sido rellenados. Desgraciadamente, en estas pinturas destinadas a ofrendas sucede con demasiada frecuencia lo mismo. Es probable que el comprador, que adquirió la pintura de camino al lugar sagrado o en él, no dispusiera del tiempo necesario —o del dinero adicional— para que un erudito competente, respetuoso con la caligrafía fina que siempre ha exigido la costumbre china, compusiera y pintara correctamente una inscripción dedicatoria.

Pero Ksitigarbha es venerado quizá con más fervor como «señor de los seis mundos», incluido el de los seres del Infierno. Como regente supremo del inframundo, puede utilizar su poder para perdonar y librar a las almas del castigo en el Infierno. En este carácter le vemos sentado sobre una roca con su túnica y tocado de mendicante, presidiendo a los diez jueces infernales. Éstos, ataviados con trajes magistrales chinos, se sientan frente a sus mesas en el despacho. Ante Ksitigarbha, un alma condenada, que lleva la canga, ese instrumento chino de castigo, es traída por un demonio portador de una maza. En un espejo mágico se le hace ver el crimen por el que ha sido juzgada. Una vez más, no se ha rellenado el espacio destinado a una dedicatoria, ni las cartelas destinadas a los nombres de los devotos.

Antes de pasar a composiciones más elaboradas, podemos señalar un grupo de divinidades menores que a menudo figuran en estas grandes pinturas. Por el gran número de estandartes separados, está demostrado que cautivaron poderosamente la imaginación de los fieles budistas de la región de Dunhuang. Son los cuatro lokapalas o «guardianes de las cuatro regiones». Son representados como reyes guerreros ataviados con magníficos vestidos y armaduras, con los pies apoyados en demonios agazapados. Su concepción se remonta muy atrás en la mitología budista de la India y su representación iconográfica puede rastrearse desde el arte grecobudista hasta el Lejano Oriente, pasando por los frescos de Asia central.

En las páginas pintadas de un álbum de papel aparecen representados los cuatro: Vaisravana o Kubera, que gobierna el Norte, con sus emblemas, la alabarda y una pequeña maqueta de un santuario; Virupaksha, regente del Sur, con la espada; Dhritarashtra, del Este, con arco y flechas; Virudhaka, del Oeste, con la maza.

Ciertas variaciones en los rasgos y el atuendo permiten distinguir entre un tipo de representación casi centroasiático y otro chino adoptado para estos reyes guerreros. En uno de los numerosos estandartes de Virupaksha, regente del Sur, se aprecia la expresión feroz del rostro, los ojos rectos, el cuerpo esbelto de cintura larga del tipo probablemente más antiguo derivado de Asia central. La rica armadura y vestimenta es compartida también por el tipo chino, que muestra rasgos más suaves con ojos característicamente oblicuos.

Otro bello ejemplo de este tipo muestra, en la amplia curva de la pose, la libertad que confiere al dibujo el tratamiento del ropaje, la mano levantada con los dedos extendidos, cualidades peculiares del sentimiento artístico chino. Sólo puedo aludir de pasada a la abundancia de material para el estudio de las antiguas armaduras defensivas que proporcionan estas pinturas.

Vaisravana, el protector de la región septentrional, ocupa el primer lugar entre los lokapalas de nuestras pinturas. Esto se explica plenamente por la antigua noción india que lo identifica con Kubera, el dios hindú de la riqueza. Es el único que aparece acompañado de su anfitrión demoniaco. Así, en una bella pintura ejecutada por la mano de un maestro, se nos muestra a Vaisravana avanzando sobre una nube a través del agitado océano y seguido por un imponente grupo de asistentes, algunos humanos y otros demoniacos.

No puedo detenerme a señalar todos los numerosos puntos de interés, tanto artísticos como iconográficos, que ofrece este pequeño y exquisita pintura. Impresiona por la delicadeza del dibujo, el armonioso colorido y el perfecto equilibrio que se observa en la disposición de las figuras. La corona del lokapala recuerda el tocado real de un «rey de reyes» sasánida y procede inequívocamente de Irán. En las olas de mar, majestuosamente ondulantes, y la cordillera en el horizonte, que transmite admirablemente la distancia, se expresan de forma sorprendente las dotes especiales del arte pictórico chino.

Entre el gran número de pinturas que nos muestran a divinidades budistas de alto rango representadas en funciones específicas o en asambleas hieráticas hay una que puede servir como ilustración significativa de las dificultades que actualmente acosan la datación de tales especímenes de la pintura budista temprana en China. Se trata de un hermoso cuadro que muestra a Avalokitesvara en el acto de guiar un alma a su cielo. Es un cuadro noble, dibujado con elegancia y dignidad. A causa del peinado y el vestido de la dama, cuya graciosa figura, inclinada en devota confianza en el guía divino, simboliza un alma devota, se supuso al principio que este bello cuadro databa de tiempos posteriores a la dinastía Tang.

Sin embargo, esta datación ha sido desmentida por los restos de un extraordinario rollo pintado que descubrí en Turfán, en una tumba china —véase capítulo decimoséptimo—, y que puede fecharse definitivamente en el primer cuarto del siglo VIII. Este cuadro de seda, desgraciadamente fragmentario, muestra varias escenas profanas, y los peinados y trajes de las damas que aparecen en ellas se corresponden muy estrechamente con los de la dama que representa el alma en este cuadro. En lugar de ser posterior, la moda representada pertenece al periodo temprano de la dinastía Tang.

Entre las grandes pinturas que representan a Avalokitesvara agrupado con las divinidades que lo acompañan, destaca una sobre seda muy rica en colores. Se trata de un estilo pictórico mixto en el que la factura china se combina con elementos aportados por prototipos indios, influencias iraníes, centroasiáticas y el gusto tibetano. Muestra a Avalokitesvara, con mil brazos, sentado dentro de un disco central, y fuera de él una serie de divinidades acompañantes simétricamente agrupadas. El halo que rodea al bodhisattva, que tiene una sola cabeza, pero múltiples brazos, está formado por una multitud de manos. La palma de cada una de ellas está marcada con un ojo abierto para simbolizar que Avalokitesvara es omnipresente, con un ojo vigilante y una mano dispuesta, capaz y deseosa de salvar a todos sus adoradores al mismo tiempo.

En la mitad superior del fondo hay discos que encierran a los bodhisattvas del sol y la luna rodeados de aureolas, mientras que por debajo de ellos descienden flores algo rígidas y ramitas a través del cielo azul claro. La mitad inferior del fondo contiene figuras bellamente dibujadas, convencionalmente designadas como las del «sabio» y la «ninfa de la virtud», ambas sentadas sobre lotos y en actitud de adoración. Debajo de ellas se mueven violentamente dos figuras demoniacas, con cabellos de fuego y rasgos grotescos. Su parentesco con las monstruosidades tántricas apreciadas por el budismo tibetano es inconfundible. En el estanque, entre estas dos figuras, se alzan dos nagas con armadura, divinidades del agua, que sostienen el disco de Avalokitesvara.

Encontramos este esquema de Avalokitesvara de los mil brazos y, las divinidades que constituyen su mandala, tratado de forma aún más elaborada y con una gloriosa riqueza de color en otra pintura de gran tamaño y, afortunadamente, bastante bien conservada. Mide dos metros por metro y medio de superficie. No puedo entrar aquí en todos los detalles de esta suntuosa composición. A las divinidades representadas en el cuadro anterior se añaden aquí más bodhisattvas en grupos simétricamente dispuestos, los dioses Indra y Brahma de la mitología hindú, además de divinidades monstruosas de carácter claramente sivaíta. Las esquinas inferiores están ocupadas por grupos más grandes de divinidades, con una deidad femenina en cada uno. Debajo de ellas aparecen parejas de los regentes de los cuarteles magníficamente ataviados. También aquí, el borde inferior del cuadro muestra figuras demoniacas a horcajadas sobre un fondo de llamas. La destreza en la ordenación del conjunto es grande, y la riqueza del tratamiento del color la iguala en efecto.

Comparado con estas suntuosas pinturas de Avalokitesvara, un gran cuadro que presenta cuatro formas de ese bodhisattva en fila dispuestas en la parte superior y, los bodhisattvas Samantabhadra en su elefante blanco y Manjushri en su león en la parte inferior, parece más bien rígido y sencillo. Pero tiene su propio interés, pues es la pintura más antigua fechada con exactitud, ya que la inscripción de la dedicatoria indica el año 864 d. C. El panel inferior, en el que aparecen los devotos y sus damas, dos de ellas monjas, confiere al cuadro un interés casi anticuario. El atuendo de las otras dos devotos, con la anchura moderada de las mangas y la ausencia de adornos en la cofia, difiere claramente de la moda mostrada por los cuadros del siglo X. También difiere de la moda mostrada por las devotas del siglo XII. Por lo tanto, tenemos buenas razones para creer que son más antiguas.

El primero de estos cuadros no es una pintura, sino una hermosa colgadura bordada en seda. Mide dos metros y medio de altura y unos dos metros y medio de ancho. No es más que la reproducción por artesanos, o probablemente más bien artesanas, de una obra de la mano de un maestro. Pero destaca por la nobleza de su diseño, la habilidad y el cuidado de su ejecución y sus finos colores como una de las más impresionantes de nuestras pinturas del periodo Tang. Representa al Buda Sakyamuni en el «pico del buitre», famoso en la leyenda budista y situado sobre la actual Rajgir. La figura reproduce en cada detalle de su pose y vestimenta un tipo derivado por tradición hierática de una representación escultórica india. Sin embargo, la composición de todo el cuadro revela el toque de un maestro.

Al lado de Buda hay parejas de bodhisattvas y discípulos. A pesar de los daños sufridos por la pintura, se conservan las bellas cabezas de estos últimos. Muy bonito también es el dibujo de las dos gráciles apsaras o doncellas celestiales que flotan a ambos lados del dosel, sostenidas por volutas de nubes y sus ondeantes estolas.

Lo que confiere un interés especial a las figuras de los devotos y sus damas, es su tratamiento realista, y aún más su atuendo. Las gorras de pico y cola de los hombres son del tipo que se encuentra en las esculturas del periodo inmediatamente anterior al Tang. Igualmente característico es el atuendo de las damas, con faldas de talle alto y mangas largas y ceñidas, así como el peinado sencillo. Es evidente que se trata de la moda de la época en que se trabajó el cuadro bordado, que sin duda debe ser más antigua que la de nuestro primer cuadro datado en 864 d. C.

Las indicaciones casi cronológicas obtenidas de este modo, a partir de las cambiantes modas de vestir de las damas, pueden ayudarnos a consolarnos por la pérdida de fechas exactas en el caso de la amplia e importante clase de pinturas que nos muestran cielos budistas.

Pero antes de hablar de ellas, debo referirme brevemente a la idea del renacimiento, que hizo que estas moradas celestiales tuvieran un interés y una atracción muy directos para los piadosos. La creencia axiomática india en las reencarnaciones sucesivas, tan fuerte ahora como entonces, se encuentra en la base de toda la doctrina budista. Su objetivo primordial es mostrar el camino para escapar de la interminable cadena de nuevos nacimientos y subsiguientes sufrimientos y alcanzar la salvación en el nirvana, es decir, la bienaventuranza de la iluminación final.

Ahora bien, la mentalidad popular china no parece haber acogido nunca con agrado esta visión pesimista de la vida, característicamente india, cuyo objetivo es la extinción de la existencia individual. Los budistas chinos, menos inclinados filosóficamente que los indios, han buscado consuelo en la creencia de que las almas de las personas piadosas podrían, como recompensa por sus vidas virtuosas y sus méritos espirituales, renacer en un Paraíso y encontrar allí un descanso dichoso, si no para siempre, al menos durante periodos inconmensurablemente largos. La imaginación piadosa hace que ese renacimiento en el Paraíso tenga lugar de forma muy poética a través del alma virtuosa que surge como un bebé de un capullo de loto. Y entre las imágenes de Dunhuang, encontramos de hecho algunas representaciones de tales nacimientos felices de almas jóvenes.

El budismo mahayana, al desarrollar el culto a los bodhisattvas, los convirtió en los hijos espirituales de varios budas, y a su debido tiempo asumió un Paraíso separado para cada uno de estos últimos. Avalokitesvara es, pues, el hijo espiritual del Buda Amitabha, la «luz ilimitada», que ha creado un Paraíso en Occidente, y el renacimiento en este Paraíso de Amitabha debe ser particularmente señalado como la esperanza y la ambición de los piadosos. Así, encontramos su Paraíso representado con más frecuencia que otros entre nuestras grandes pinturas de seda.

Entre las pinturas dedicadas a este tema hay una digna de mención, en parte porque su sencilla composición nos permite distinguir claramente ciertas características esenciales de tales cuadros del Paraíso, y en parte porque hay buenas razones para asignarle una fecha temprana. La pintura, notable por sus colores fuertes, pero armoniosamente combinados, muestra en el centro al Buda Amitabha entronizado entre los bodhisattvas Avalokitesvara y Mahasthamaprapta. Debajo están sentados dos bodhisattvas menores. Detrás de la tríada principal se alinean los seis discípulos originales de Buda, sus cabezas afeitadas los identifican como monjes. Encima, a ambos lados, una doncella celestial flota esparciendo flores.

Un punto magnífico de la técnica es el uso de reflejos para resaltar el modelado de la carne. Se trata de un método sin duda derivado del arte helenístico y que sólo se encuentra en otra pintura.

La figura de la devota, a la izquierda del panel inferior, que, aunque estaba destinada a una dedicatoria, desgraciadamente nunca se rellenó, constituye una prueba muy clara de su datación temprana. La figura de esta dama arrodillada sobre una estera es de un encanto singular, y obviamente pintada del natural por una mano muy hábil. El rostro y la pose expresan admirablemente una devoción piadosa. El traje de la dama, con su falda plisada y su silueta estilo imperio, así como su pelo recogido en un pequeño nudo en la nuca, representan una moda temprana muy parecida a la que se ve en el bordado colgado. De hecho, se encuentra en algunos relieves chinos del siglo VII.

Varias de las características peculiares de este retrato son compartidas por otra gran pintura sobre seda del Paraíso del Buda Amitabha. Aquí vemos también al buda central sentado sobre un loto y flanqueado por sus dos bodhisattvas principales y sus asistentes. Del lago en el que flota el loto surgen capullos de loto que envuelven a las almas piadosas a punto de renacer. Al lado de un panel destinado a una inscripción que nunca ha sido escrita, se muestran pequeñas figuras arrodilladas, dos devotos a la derecha y una dama a la izquierda. El traje y el tocado de la dama son los más parecidos a los de la bella figura de la devota que acabamos de ver.

Las dos obras que acabamos de examinar, con sus esquemas comparativamente sencillos, nos facilitan distinguir los detalles y apreciar la ejecución artística de las pinturas más elaboradas que muestran cielos budistas, como una que nos retrata el Paraíso de Bhaisajyaguru, el «Buda de la Medicina».

En el centro está el buda que preside sentado sobre un loto, en la postura de «argumentación», y a su lado los bodhisattvas Samantabhadra y Manjushri rodeados de bodhisattvas asistentes más pequeños, todos ricamente ataviados y con nimbos. Inmediatamente detrás del buda hay cuatro discípulos santos con el pelo corto de los monjes. Arriba, en el fondo, elevadas según la perspectiva china, están las mansiones celestiales; los pabellones sobre el lago están ocupados por más figuras divinas.

Inmediatamente delante del buda hay un altar ricamente decorado, con una ninfa a cada lado haciendo una ofrenda. En una plataforma que sobresale de la terraza principal, una bailarina actúa entre músicos. Es una escena típica de casi todas las grandes pinturas del Paraíso. Sin embargo, los placeres de la música y la danza que representa podrían parecer extraños a aquellos a quienes la doctrina budista, arraigada en el verdadero pensamiento indio, llevaría a buscar la recompensa de una buena vida en una beatitud mucho menos mundana. Las escenas laterales de la derecha, tratadas en estilo secular chino, representan diferentes calamidades de las que la ayuda de buda puede librar a sus adoradores.

Al «Buda de la Medicina» se le puede asignar otra pintura muy grande y suntuosa. A pesar de los daños sufridos, tiene un interés especial por su noble diseño y delicada ejecución. El gran conjunto de seres celestiales está escenificado en terrazas y patios simétricamente ordenados, ricamente decorados, que se elevan sobre un lago de lotos. Entre los grupos de figuras sin halo a cada lado, se ven reyes guerreros con magníficas armaduras, así como figuras demoniacas.

En la gran plataforma que sobresale de la terraza principal, una bailarina realiza rápidos giros al son de una orquesta celestial. Este ballet celestial adquiere un carácter especialmente lúdico con las curiosas figuras de dos niños gordos que bailan embelesados al son de la música. Representan, evidentemente, almas recién nacidas que se regocijan en la alegría de su infancia celestial. Otras dos almas renacidas están sentadas erguidas, pero con aire inconsciente, sobre lotos que surgen del lago del primer plano.

Aquí sólo se puede hacer referencia de pasada a diversos detalles de interés, como la arquitectura de los pabellones de dos pisos que se elevan a ambos lados, o los pequeños bodhisattvas que están sentados juguetonamente en barandillas o que se toman su tiempo. Las escenas marginales, de estilo bastante chino, representan incidentes de la última encarnación de Bhaisajyaguru.

No obstante, es el Paraíso de Amitabha el más popular entre estos cielos budistas. Los bodhisattvas Avalokitesvara y Mahasthamaprapta, sentados al lado de Buda, forman su tríada habitual. Entre ellos, y debajo de ellos, hay sentados bodhisattvas menores. En un saliente de la terraza actúa la bailarina entre seis músicos. La estola ondea en sus manos y las cintas ondeantes de su tocado acentúan su movimiento rítmico. Un alma recién nacida, sentada en un loto y a punto de unirse a la compañía celestial, flota a ambos lados de la terraza.

Baste una breve referencia a dos grandes fragmentos de una pintura sobre seda que, una vez terminada, debía de cubrir todo el fondo de una capilla abovedada o el pasillo de una antecapilla. De las dos piezas, la mejor conservada, incluso rota, mide metro y medio de alto y ancho. Ambas piezas formaban las alas exteriores, a modo de tríptico, de un cuadro excepcionalmente grande en forma de arco que evidentemente representaba una tríada budista.

Una de ellas representa al bodhisattva Manjushri montado en su león blanco, al que conduce un acompañante de piel oscura, que podría ser un indio, pero que recuerda a un africano. El suntuoso cortejo que rodea al bodhisattva está formado por una multitud de divinidades, entre las que se puede reconocer a los regentes de los cuarteles acompañados por sus asistentes demoniacos.

La parte correspondiente de una majestuosa procesión se conserva mejor en lo que sobrevive del otro gran cuadro. Aquí, dos nobles figuras de músicos marchan con las cabezas levantadas tocando la flauta y el órgano de boca.[*] Las líneas curvas de sus cuerpos y las ropas sueltas que flotan transmiten una sensación de movimiento rítmico en armonía con todo el tema. El rostro del flautista expresa admirablemente la absorción en la música, mientras que la mirada del músico de la derecha representa con igual maestría la concentración.

En obras como estas del Cielo budista y de las procesiones celestiales, con su exquisito detalle, su delicado dibujo y su brillante animación del color, nos sentimos elevados a una atmósfera de paz divina, mientras que al mismo tiempo podemos disfrutar del movi-

---

* Instrumento de viento chino también llamado *sheng*.

miento boyante y de los acordes flotantes de la música que parecen impregnarla.

Al despedirnos con tales sensaciones de los ejemplares del arte pictórico budista, tal como se practicaba y congregaba en esta lejana encrucijada del Asia más remoto, nos damos cuenta de la gratitud que debemos a la afortunada casualidad que nos ha preservado restos de ese arte en la capilla oculta de las cuevas de los Mil Budas.

ANTIGUOS ESTANDARTES BUDISTAS DE GASA DE SEDA PINTADA QUE REPRESENTAN BODHISATTVAS, PROCEDENTES DE LA CAPILLA AMURALLADA DE LAS CUEVAS DE LOS MIL BUDAS, DUNHUANG

ANTIGUO CUADRO BORDADO SOBRE SEDA, QUE MUESTRA AL BUDA ENTRE DISCÍPULOS Y BODHISATTVAS, CON LOS DEVOTOS EN ACTITUD DE ADORACIÓN DEBAJO, PROCEDENTE DE LA CAPILLA AMURALLADA DE LAS CUEVAS DE LOS MIL BUDAS, DUNHUANG

MUESTRAS DE BORDADOS Y TAPICES ANTIGUOS, PROCEDENTES DE LAS CUEVAS DE LOS MIL BUDAS, DUNHUANG

MANUSCRITOS CHINOS Y GRABADOS XILOGRÁFICOS DE LA BIBLIOTECA DEL TEMPLO AMURALLADO DE LAS CUEVAS DE LOS MIL BUDAS

ANTIGUOS ESTANDARTES BUDISTAS DE GASA DE SEDA, QUE MUESTRAN ESCENAS LEGENDARIAS DE LA VIDA DE BUDA, RECUPERADOS DE LA CAPILLA AMURALLADA, CUEVAS DE LOS MIL DE BUDAS, DUNHUANG

ANTIGUOS ESTANDARTES BUDISTAS DE GASA DE SEDA PINTADA, MOSTRANDO ESCENAS DE LA HISTORIA DE LA VIDA DE BUDA, RECUPERADOS DE LA CAPILLA AMURALLADA, CUEVAS DE LOS MIL BUDAS

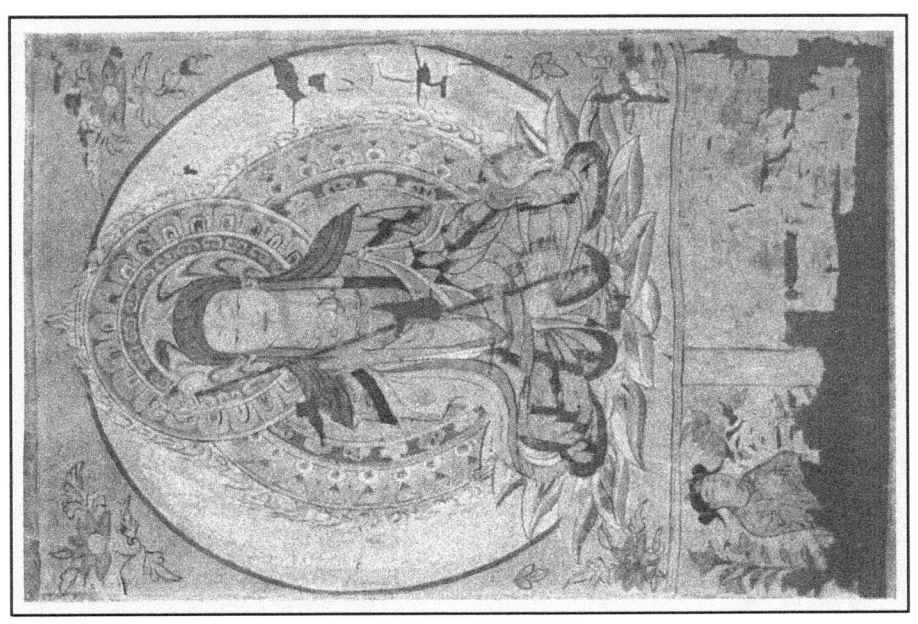

ANTIGUA PINTURA BUDISTA SOBRE SEDA, MOSTRANDO AL BODHISATTVA KSITIGARBHA, PROCEDENTE DE LAS CUEVAS DE LOS MIL BUDAS, DUNHUANG

ANTIGUO ESTANDARTE BUDISTA DE GASA DE SEDA, QUE MUESTRA AL BODHISATTVA MANJUSHRI, PROCEDENTE DE LAS CUEVAS DE LOS MIL BUDAS, DUNHUANG

ANTIGUOS ESTANDARTES BUDISTAS DE GASA DE SEDA, REPRESENTANDO A VIRUPAKSHA, REGENTE DEL SUR; PROCEDENTES DE LA CAPILLA AMURALLADA, CUEVAS DE LOS MIL BUDAS, DUNHUANG

ANTIGUA PINTURA SOBRE SEDA, QUE REPRESENTA AL BODHISATTAVA AVALOKITESVARA (GUANYIN) DE MIL BRAZOS, CON DIVINIDADES A SU LADO. PROCEDENTE DE LA CAPILLA AMURALLADA, CUEVAS DE LOS MIL BUDAS, DUNHUANG

FIGURA DE UNA DEVOTA EN UNA PINTURA VOTIVA BUDISTA, MOSTRANDO EL PARAÍSO DE AVALOKITESVARA. PROCEDENTE DE LAS CUEVAS DE LOS MIL BUDAS, DUNHUANG

CAPÍTULO XV

Exploraciones en la cordillera de Nanshan

Cuando terminé mi trabajo sobre el oasis de Dunhuang, ya había entrado el verano de 1907. Así que estaba ansioso por cambiar el trabajo arqueológico, en las tórridas llanuras desérticas, por la exploración geográfica en el Nanshan occidental y central, las grandes «montañas del sur» de los chinos. Sin embargo, antes de poder buscar su frescor alpino tuve que visitar la aldea de Anxi, tres marchas al este de Dunhuang, donde la gran carretera que viene de Gansú y del interior de China se desvía hacia el Turquestán chino. Desde los tiempos de los últimos Han, esta ruta que atraviesa las colinas y mesetas desérticas del Beishan se había convertido en la principal línea de comunicación con Asia central. Anxi siempre ha tenido una posición importante en ella; pero no había nada que reflejara esta importancia, ni en las desoladas proximidades del lugar con su única calle rezagada, ni dentro de los muros erosionados por el viento de una ciudad en ruinas situada fuera de ella.

No obstante, en el terreno baldío del sur, logré rastrear los restos de la antigua muralla fronteriza por la que debió de pasar Xuanzang; el cual, desafiando la prohibición oficial, emprendió clandestinamente su aventurado viaje que le llevaría a las regiones occidentales. Ya he contado en otra narración cómo aquella audaz empresa inicial estuvo a punto de costarle la vida al piadoso peregrino, cuando se perdió en el desierto hacia el norte y casi se muere de sed antes de llegar al lejano oasis de Hami.

Tras depositar mis colecciones de restos arqueológicos a buen recaudo en el desamparado *yamen* de Anxi, me dirigí hacia la gran cordillera nevada del sur. En mi camino descubrí un gran yacimiento en ruinas cerca de la pequeña aldea de Jiaozi, entre dos de las más bajas y áridas cordilleras exteriores. La desecación, ya sea debida a algún cambio local en las condiciones climáticas o a una reducción gradual de los glaciares que el último periodo glaciar ha dejado tras de sí en la alta cordillera divisoria de aguas, hacia la meseta tibetana más septentrional, ha causado grandes cambios en las condiciones físicas de esta región de colinas bajas. Así lo ilustra el hecho de que el arroyo del que todavía se puede seguir el rastro de un canal que antaño traía agua a la ciudad en ruinas y, a la zona cultivada que la rodeaba, haya desaparecido por completo.

Las pruebas arqueológicas demostraron que la ciudad amurallada había estado ocupada hasta el siglo XII o XIII d. C. Tanto más sorprendente fueron las pruebas que ofrecían sus murallas de los efectos de la erosión eólica desde esa época. A pesar de su construcción maciza, todas las líneas de murallas orientadas hacia el este han colapsado completamente y, en muchos lugares, prácticamente han sido borradas por la arena, mientras que las orientadas hacia el norte y el sur, paralelas a la dirección de los vientos dominantes del este, se mantienen prácticamente ilesas.

Cuando posteriormente ascendí por el valle en forma de cañón, en el que el arroyo de Daxi atraviesa la segunda cordillera exterior, me encontré con una serie de templos rupestres budistas muy pintoresca, conocidos como Wanfuxia, o «valle de los diez mil budas», y que todavía forman un lugar de peregrinación. En carácter y fecha mostraban estrecha afinidad con los santuarios de las cuevas de los Mil Budas, aunque mucho menos numerosos. Aquí, también, bellas composiciones al fresco sobre las paredes sirvieron para ilustrar el arte pictórico budista, tal como se practicaba en el periodo Tang, en estos confines de China.

Después de contemplar la gran cadena de picos coronados por glaciares que dominan las terribles y estériles mesetas detríticas del

Nanshan, al oeste del Sulo Ho, nos dirigimos a través de una zona montañosa inexplorada hasta entonces, donde incluso en esta estación favorable la falta de agua era una seria dificultad, hacia el famoso Paso Jiayuguan de la Gran Muralla, aún existente. Durante siglos, el paso a través de esta muralla, marcada por un imponente fuerte, ha sido saludado por los viajeros procedentes de Asia central como el umbral de la verdadera Catay. De hecho, todos los libros y mapas, ya sean europeos o chinos, representan la línea de muralla que se curva alrededor de la parte más occidental del gran oasis de Suzhou hasta el mismo pie del Nanshan, como la terminación de la antigua Gran Muralla que protege la frontera norte de Gansú. Sin embargo, era evidentemente imposible conciliar la antigüedad de esta muralla con los indicios proporcionados por los restos del antiguo muro fronterizo que yo había descubierto en el desierto de Dunhuang y que, según comprobé, se extendía también hasta Anxi y más allá.

El problema quedó resuelto cuando, en mi tercera expedición, logré rastrear la continuación de aquel primitivo *limes* chino por el terreno desértico hasta el Etsin Gol, a unos ochenta kilómetros al norte de Suzhou. Su propósito había sido proteger todo el cinturón de oasis a lo largo del pie septentrional del Nanshan que, desde que la expansión china hacia el oeste, había comenzado bajo la antigua dinastía Han, era indispensable como paso hacia la cuenca del Tarim. El muro desmoronado de arcilla estampada que el viajero atraviesa ahora por el Paso Jiayuguan ha demostrado ser de época medieval tardía. Se construyó con un propósito muy opuesto, el de cerrar la gran ruta centroasiática en un momento en que China había retomado su tradicional actitud de reclusión.

En Suzhou, la primera ciudad dentro de la muralla, tuve que superar considerables dificultades antes de que pudiéramos iniciar, a finales de julio, nuestra expedición al Nanshan central. Las autoridades locales estaban llenas de temores sobre ataques de ladrones tanguts y, en consecuencia, la organización del transporte necesario resultó una tarea difícil. Por lo general, los colonos chinos de los oasis de Gansú están dominados por un temor absoluto a las montañas, que para ellos siguen siendo una tierra incógnita más allá de la cordillera más alejada. Sólo pudimos conseguir guías hasta el amplio valle en forma de meseta entre las cordilleras de Richthofen* y Tolai Shan. Allí encontramos pozos de oro a una altitud de unos cinco mil metros, trabajados por pequeños grupos de gente más aventurera procedente de Xining, en la frontera noreste del Tíbet.

Después de abandonar estos campamentos mineros al aire libre, no volvimos a ver seres humanos hasta que a finales de agosto nos topamos con un pequeño campamento de interesantes nómadas de raza turca que pastaban en los valles al sur de Kanchou. Afortunadamente, el carácter bien definido de las cuatro grandes cordilleras en que se eleva el Nanshan hacia las tierras altas alrededor de los lagos Khara Nor y Koko Nor, hizo menos grave la falta de toda orientación. Los excelentes pastos que se encontraban casi en todas partes a una altitud comprendida entre los tres mil y cuatro mil metros fueron una gran ayuda para nuestros esforzados animales. Esta abundancia de pastos debió de hacer de estos extensos valles abiertos un terreno muy atractivo para las tribus nómadas de los primeros tiempos, como los yuezhi, los posteriores indoescitas y los hunos.

En cambio, todos sufrimos mucho por los aguaceros casi diarios de lluvia helada y aguanieve, y por los extensos pantanos que encontramos en la cabecera de los grandes valles e incluso en las amplias mesetas de las divisorias hacia la cuenca del Pacífico. Las dificultades prácticas aumentaron considerablemente por la impotencia de nuestros jinetes chinos, y lo que puedo llamar educadamente su arraigada aversión física a correr riesgos. Una y otra vez, hicieron intentos organizados de deserción que amenazaban con dejarnos sin transporte, pero afortunadamente pudieron ser reprimidos sin frustrar nuestros planes.

Durante el mes de agosto, en marchas que sumaban más de seiscientos cincuenta kilómetros, logramos cruzar y hacer un

---

* Actualmente, a esta cadena montañosa se la conoce como las montañas Qilian o Tsilien.

reconocimiento en detalle de las tres cordilleras más septentrionales del Nanshan central, todas ellas elevándose a picos nevados de cinco mil quinientos metros de altitud, entre las longitudes de Suzhou y Kanchou. En el curso de estos estudios se exploraron todos los ríos que descienden a los oasis, así como el Sulo Ho, hasta sus fuentes alimentadas por glaciares. La magnífica cordillera coronada de hielo que divide las cabeceras del Sulo Ho de los drenajes del Khara Nor y el Koko Nor fue explorada a lo largo de su cara norte, y resultó elevarse tanto en altitud de picos individuales —más de seis mil metros— como en línea de cresta considerablemente por encima de las cordilleras septentrionales.

Desde la amplia cuenca montañosa, de unos cuatro mil metros de altitud, que contiene las fuentes del Sulo Ho, nos abrimos camino por tierras altas cubiertas de ciénagas hasta la cabecera del río Datong, donde alcanzamos la cuenca del Pacífico. Luego recuperamos el valle superior del río Kanchou y finalmente atravesamos la cordillera de Richthofen por una sucesión de altas estribaciones transversales hasta la ciudad de Kanchou. Entre Anxi y Kanchou, la superficie total de las montañas recorridas por nuestro estudio topográfico se aproximaba a los sesenta y dos mil kilómetros cuadrados.

Siete años más tarde, en el verano de 1914, mi tercera expedición me llevó de nuevo a esta gran ciudad de Kanchou y al gran oasis al pie del Nanshan del que es el centro, como en los días en que Marco Polo se alojó allí. Debía servirnos de base para las nuevas prospecciones que yo había proyectado en el Nanshan central. Su objetivo era ampliar la cartografía que habíamos realizado en la alta montaña, cerca de las fuentes de los ríos Sulo Ho y Suzhou, mediante reconocimientos de las altas cordilleras situadas más al este, que contienen las cabeceras del río Kanchou.

En conjunción con nuestros trabajos en la región del río Etsin Gol, que se describirán en el próximo capítulo, estas prospecciones estaban destinadas a completar la cartografía de una porción bien definida del noroeste de Gansú. Este, en la medida en que envía todas sus aguas a una cuenca no drenada, bien puede ser reclamado con respecto a sus condiciones físicas generales como perteneciente a Asia central más que a China. La experiencia anterior me había preparado para la reticencia de los chinos locales a aventurarse lejos en aquellas montañas y para las consiguientes dificultades a la hora de asegurar el transporte. Pero una afortunada casualidad trajo justo entonces a un viejo amigo chino al mando militar de Kanchou, en la persona del digno general Zai, cuya amabilidad yo recordaba bien de anterior mi visita a Suzhou en 1907. Su oportuna ayuda nos permitió partir hacia las montañas la primera semana de julio.

La ruta seguida durante las primeras marchas me familiarizó con una serie de antiguos templos rupestres budistas de Mati y con otros interesantes vestigios budistas. Entre ellos figuraban bellas estatuas de bronce de gran tamaño que, de algún modo, habían escapado al vandalismo de los dunganes en los templos de la bonita y pequeña ciudad de Nangoucheng, al pie de las montañas. Nos encontrábamos cerca de una línea divisoria de gran interés geográfico. Mientras que al oeste, el cultivo, ya sea en las llanuras o al pie de las montañas, sólo es posible con irrigación, ahora nos encontrábamos con grandes terrazas y abanicos aluviales que la lluvia por sí sola hacía fértiles. El marcado cambio en las condiciones climáticas indicaba una aproximación a la cuenca del océano Pacífico y a los grandes valles fluviales de China. En agradable contraste con los múltiples signos de destrucción que la rebelión de los dunganes había provocado a lo largo de la ruta principal, era agradable encontrar ejemplos de arquitectura típica china que sobrevivían en estas verdes estribaciones.

Tras seguir la ruta hacia Xining y ascendiendo a través de pintorescos desfiladeros hasta el paso de Opo, llegamos al amplio valle donde se reúnen los afluentes más orientales del río Kanchou a una altura de más de trescientos metros. Luego nos dirigimos hacia el oeste por los pastos alpinos frecuentados en verano por los pastores y criadores de caballos tanguts, donde sufrí un grave accidente de equitación que podría haber puesto fin a mis viajes para siempre. Mi semental de Badajshán se encabritó de repente y, desequilibrándose, cayó de espaldas sobre mí, con el resultado de que los músculos de mi muslo izquierdo se lesionaron gravemente. Pasaron dos semanas de mucho dolor antes de que pudiera levantarme de la cama y utilizar unas muletas improvisadas. Afortunadamente, los arreglos ya hechos permitieron a mi ayudante de topografía indio, R. B. Lal Singh, proseguir con las tareas topográficas que yo había planeado. Gracias a sus excepcionales esfuerzos, este viejo e infatigable compañero de viaje consiguió extender nuestros estudios de Nanshan a una zona tan extensa como la cartografiada en 1907. Entretanto, con la pierna todavía muy dolorida, conseguí por fin que me bajaran en una litera hasta Kanchou.

En el mismo lamentable estado de invalidez emprendí, en la tercera semana de agosto de 1914, el largo viaje planeado a través del «Gobi» del Beishan, el «desierto de las colinas del corte», como lo llaman los chinos. El viaje debía llevarme a la parte septentrional del Turquestán chino para el trabajo de otoño e invierno. La ruta elegida nunca había sido seguida antes por ningún viajero europeo. Debía familiarizarme con una zona desértica que en algunas partes aún permanecía inexplorada. La ruta pasaba por el pequeño oasis de Maomei, donde los ríos Kanchou y Suzhou se unen para formar el Etsin Gol, como lo llaman los mongoles. Es en el ancho lecho del Etsin Gol, prácticamente seco durante gran parte del año, donde todas las aguas que descienden del Nanshan central encuentran su camino hacia el norte antes de perderse finalmente en una cuenca desprovista de drenaje, al igual que el Tarim lo hace en los pantanos de Lop Nor.

CAPÍTULO XVI

Del Etsin Gol al Tian Shan

YA había visitado esta región del Etsin Gol en la primavera de 1914, cuando venía de la exploración del antiguo *limes*, al norte de Suzhou, a la que me he referido brevemente con anterioridad. Esta parte del extremo sur de Mongolia me atrajo tanto por sus características geográficas —que además me recordaban a la cuenca del Lop— como por su pasado histórico. Había estado incluida en el amplio dominio de aquellos primeros señores nómadas de Gansú, los yuezhi, los posteriores indoescitas y los hunos, cuyas sucesivas migraciones hacia el oeste estaban destinadas a afectar tan profundamente la historia de Asia central, así como la de Europa y la India. En el valle del Etsin Gol, la naturaleza, al proporcionar agua y pastos, ha hecho de este una ruta fácil para las incursiones e invasiones desde las estepas mongolas hasta la línea de oasis que se extiende a lo largo del pie septentrional del Nanshan. Además, supone la gran vía natural que conecta China con la cuenca del Tarim y el interior de Asia central.

Partiendo de Suzhou a principios de mayo de 1914, seguí el Beida Ho, el río de Suzhou, hasta el oasis de Chinta, y desde allí seguí la línea del antiguo *limes* chino que bordea el árido glacis pedregoso del extremo sudoriental del Beishan hasta el oasis de Maomei. Se extiende desde la confluencia de los ríos Suzhou y Kanchou hasta cierta distancia de su curso unido, conocido como Etsin Gol. Más allá del extremo norte de este estrecho cinturón cultivado, la muralla del *limes*, con sus torres de vigilancia, desciende cerca de la orilla izquierda del ancho lecho del río. Obviamente, la línea debió de tener su continuación en el desierto arenoso que se extiende al este del

Etsin Gol. Pero cuando regresamos en junio del delta del Etsin Gol, el calor estival era demasiado intenso para permitir el seguimiento de la línea más allá en este terreno sin agua.

Es aquí donde la ruta de las invasiones mongolas, tras cruzar las estepas, corta la antigua línea fronteriza trazada por los chinos cuando ocuparon por primera vez el paso de tierra al norte del Nanshan. Los fuertes en ruinas de imponente tamaño y evidente antigüedad que encontramos aquí, a ambas orillas del río, estaban destinados, sin duda, a proteger las puertas del Imperio chino de las invasiones provenientes del norte. Uno de los fuertes, construido con muros de arcilla de excepcional resistencia, parecía un equivalente exacto del antiguo puesto fronterizo de la «puerta de jade» que yo había localizado siete años antes en el *limes* del desierto al oeste de Dunhuang.

Cuando descendimos por el Etsin Gol desde aquel último asentamiento chino periférico, encontramos el lecho arenoso del río, de casi dos kilómetros de ancho en algunos lugares, absolutamente seco en aquel momento. Sólo en raras ocasiones se podía obtener agua de pozos excavados en profundas hondonadas bajo las orillas. A unos ciento cuarenta kilómetros por debajo de Maomei, el río atraviesa un espolón bajo y rocoso que sobresale del Beishan y luego se extiende en un delta durante unos ciento ochenta kilómetros hacia el norte, antes de terminar en una serie de lagos salobres y pantanos.

Las condiciones creadas aquí por una sucesión de épocas de estiaje ilustran de forma sorprendente el aspecto que pudo presentar el delta del Loulan antes de que el Kyruk Darya se secara definitivamente. Donde los lechos de los ríos bordeados por estrechos cinturones de selva habían permanecido secos durante largos años, encontramos muchos de los álamos silvestres ya muertos o moribundos. Las amplias extensiones de terreno que separaban los diversos cauces no mostraban más que escasos matorrales o eran absolutamente yermas. No es de extrañar que, en los dispersos campamentos de las doscientas y pico familias de mongoles pertenecientes a la etnia torgut, establecidos en el delta del Etsin Gol, oyéramos tristes quejas por las crecientes dificultades causadas debido a la insuficiencia de pastos. Sin embargo, esta extensa zona ribereña, con sus limitados recursos, siempre debió de ser importante para quienes, ya fueran ejércitos armados o comerciantes, emprendían el largo viaje desde el corazón de Mongolia, en el norte, hasta los oasis de Gansú. La línea de torres de vigilancia de construcción posterior, que se encuentran a intervalos, ofrece la prueba de que esta ruta hacia Mongolia había sido frecuentada y vigilada durante los últimos tiempos medievales.

La analogía que así se presentaba con el antiguo delta de Loulan me impresionó aún más cuando procedí a examinar las ruinas de Khara Khoto, la «ciudad negra», que el coronel Kozlov, distinguido explorador ruso, había sido el primero en visitar en 1908-1909. Entonces no me quedó ninguna duda de que era idéntica a la ciudad de Etzina que describió Marco Polo. De ella, la narración del gran viajero veneciano nos dice que se hallaba a doce días de camino de la ciudad de Kanchou, «hacia el norte, al borde del desierto que pertenece a la provincia de Tangut». Todos los viajeros que se dirigían a Karakórum, la antigua capital de los mongoles, tenían que aprovisionarse aquí para cruzar el gran «desierto que se extiende cuarenta días de viaje hacia el norte y en el que no se encuentra ninguna morada o cebadero».

Se descubrió que la posición indicada correspondía exactamente a la de Khara Khoto, y la identificación se vio completamente confirmada por las pruebas arqueológicas sacadas a la luz en el lugar de las ruinas. Esto pronto me demostró que aunque la ciudad amurallada pudo haber sufrido considerablemente, como afirma la tradición mongola local, cuando Gengis Kan con sus mongoles invadió por primera vez Gansú desde este lado alrededor del año 1226 d. C., sin embargo, continuó habitada hasta la época de Marco Polo y, al menos parcialmente incluso después, hasta el siglo XV. Este fue sin duda el caso del asentamiento agrícola para el que había servido como centro local, y del que descubrimos extensos restos en el desierto al este y noreste. Pero la ciudad propiamente dicha vivió su época más floreciente bajo el dominio del Imperio tangut o Xi Xia, desde principios del siglo XI hasta la conquista mongola.

De esta época, en la que la influencia tibetana parece haberse dejado sentir con fuerza desde el sur, datan la mayoría de los santuarios budistas y estupas conmemorativas, que llenaban una gran parte de la ciudad en ruinas y destacaban también fuera de ella. En uno de estos templos, el coronel Kozlov había hecho su importante hallazgo de textos y pinturas budistas. Pero una búsqueda sistemática de ésta, y otras ruinas, pronto demostró que las riquezas arqueológicas del lugar no se habían agotado en absoluto.

Mediante una cuidadosa limpieza de los escombros, que cubrían las bases de las estupas y el interior de las celdas de los templos, sacamos a la luz abundantes restos de manuscritos budistas y grabados en bloque, tanto en tibetano como en la antigua lengua tangut, aún sin descifrar, así como abundantes e interesantes relieves en estuco o terracota, y frescos. En los extensos vertederos de la ciudad se encontró un gran número de registros diversos en papel, en diferentes escrituras: chino, tangut, uigur o turco. Entre ellos destaca un billete impreso del emperador mongol Kublai, mecenas de Marco Polo, que data del año 1260. En el terreno erosionado por el viento también abundaban los hallazgos de cerámica vidriada, ornamentos de piedra y metal y otras antigüedades.

Había muchos motivos para creer que el abandono definitivo de Khara Khoto se debió a las dificultades de riego. El lecho seco del río que pasa cerca de la ciudad en ruinas se encuentra a unos once kilómetros al este del brazo más cercano al que todavía llegan las crecidas estivales. Los antiguos canales que rastreamos y que conducían a las granjas abandonadas hacia el este se alejan bastante más. Era definitivamente imposible determinar si este fracaso de la irrigación había sido provocado por una reducción en el volumen del agua del Etsin Gol, o si había sido causado por un cambio en el curso del río en la cabecera del canal, al que el asentamiento por alguna razón había sido incapaz de hacer frente. En cualquier caso, parecía haber buenas razones para suponer que el suministro de agua que ahora llegaba al delta durante unos pocos meses de verano ya no bastaría para asegurar el riego adecuado de la zona que antes se cultivaba. Incluso en el oasis de Maomei, más de doscientos cincuenta kilómetros río arriba, y con condiciones mucho más favorables para el mantenimiento de los canales, se habían experimentado serios problemas en los últimos años para asegurar un suministro adecuado de agua con suficiente antelación en la temporada. Por lo tanto, gran parte de la zona cultivada había sido abandonada.

Mientras las excavaciones me mantenían ocupado en el yacimiento de Khara Khoto, Lal Singh había llevado nuestro estudio hasta la cuenca terminal del Etsin Gol. Allí, el delta termina en dos lechos lacustres no muy distantes entre sí, pero separados por una meseta de grava. Esta bifurcación tenía para mí un interés especial, pues correspondía exactamente a la que había observado donde el Sulo Ho encuentra su fin en el desierto al oeste de Dunhuang. El lago más oriental, que desde hacía algún tiempo había dejado de recibir agua de las crecidas, era muy salobre, mientras que el otro, al que llega el actual brazo principal del río, contenía agua dulce, aunque también carecía de drenaje.

A mediados de junio, el calor estival, cada vez más intenso, nos obligó a interrumpir el trabajo en este difícil terreno y a dirigirnos hacia Kanchou. Llegamos a Kanchou por una ruta desértica que conducía al sur de Maomei, mientras nuestros camellos, que tanto habían trabajado, se dirigían a las colinas de Kongurche, al noreste, en la frontera del territorio mongol independiente, para disfrutar de sus tan necesarias vacaciones de verano. Posteriormente, se reunieron con nosotros cuando, en los últimos días de agosto, regresé allí desde el Nanshan, todavía lisiado por los efectos del accidente de equitación relatado en el capítulo anterior.

Luego, el 2 de septiembre de 1914, partimos de Maomei en el viaje que debía llevarnos a través de la gran zona desértica ocupada por las cordilleras del Beishan, donde su anchura es mayor, en dirección noroeste. Las rutas que seguimos durante casi ochocientos kilómetros nunca habían sido exploradas. Yo sabía que sólo en un punto, el cruce de Mingshui, podíamos alcanzar una posición conocida en relación con las rutas visitadas anteriormente por viajeros rusos. Siempre que podíamos hacerlo sin peligro, nos movíamos en dos grupos y por rutas diferentes para aumentar la extensión de la zona cartografiada. Yo seguía siendo incapaz de caminar o de soportar el esfuerzo de montar a caballo y me vi obligado a desplazarme en una improvisada litera para ponis. Esto dificultaba aún más la tarea responsable de dirigir nuestros movimientos.

En Maomei había conseguido los dos únicos guías disponibles, ambos chinos, que decían haber cruzado el Beishan con caravanas que se habían dirigido a Barkul, al norte del Tian Shan. Pero sus conocimientos locales, aun combinados, resultaron muy insuficientes, y después de menos de la mitad del viaje se agotaron por completo. Nos vimos obligados a confiar como guías en las débiles huellas de caravanas que se podían rastrear, y a menudo, cuando éstas eran confusas, nos guiábamos por la brújula. Esto aumentaba enormemente la dificultad de encontrar los escasos manantiales y pozos que hacían posible el viaje a través de esta inhóspita región de desnudas colinas rocosas y valles cubiertos de detritus. La escasez de agua y de pastos implicaba graves riesgos en este modo de avance. En el curso de veintiocho marchas sólo se encontró un pequeño campamento mongol, y allí tampoco se pudo obtener ningún guía.

Por fin, después de pasar el pozo de Mingshui, el macizo nevado del Karlik Tagh, la gran elevación más oriental del Tian Shan, apareció a la vista, lejos hacia el noroeste, y nos sirvió de orientación aproximada. Pero aún nos aguardaban serias dificultades en la última y estéril cadena montañosa a través de la cual debíamos abrirnos paso, debido a la falta de agua y a la configuración muy confusa y en ocasiones escarpada de sus valles. Cuando salimos sanos y salvos de ella a través de estrechos y tortuosos desfiladeros que amenazaban siempre con detener a nuestros camellos y ponis lejos del agua o del pasto, fue un verdadero alivio contemplar las abiertas laderas zungarias, de grava desnuda, y divisar a lo lejos una diminuta mancha oscura que sugería vegetación. Era el pueblecito de Bai, al que había querido llegar todo el tiempo, y después de cuatro semanas de viaje ininterrumpido no fue poca satisfacción haberlo alcanzado sin perder un solo animal. Nuestros esfuerzos se vieron recompensados por los amplios y precisos reconocimientos realizados en las nuevas rutas a través de una vasta zona que, por árida que sea, presenta un claro interés por sus características geográficas.

Un rápido viaje nos llevó durante el mes de octubre a lo largo del pie septentrional de la parte oriental de la gran cordillera de Tian Shan, ya con sus primeras nieves invernales, hasta las extensiones de Barkul y Guchen. El terreno atravesado aquí, topográficamente más conocido, tenía para mí un interés especial, pues me ayudaba a familiarizarme con las peculiares condiciones físicas de una región por la que debieron pasar sucesivamente muchas de las grandes migraciones históricas hacia el oeste, como las de los grandes yuezhi o indoescitas, hunos, heftalitas, turcos y mongoles. Estos valles y mesetas de Zungaria se ven favorecidos por un clima mucho menos seco que el de la cuenca del Tarim. En muchas partes ofrecen buenos pastos y a menudo han desempeñado un papel importante en la historia de Asia central.

Han servido de hogar temporal a tribus nómadas en repetidas ocasiones. Éstas nunca habrían podido mantener sus rebaños y manadas en las áridas llanuras de la cuenca del Tarim. Pero desde el otro lado del Tian Shan siempre podían, y estaban dispuestas, a llevar a cabo incursiones allí, además de exigir tributos a la población asentada de sus oasis. Fue interesante para mí observar un curioso aunque tenue reflejo de aquellos grandes movimientos tribales en los numerosos campamentos de kazakos mahometanos, hombres finos de habla turki y raza kirguís, a quienes los mongoles habían empujado hacia el sur bajo protección china después de haber asegurado la «independencia» —bajo auspicios rusos— de Mongolia Exterior. También era instructivo observar el esmerado cuidado que ponían las autoridades chinas en restringir en lo posible los movimientos de estos huéspedes nómadas y evitar así el riesgo de que se iniciaran grandes corrientes migratorias.

Cuando llegamos a la ciudad de Barkul, el invierno ya había comenzado, y el refugio de su templo más antiguo, donde encontramos alojamiento cerca de un valioso registro epigráfico de la época Han, fue muy bienvenido después de las ráfagas heladas que habíamos encontrado desde el Beishan. Después, tras pasar por Guchen, centro del comercio caravanero hacia China y Mongolia, visité e inspeccioné cerca de Jimasa los restos extensos, pero muy deteriorados, que marcan el emplazamiento de la antigua capital de este territorio. Bajo los nombres de Jinman y Beiting, figura a menudo en la historia de la dominación china en Asia central. La conexión económica y política de esta parte de Zungaria con los importantes oasis de la cuenca de Turfán, al sur, había sido muy estrecha desde una época histórica temprana.

Turfán iba a ser el campo de mis trabajos invernales, y me alegré de llegar allí por la ruta más directa, hasta entonces no explorada. Me condujo a través de una porción escarpada de la cordillera de Tian Shan que se eleva a numerosos picos nevados por un paso cercano a los tres mil seiscientos metros de altitud. El viaje confirmó una vez más la exactitud de los primeros itinerarios chinos en los que se describe esta ruta. Al mismo tiempo puso de manifiesto, de manera sorprendente, la variedad de condiciones climáticas que prevalecen en los lados opuestos de la cordillera.

Las laderas zungarias están cubiertas por un magnífico bosque de coníferas y, más abajo, ofrecen abundantes pastos. En el otro lado, el descenso hacia el sur discurría por valles completamente estériles de roca desnuda y detritus. Era una preparación adecuada para la aridez de la profundamente deprimida cuenca de Turfán, donde sólo el riego permite el crecimiento de las plantas y la existencia humana civilizada.

ESTUPA EN RUINAS CONSTRUIDA EN EL NOROESTE DE LA MURALLA DE KHARA KHOTO

IMÁGENES DE UN BUDDHA Y BODHISATTVA EN ESTUCO, TEMPLO CUEVA EN LOS ANTIGUOS SANTUARIOS RUPESTRES BUDISTAS DE MATI

PATIO DE UN TEMPLO EN LAS AFUERAS DE BARKUL

RUINAS DE TEMPLOS BUDISTAS EN EL LADO OESTE DEL DESFILADERO DE TOYUK

CAPÍTULO XVII

Entre las ruinas de Turfán

LA primera semana de noviembre de 1914, los diversos grupos en que se había dividido mi expedición desde la partida del Etsin Gol se reunieron en Karakhoja, un importante oasis situado en el centro de la depresión de Turfán.* Motivos arqueológicos y geográficos me habían inducido a elegir este pequeño, aunque económica e históricamente relevante distrito, como base y principal terreno para las exploraciones de aquel invierno. Desde el punto de vista físico, la cuenca de Turfán tiene un interés especial por el hecho de que, dentro de unos límites topográficos muy próximos y, por tanto, de forma concentrada, presenta todos los rasgos característicos de su gran vecina y homóloga, la cuenca del Tarim. A esto hay que añadir el hecho de que en su lago salado terminal contiene una de las depresiones más profundas de la superficie terrestre de nuestro planeta. De ahí que un estudio detallado y a gran escala de esta zona, que se extendiese tanto como lo permitieran los límites del tiempo, reclamase mi atención. A continuación ofrezco una descripción breve de tal trabajo.

La cuenca no drenada de Turfán se extiende entre la parte nevada de Bogda Shan del Tian Shan, al norte, y las muy deterioradas cordilleras del Kuruk Tagh, las verdaderas «montañas secas», al sur. Al pie de estas últimas se extiende la parte más profunda de una gran falla, que desciende a casi trescientos metros bajo el nivel del mar, y que constituye la característica más llamativa de la cuenca. Con su lago salado y sus marismas secas, recuerda en su mayor parte el lecho

---

* El yacimiento de Karakhoja es conocido actualmente como las ruinas de Gaochang.

marino del Lop a pequeña escala. Desde las áridas laderas de la alta cordillera del norte, se extiende hacia abajo un amplio glacis de grava sin agua que se corresponde con el del Kunlun, al este de Jotán. A sus pies se eleva una cadena de colinas completamente estériles, levantadas por la misma poderosa dislocación geológica que creó la falla que se encuentra debajo. El aspecto prohibitivo de esta cadena de colinas, de un rojo resplandeciente por sus depósitos desnudos de areniscas y conglomerados, explica su nombre chino de «colinas de fuego».

Los oasis de la depresión se abastecen de agua únicamente al pie de esta falla. Se aprovecha al máximo para el riego y es la causa de su rica producción. Curiosamente, la mayor parte del riego así obtenido no depende del flujo superficial de los manantiales en los que aflora de nuevo el drenaje de las alturas del Tian Shan, sino de un elaborado sistema de *karezes*, o pozos, y canales subterráneos que aprovechan el drenaje subterráneo de las montañas. El clima de la cuenca es extremadamente árido y, debido al bajo nivel de la depresión, muy caluroso durante la mayor parte del año. Esta calidez del clima, junto con el suministro asegurado de agua que proporcionan los manantiales y los *karezes*, hace posible que en los oasis de la cuenca se recojan dos cosechas anuales. La fertilidad del suelo cuando se riega en condiciones tan favorables es grande, y explica la abundancia de la producción de cereales, así como de fruta y algodón.

Pero estas condiciones agrícolas favorables, en vista de la limitada superficie cultivable, no bastarían para explicar el floreciente comercio de Turfán en la actualidad ni su riqueza en el pasado, como atestiguan la historia y la abundancia de ruinas, si no fuera por las facilidades que la naturaleza ha proporcionado para el intercambio de productos con la región al norte del Tian Shan. Allí las condiciones climáticas de humedad proporcionan amplios pastos, y con ellos los recursos de ganado, lana, etcétera, de los que Turfán carece. Los pasos de montaña abiertos durante todo el año tanto al oeste como al este del macizo de Bogda Shan permiten un fácil intercambio económico.

La interdependencia así creada entre la cuenca de Turfán y la superficie que se extiende entre las actuales Urumchi y Guchen se refleja a lo largo de la historia política de estos territorios. Así, en tiempos de los Han y los Tang, los protectorados Jushi Anterior y Posterior, como eran llamados por los chinos, siempre estuvieron estrechamente vinculados en su destino político, ya estuvieran dominados por los hunos y las tribus turcas del norte, o bajo control chino. La lucha terminó cuando Beiting, la capital de Jushi Posterior, sucumbió en el año 790 a los ataques combinados de tibetanos y turcos.

Cuando, a mediados del siglo IX, la gran tribu turca de los uigures sometió el poder tibetano en las rutas noroccidentales de China y estableció su dominio sobre la mayor parte del Turquestán oriental, Turfán y la zona situada al norte se convirtieron durante siglos en las sedes más preciadas de sus gobernantes. Originalmente nómadas, los uigures demostraron, más que cualquier otra tribu turca de Asia central, su capacidad y su deseo de adaptarse a la vida civilizada. Al residir en las laderas septentrionales de las montañas durante el verano, sus gobernantes pudieron mantener durante mucho tiempo su agradable modo de vida tradicional, al tiempo que recurrían a la población sedentaria de los fértiles oasis de Turfán para obtener los recursos materiales e intelectuales con los que reforzar su poder y disfrutar del placer de su posesión.

El periodo de dominio uigur sobre Turfán duró hasta la conquista mongola a principios del siglo XIII y, en aspectos culturales, no experimentó cambios esenciales ni siquiera después. El relato de un enviado imperial chino, Wang Yen-te, que visitó al rey uigur en 982 d. C., ha dejado un interesante relato de las florecientes condiciones reinantes en Turfán, la abundancia de templos budistas, la presencia de sacerdotes maniqueos procedentes de Persia, así como del carácter inteligente y capaz de los uigures. Sin embargo, descubrió que los gobernantes seguían manteniendo las viejas tradiciones pastorales y que cada año se trasladaban a las laderas septentrionales del Tian Shan para residir allí. Aunque los jefes uigures, bajo la dominación mongola, se convirtieron al islam, el budismo siguió prevaleciendo en Turfán hasta 1420, cuando la embajada del sultán Shahruj pasó por allí de camino a China.

Esta prolongada práctica del culto budista, unida a la protección frente a violentos cataclismos de que gozaba Turfán bajo el imperio de los uigures, permitió que muchos restos de la civilización anterior a Mahoma, incluidos objetos de culto, literatura y arte, sobrevivieran allí comparativamente bien cuidados hasta cuatro o cinco siglos antes de nuestra era. Al mismo tiempo, debido a las especiales condiciones geográficas que afectan a la irrigación en la cuenca de Turfán, no se han producido cambios apreciables en la extensión de la zona cultivada en tiempos históricos. De ahí que no existan yacimientos que, una vez abandonados al desierto como los de más allá del río Niya, o los de Loulan, hayan permanecido inhabitables y prácticamente inaccesibles desde entonces, y así preservar para nosotros restos inalterados de la vida cotidiana fechables dentro de estrechos límites cronológicos. Estas circunstancias, unidas a la inmunidad frente a la devastación total y el consiguiente abandono de que han disfrutado las localidades importantes del territorio, explican por qué las abundantes ruinas del periodo anterior a Mahoma en la cuenca de Turfán se encuentran prácticamente todas dentro de la zona de cultivo actual, o en las inmediaciones de ciudades y aldeas aún ocupadas.

Fácilmente accesibles y llamativas como son, las abundantes ruinas de la época budista no dejaron de atraer la atención de los viajeros rusos hacia finales del siglo pasado. Posteriormente, se convirtieron en escenario de extensas excavaciones arqueológicas por parte de sucesivas expediciones, rusas, alemanas y japonesas. Entre ellas, las dirigidas por dos distinguidos eruditos alemanes, los profesores Grünwedel y von Le Coq, entre 1902 y 1907, fueron excepcionalmente fructíferas. Sin embargo, mi propia y breve visita de 1907 me había demostrado que aquellos yacimientos en ruinas de Turfán aún no estaban completamente agotados.

Así que me alegré de hacer de Turfán la base y el terreno principal de nuestros trabajos arqueológicos y geográficos del invierno siguiente. Lal Singh, siempre deseoso de un nuevo proyecto, fue enviado a estudiar la gran zona desértica del Kuruk Tagh, aún en parte inexplorada, mientras que el segundo topógrafo se encargaba del estudio detallado de la cuenca de Turfán. Con mis dos ayudantes indios restantes ya había comenzado el trabajo arqueológico que nos mantendría ocupados durante los tres meses y medio siguientes.

La ciudad en ruinas conocida como Idikut Shahri o «ciudad de Dakianus», que linda con la gran aldea de Karakhoja, fue el primer escenario de nuestras excavaciones. Hace tiempo que se identificó como el emplazamiento de Gaochang o Khocho, como se llama en turco primitivo, que fue la capital de Turfán durante el dominio Tang y posteriormente bajo los uigures. Macizos muros de arcilla estampada encierran aquí un área de casi tres kilómetros cuadrados, pero de forma irregular, que contiene las ruinas de numerosas estructuras, todas construidas con ladrillos secados al sol o arcilla estampada. Turfán, con su escaso arbolado, aparte de los árboles frutales, sólo podía suministrar un mínimo de madera. La mayoría eran templos budistas y edificios monásticos, algunos de ellos de dimensiones imponentes. Durante generaciones, estas ruinas llenas de escombros habían sido excavadas por los agricultores de los pueblos colindantes para obtener tierra de abono, y muchas de las estructuras más pequeñas así sondeadas habían sido posteriormente niveladas para ganar más terreno para el cultivo.

Desde las fructíferas excavaciones realizadas aquí, primero por el profesor Grünwedel y luego por el difunto profesor von Le Coq, ambos del Museo Etnográfico de Berlín, las operaciones destructivas de los aldeanos se habían visto estimuladas aún más por el deseo de conseguir restos de manuscritos y antigüedades como subproductos valiosos para vender a viajeros europeos, otras personas en Urumchi y a coleccionistas chinos ocasionales. De tales hallazgos fue posible adquirir un buen número. Pero para mí fue más satisfactorio descubrir que, en algunas de las ruinas, los estratos más profundos de escombros habían escapado a la explotación. Su limpieza sistemática se vio recompensada por una variedad de restos pequeños, pero interesantes, como piezas de frescos, fragmentos de pinturas sobre papel y tela, relieves de estuco que ilustran el arte budista en Turfán; y también piezas de textiles decorados. También aparecieron pequeños fragmentos de manuscritos en uigur, tibetano, chino y la escritura siríaca modificada utilizada por los maniqueos.

La prolongada ocupación del yacimiento dificulta la datación exacta de estos hallazgos aislados. El descubrimiento de un gran tesoro de objetos metálicos bien conservados, como espejos decorados, adornos diversos, utensilios domésticos, etcétera, ha sido de gran utilidad, ya que las numerosas monedas chinas encontradas en él permiten fijar con precisión aproximada la fecha de su depósito bajo la dinastía Sung. La cúpula sepulcral en la que se encontró el tesoro ya debía de estar parcialmente en ruinas cuando se hizo el depósito, a principios del siglo XII.

Después de una rápida inspección de las ruinas más pequeñas de la parte oriental de la cuenca de Turfán, incluida la imponente torre budista conocida como la «torre de Sirkip», me dirigí a las ruinas del pintoresco desfiladero sobre la aldea de Toyuk. Numerosas grutas excavadas en la roca, ocupadas en otro tiempo por monjes budistas y quizá también de otras religiones, se elevan sobre los precipitados acantilados de la cadena montañosa salvajemente erosionada, donde un reducido arroyo riega un floreciente y pequeño oasis famoso por sus uvas y pasas. Donde las pendientes son menos pronunciadas, se han construido estrechas terrazas con ruinas de pequeños santuarios budistas y dependencias monásticas. En el más alto de ellos, la segunda expedición alemana había realizado importantes hallazgos de manuscritos.

Estimulados por estos descubrimientos, los nativos buscadores de «tesoros» causaron posteriormente terribles estragos entre ruinas que antes habían permanecido más o menos intactas. Más abajo, sin embargo, conseguimos localizar restos que habían estado protegidos por pesadas masas de escombros que los cubrían, y fue fácil emplear un gran número de excavadores para despejarlos. Después de las dificultades a las que me habían acostumbrado mis anteriores exploraciones en yacimientos desérticos alejados de viviendas y agua, las condiciones de trabajo en las ruinas de Turfán me parecieron, por así decirlo, bastante «cómodas». Al final, recuperamos en Toyuk una cantidad considerable de finas piezas de frescos y relieves de estuco. Había numerosos fragmentos de textos manuscritos chinos y uigures.

Desde Toyuk me dirigí, a mediados de diciembre, al importante yacimiento de Bezeklik, cerca de la aldea de Murtuk. Ocupa una terraza de conglomerado en la empinada orilla oeste del arroyo que riega el oasis de Karakhoja, donde se abre paso en un estrecho desfiladero salvaje a través de la estéril cadena de colinas que domina la depresión principal de Turfán. Allí, una extensa serie de cellas de templos en ruinas, parcialmente excavadas en la roca, tenían sus paredes decoradas con pinturas al temple que databan de la época uigur y representaban escenas de leyendas y cultos budistas con una considerable variedad de estilos y temas. En riqueza y mérito artístico superaban a cualquier vestigio similar de la región de Turfán y recordaban a la riqueza pictórica de las cuevas de los Mil Budas en Dunhuang. En 1906, el profesor Grünwedel, con su profundo conocimiento de la iconografía y el arte budistas, había estudiado detenidamente estas bellas pinturas murales, y entonces se trasladó a Berlín una cuantiosa selección de bellos paneles al fresco, ya que un conjunto especialmente bien conservado había sido previamente custodiado por el difunto profesor von Le Coq.

Durante siglos, los frescos habían estado expuestos a daños ocasionales a manos de los iconoclastas visitantes mahometanos. En los últimos años, habían sufrido nuevos daños a manos de la población local, que de forma vandálica cortaba pequeños trozos para venderlos a los europeos. El riesgo de una nueva destrucción en un futuro próximo era demasiado evidente. Por lo tanto, una retirada sistemática y cuidadosa era el único medio, en las condiciones existentes, de salvar el mayor número posible de ejemplares característicos de estos bellos vestigios del arte pictórico budista desarrollado en Asia central. Para esta larga y difícil tarea, pude utilizar, afortunadamente, la habilidad y experiencia de mi «manitas», Naik Shamsuddín. Con la valiente ayuda de Afrazgul Kan, lo llevó a cabo con éxito en casi dos meses de duro trabajo. Se habían preparado planos cuidadosamente dibujados para su orientación.

El embalaje seguro de los paneles al fresco, que al final llenaron más de cien grandes cajas, se llevó a cabo siguiendo estrictamente los métodos técnicos que yo había aplicado por primera vez en el caso de las pinturas murales de los templos de Miran. Estos grandes paneles de yeso de barro desmenuzable fueron protegidos contra los daños en su largo viaje a la India, con el resultado de que, a pesar de los riesgos que implicaba el transporte en camellos, yaks y ponis a lo largo de una distancia total cercana a los cinco mil kilómetros y, a través de pasos de hasta un máximo de más de cinco mil quinientos metros, llegaron sanos y salvos a su destino. La instalación de los frescos de Bezeklik en el edificio erigido para su alojamiento en Nueva Delhi ha ocupado la mayor parte del tiempo de mi amigo artista y ayudante, el señor Andrews. Durante los años 1921-28, se ha dedicado al arreglo de las muestras traídas de mi tercera expedición.

Mientras tanto, en Navidad pude hacer una rápida visita a Urumchi, la sede provincial al otro lado del Tian Shan, principalmente con el propósito de volver a ver a mi viejo amigo mandarín, el erudito Pan Daren, que entonces ocupaba un alto cargo como comisario financiero del «nuevo dominio» —Xinjiang—. En mis tres expediciones había hecho cuanto estaba en su mano para ayudarme en mis tareas, tanto de cerca como de lejos. A él le debo el haber evitado una amenaza de reanudación de las tácticas obstruccionistas por parte de la administración provincial. Siento aún más satisfacción por haber tenido la oportunidad de expresar mi gratitud a este amable mecenas en persona, porque antes de mi regreso en 1930 había fallecido, que era muy respetado en toda la provincia como administrador justo y como alguien que murió pobre, a pesar de ostentar grandes cargos.

En enero de 1915, los trabajos cerca de Murtuk habían progresado lo suficiente como para permitir que me dedicase a una tarea que resultó tan fructífera como novedosa para mí, pero en cierto modo desagradable. Por debajo del punto en que el desfiladero que desciende de Murtuk desemboca en un erial cubierto de grava, y por encima de la gran aldea de Astana, contigua a Karakhoja por el oeste, se extiende un vasto y antiguo cementerio. Está marcado por pequeños montículos cónicos cubiertos de piedras y por diques bajos de grava que forman recintos alrededor de grupos dispersos de tales montículos. Estos montículos indican la posición de cámaras sepulcrales excavadas a gran profundidad en un estrato duro subyacente de conglomerado fino o arenisca. Un estrecho pasadizo excavado en la roca, originalmente rellenado de nuevo, conducía a un corto pasadizo en forma de túnel que daba acceso a cada tumba y que a su vez estaba cerrado con un muro de ladrillo.

La mayoría de estas tumbas parecían haber sido saqueadas, según la información local, durante la gran rebelión mahometana del siglo pasado y el posterior régimen de Yakub Beg, pero probablemente también antes, principalmente en busca de objetos de valor depositados con los muertos. Sin embargo, como demostraron nuestras investigaciones, la madera maciza de los antiguos ataúdes también debió de ser apreciada como un subproducto muy útil, pues el combustible, ya sea de árboles o de estiércol de ganado, es muy escaso en estos oasis de Turfán. Los montones de arena habían cerrado completamente el paso de acceso a las tumbas así abiertas, lo que, unido a la absoluta aridez del clima, explica la maravillosa conservación en que encontramos su contenido. Sólo en los últimos años, desde que la revolución en China relajó los sentimientos chinos sobre la profanación de tumbas, las tumbas habían atraído la atención de los cazadores de antigüedades locales. Sus operaciones no habían llegado muy lejos, pero daban garantías útiles de la ausencia de prejuicios locales. Esto me permitió, de hecho, conseguir un guía muy útil en cierto aldeano de Astana que, a través de la práctica prolongada en esta macabra línea de negocio, había adquirido una extraña familiaridad con tales camposantos.

Se pudo conseguir mano de obra en abundancia, lo que permitió abrir numerosas tumbas en rápida sucesión. El registro sistemático de cada una de ellas ha demostrado de forma concluyente que el cementerio contiene enterramientos desde principios del siglo VII hasta el segundo cuarto del siglo VIII d. C. Este periodo comprende los últimos reinados de la dinastía local que gobernó el territorio de Turfán antes de la reconquista china en 640 d. C., así como el siglo siguiente, en el que se estableció firmemente el dominio Tang sobre el Turquestán oriental. Gaochang, señalada por las ruinas cerca de Karakhoja y Astana, era entonces un importante centro administrativo y de guarnición.

La evidencia cronológica la proporcionan las inscripciones funerarias chinas en ladrillos que se encontraron intactos cerca de los accesos de numerosas tumbas. Según la interpretación del doctor Giles y del profesor Maspero, registran los nombres de los muertos, con fechas exactas de los entierros y detalles sobre su vida. Con estas pruebas concuerdan también las fechas encontradas en una gran cantidad de documentos chinos que aparecieron en ciertas tumbas. A juzgar por su contenido, que se refiere a asuntos insignificantes de la rutina oficial, como registros sobre los establecimientos de caballos mantenidos en las rutas postales, registros de correspondencia, informes sobre malas prácticas de los subordinados, etcétera; podrían haber llegado a las tumbas sólo como papeles de basura. De hecho, en uno de los pocos ataúdes que habían permanecido sin abrir se veía claramente que un paquete de papeles diversos de este tipo había sido utilizado como «relleno».

La sequedad del clima explica el notable estado de conservación en que se hallaron la mayoría de los cuerpos y los objetos depositados con ellos. La variedad de estos objetos era grande, y casi todos ellos ayudaron a familiarizarnos con muchos aspectos de la vida cotidiana en Turfán en aquel periodo. Entre ellos se encontraban modelos cuidadosamente elaborados de muebles y utensilios domésticos, así como muchas figurillas de estuco pintado destinadas a representar la asistencia que se proporcionaría a los muertos en el otro mundo. Entre ellas se encontraban figuras de damas cuidadosamente modeladas que mostraban interesantes detalles de su atuendo, numerosos jinetes armados para servir de cortejo o sirvientes nativos con trajes característicos.

También había animadas y bien ejecutadas representaciones de caballos, que recordaban el elegante tipo de la actual raza badajshí, todavía muy apreciada a ambos lados del Pamir. Ricamente enjaezados, nos muestran la «sombrerería para caballos» que se utilizaba entonces, y muchos de los diseños de su elaborada decoración sobreviven en la guarnición moderna del país. Las numerosas figuras de camellos están igualmente bien modeladas. Otras figuras de estuco de mayor tamaño halladas en nichos cercanos a la entrada de las tumbas muestran una mezcla de monstruos destinados, como las figuras *du gui* de la escultura china, a alejar a los malos espíritus de la morada de los muertos.*

Entre los alimentos depositados para el disfrute de los difuntos, los más interesantes son las colecciones de elaborados pasteles, con una gran variedad de formas. Su estado de conservación era notable, sobre todo porque sus receptáculos habían sido evidentemente alterados por manos saqueadoras. Dada la fragilidad de esta elaborada repostería, no era fácil empaquetarla y transportarla con seguridad. Entre los objetos de uso personal encontrados junto a los cadáveres, había atuendos de aseo femeninos que debieron haber sido previamente usados.

La costumbre de envolver los cuerpos con trapos de tela, en su mayoría de seda, nos ha proporcionado aquí, al igual que en las reliquias funerarias más antiguas de las fosas de Loulan, una gran cantidad de materiales muy interesantes para el estudio del arte textil antiguo. Su valor aumenta considerablemente por el hecho de que en las tumbas de Astana todos estos hallazgos pueden datarse con

---

* Estas esculturas, o guardianes de tumbas, se conocen con el nombre chino de *Zhenmushou*.

una precisión aproximada. Entre estos tejidos abundan las sedas figuradas, tanto policromadas como damasquinadas. La variedad de diseños que muestran es grande y ayuda de forma muy llamativa a ilustrar la posición que Turfán, y probablemente otros oasis del Turquestán chino, ocupaban en aquel periodo como lugares de intercambio comercial entre China y Asia occidental. En efecto, junto a las sedas figuradas con diseños puramente chinos, se encontraron aquí muchas otras que mostraban rasgos de estilo decorativo peculiares de las sedas producidas en Irán y en otras partes de Oriente Próximo durante el periodo (siglos III-VII), también designado como sasánida.

Estas sedas «sasánidas» se utilizaban sobre todo para cubrir el rostro de los difuntos. Entre ellas, cabe destacar una que muestra una cabeza de jabalí finamente diseñada, muy estilizada, dentro del típico borde perlado sasánida. Es una obra muy poderosa y tiene un aspecto curiosamente moderno. Que los diseños occidentales de la época influyeron claramente en el gusto chino lo demuestran claramente otras sedas figuradas en las que se emplean motivos «sasánidas» característicos en piezas de fabricación inequívocamente china. Es posible que se produjeran para la exportación.

Una curiosa ilustración de este contacto entre Oriente y Occidente la proporcionaron también unas monedas de oro, imitaciones bizantinas, que encontramos colocadas a la manera del óbolo clásico en la boca de los muertos, mientras que las monedas de plata persas acuñadas por los reyes sasánidas del siglo VI cubrían sus ojos. Pero un hallazgo de verdadero valor artístico, que cabe mencionar aquí para concluir, fue chino. Consistía en los restos de una hermosa pintura sobre seda dividida en varios paneles y que, cuando estaba intacta, formaba un pergamino. Evidentemente, había sido depositada como una preciada posesión de los muertos, para ser rota más tarde en pedazos por la mano de un saqueador. Mostraba escenas exquisitamente pintadas de damas ocupadas en un jardín. Como auténtica muestra de la pintura secular del periodo Tang —cuando el arte chino estaba en su apogeo—, este cuadro, incluso en su estado fragmentario, tiene un gran valor.

Nuestro abundante material arqueológico de Turfán tuvo que ser empaquetado con gran esfuerzo antes de que yo pudiera poner en marcha mi gran convoy de antigüedades, compuesto por cincuenta cargas de camello, bajo el cuidado de Ibrahim Beg, el más fiable de mis seguidores turcos, para su viaje de dos meses a Kashgar. Cuando, a mediados de febrero, el estudio detallado de la depresión de Turfán estaba también a punto de concluir, tuve la libertad de poner fin a nuestro trabajo en la cuenca de Turfán, examinando de cerca el curioso yacimiento de Yarkhoto, situado como una isla entre dos profundos barrancos al oeste de la moderna ciudad de Turfán.*

Allí, una meseta aislada y naturalmente fuerte, alberga los restos de un laberinto de viviendas en ruinas y santuarios excavados en su mayor parte en el suelo de loess. Estos marcan la posición que ocupó la antigua capital del territorio de Turfán en tiempos de los Han y ofrecen un aspecto bastante imponente. Pero debido a la facilidad con que los aldeanos de los alrededores podían extraer el fértil suelo de loess de las ruinas para abonar la tierra, quedaban aquí pocas capas de escombros que invitaran a una excavación sistemática. Así que, cuando la obstrucción china empezó de nuevo a imponerse directamente sobre mi actividad arqueológica, me alegré de partir hacia el sur, al Kuruk Tagh, para nuevas tareas de exploración en el desierto.

---

* El yacimiento de Yarkhoto es conocido en la actualidad con el nombre de ruinas de Jiaohe.

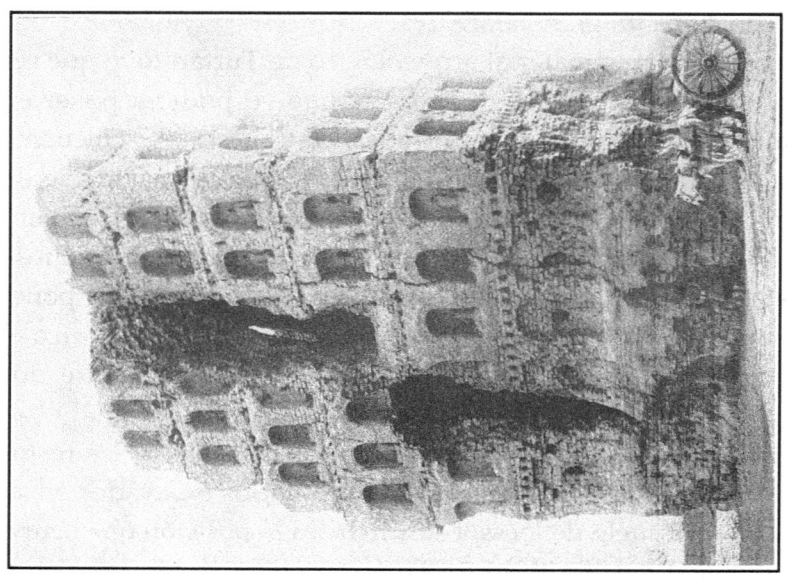

TEMPLO BUDISTA EN RUINAS EN SIRKIP, TURFÁN

TEMPLO CHINO EN LAS AFUERAS DE NANGOUCHENG

FIGURA DE UNA AMAZONA HECHA DE ARCILLA Y PINTADA A COLOR, PROCEDENTE DE UNA TUMBA DEL CEMENTERIO DE ASTANA, TURFÁN

CALLE PRINCIPAL EN LAS RUINAS DE LA CIUDAD DE YARKHOTO, TURFÁN, VISTA DESDE EL NORTE

RUINA DE UNA TORRE DE VIGILANCIA EN LA ANTIGUA RUTA DE YINGPAN A KORLA

FRESCO QUE REPRESENTA UNA ESCENA DE LA VIDA DE BUDA, PROCEDENTE DE LAS RUINAS DE UN TEMPLO BUDISTA EXCAVADO EN EL YACIMIENTO DE MINGOI, KARASHAR

TROZO DE TEJIDO DE SEDA SASÁNIDA CON FIGURA, HALLADO COMO MÁSCARA DE UN CADÁVER EN UNA TUMBA, CEMENTERIO DE ASTANA, TURFÁN

REPOSTERÍA ANTIGUA EXTRAÍDA DE UNA TUMBA DEL CEMENTERIO DE ASTANA, TURFÁN

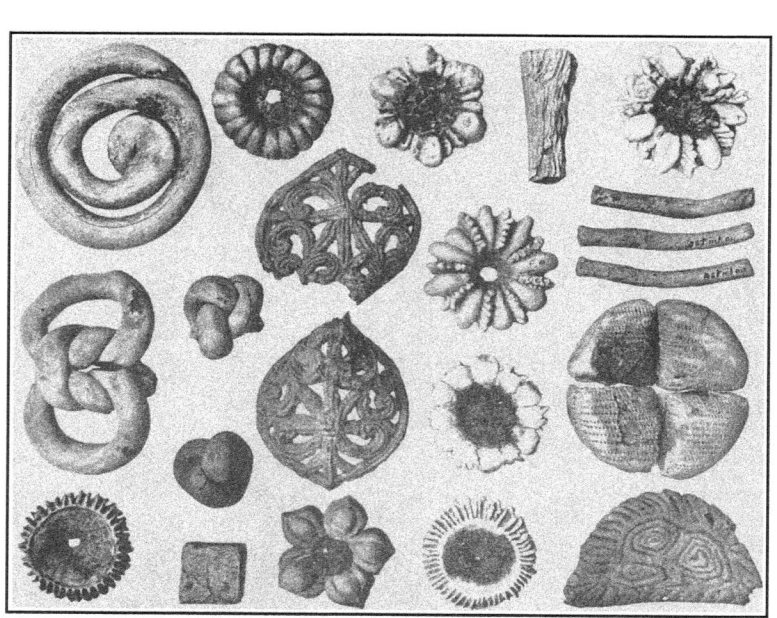

CABEZAS DE ESTUCO QUE MUESTRAN INFLUENCIAS GRECOBUDISTAS, EXTRAÍDAS DE LOS TEMPLOS EN RUINAS DE MINGOI

CAPÍTULO XVIII

Del Kuruk Tagh a Kashgar

A pesar de lo interesante y fructífero que había sido nuestro trabajo arqueológico en la depresión de Turfán, sentía todo el tiempo un fuerte deseo de volver al aire libre del desierto. Pero mi pierna aún no se había recuperado del accidente del verano en el Nanshan, y no podía afrontar largas caminatas como las que hubieran exigido nuevas exploraciones en el desierto de Lop. Así que tuve que contentarme por un tiempo con la satisfacción que me proporcionó el regreso de Rai Bahadur Lal Singh, a finales de enero, de su expedición a las «montañas secas». En medio de grandes dificultades y riesgos, mi infatigable ayudante de topografía había hecho un importante trabajo desde que hubimos tomado diferentes caminos a principios de noviembre.

Después de llegar a Singer, el único lugar de residencia permanente en aquella vasta zona de meseta estéril y colinas del Kuruk Tagh, había seguido, siguiendo mis instrucciones, la triangulación hacia el sudeste, hasta las proximidades de las ruinas de Loulan, en el desierto de Lop, erosionado por el viento. Allí había esperado pacientemente, en medio de vendavales helados y con temperaturas muy por debajo de los cero grados centígrados, hasta que la atmósfera cargada de polvo se despejó por fin y le permitió divisar hacia el sur las altas cumbres de la cordillera nevada de Kunlun. El objetivo que yo le había pedido era conectar su triangulación en el Kuruk Tagh con los picos que él mismo había fijado un año antes en el curso de las operaciones topográficas llevadas a cabo a lo largo de las laderas septentrionales del Kunlun. Para ello no había escatimado en esfuerzos. Pero teniendo en cuenta la gran distancia, más de doscientos kilómetros, que ahora le separaba de esa cordillera a través de la cuenca del Lop, así como el tiempo que había transcurrido desde su anterior trabajo allí, no era de extrañar que cuando llegó a la oficina topográfica de Dehradun para el cómputo de sus observaciones con el teodolito, su identificación de un pico en particular avistado sólo una vez, y además con una ligera neblina, resultara errónea.

Sin dejarse intimidar por las dificultades encontradas, Lal Singh se adentró en la inexplorada y absolutamente estéril región al noreste de Altmish Bulak. Afortunadamente, había conseguido de Singer la compañía y ayuda de Abdurrahim, aquel experimentado cazador cuya ayuda nos había resultado tan valiosa un año antes, cuando seguí la antigua ruta china de Loulan a Dunhuang. Llevaban hielo para mantener a su pequeño grupo abastecido con un mínimo de agua en esta región completamente árida. Pero el combustible traído de Altmish Bulak se había agotado hacía varios días, y tuvieron que afrontar el intenso frío de las noches sin fuego, antes de que Lal Singh decidiera girar de nuevo hacia el oeste desde más allá del grado noventa y uno de longitud. Tomó entonces una vieja pista del desierto que en otro tiempo habían utilizado los cazadores de camellos salvajes de Hami, y la siguió hasta la marisma salada que llena la porción más profunda de la cuenca de Turfán. Las cuidadosas observaciones con el barómetro de mercurio realizadas a lo largo de ella han permitido determinar su depresión por debajo del nivel del mar —cerca de trescientos metros— con mayor exactitud que antes. A pesar de todo lo que había pasado, Lal Singh sólo se permitió un breve descanso en nuestra base y la primera semana de febrero partió de nuevo hacia el Kuruk Tagh, esta vez para inspeccionar sus regiones occidentales.

Yo mismo, el 16 de febrero de 1914, salí de Turfán hacia el Kuruk Tagh y, tras recoger en Singer al hermano menor de Abdurrahim como guía, examiné los pocos lugares en los valles hacia el oeste, donde se podían encontrar rastros de ocupación anterior. La sucesión de cordilleras notablemente escarpadas y valles profundamente erosionados entre ellas contrastaba extrañamente con el aspecto de tierras altas desgastadas que presentaba la mayor parte del Kuruk Tagh. Pero también aquí la dificultad para encontrar agua era grande. Luego me dirigí hacia el sudeste, a los pies del Kuruk Tagh, por un páramo de grava absolutamente estéril. Allí me topé repetidamente con camellos salvajes. Esta zona desolada, como el desierto al oeste de Dunhuang, parece ser el último refugio de estos animales extremadamente tímidos.

Me aprovisioné de hielo en el manantial salado de Dolan Achchik, me adentré en el desierto erosionado por el viento y tracé allí el curso del río ahora desecado, que antaño había llevado agua a Loulan por la última zona que había quedado sin explorar el año anterior. La estación de las tormentas de arena había comenzado y sus ráfagas heladas hacían que nuestro trabajo fuera muy duro. En estas condiciones, y recordando la experiencia del invierno anterior en las fosas de Loulan, exploré dos antiguos cementerios de pequeño tamaño descubiertos en terrazas de arcilla que daban a la antigua llanura fluvial. Los hallazgos coincidían estrechamente con los que habían proporcionado el año anterior las tumbas del puesto más alejado al noreste del yacimiento de Loulan. No cabía duda de que las personas enterradas aquí también habían pertenecido a esa población autóctona de cazadores y pastores que los anales chinos describen como habitantes de esta lóbrega región de Loulan antes de que la ruta que la atravesaba fuera abandonada en el siglo IV d. C.

Los objetos encontrados en estas tumbas ilustraban de forma sorprendente la gran diferencia de civilización, y modos de vida, entre estos pueblos seminómadas de Loulan y los chinos que frecuentaban esta antigua carretera. Como punto de especial interés, puedo mencionar que las ramitas que encontramos atadas en pequeños paquetes en los gruesos sudarios de lana, han demostrado pertenecer a la familia de las efedráceas, un producto alcalino que en los últimos años ha pasado al uso médico como una poderosa droga en Occidente. Cómo las efedráceas, cuyo sabor es extremadamente amargo, han acabado sustituyendo a la planta sagrada *haoma* —o el *soma* indio, cuyo jugo es alabado en los primeros textos arios como una dulce bebida embriagadora querida por dioses y hombres— en el culto zoroastriano, es todo un enigma.

Había estado buscando ansiosamente a lo largo del pie del Kuruk Tagh rastros de Afrazgul, a quien a principios de febrero había enviado desde Turfán para una difícil tarea suplementaria de exploración en el desierto de Lop. Teniendo en cuenta la naturaleza verdaderamente prohibitiva del terreno y el gran esfuerzo que debían soportar los cuatro valientes camellos enviados con él, tenía motivos para sentirme inquieto por la seguridad del pequeño grupo, ya que llegaba con retraso a nuestro punto de encuentro. Así que sentí un gran alivio cuando, al día siguiente de mi regreso a Dolan Achchik, se reunió conmigo con sus tres valientes compañeros turcos, incluyendo al valiente Hassan Akhun, mi viejo factótum camellero.

Después de llegar a Altmish Bulak por la ruta más directa desde el norte, y de aprovisionarse allí de hielo, había examinado ciertos vestigios antiguos en el extremo noreste de Loulan para los que yo no había podido disponer de tiempo en la marcha del año anterior. Luego, tras partir hacia el suroeste desde el punto en que la antigua ruta china penetraba en el lecho salino del desecado mar de Lop, había recorrido, después de marchas muy fatigosas, su línea costera hasta la más septentrional de las lagunas alcanzadas entonces por las crecidas primaverales del Tarim. Finalmente, tras atravesar la zona de formidables dunas altas que yo había recorrido en enero de 1907, pero en otra dirección, llegó al pie del Kuruk Tagh. De esta exploración, excepcionalmente difícil, que impidió al grupo el contacto con cualquier ser humano e incluso el avistamiento de ningún animal vivo durante un mes y medio, trajo de vuelta un preciso mapa y detallados registros diarios, además de interesantes hallazgos arqueológicos.

Posteriormente, nos desplazamos hacia el oeste hasta la ubicación conocida como Yingpan, situada cerca del punto donde se encontró el antiguo lecho del «río seco» que se desviaba del Konche Darya, el río de Karashar, tal como fluía entonces. El coronel Kozlov y el doctor Hedin descubrieron por primera vez los interesantes restos de un fuerte en ruinas y un pequeño templo, y los hallazgos demostraron que pertenecían a una estación fortificada. Un registro chino la menciona con el nombre de Zhubin, en el río que llevaba agua a Loulan en los primeros siglos de nuestra era. Evidentemente, la estación estaba destinada a vigilar un punto importante de la antigua ruta china, donde su tramo es atravesado por la vía que aún conduce de Charklik a Turfán. El hecho que albergase una guarnición china lo demuestran los restos hallados en algunas tumbas bien conservadas.

En mi viaje posterior a Korla, que atravesaba el desierto en dirección noroeste, pude explorar los restos de una antigua línea de atalayas que se extendía a lo largo de más de ciento cincuenta kilómetros al pie del Kuruk Tagh. En estas torres de vigilancia, algunas de ellas notablemente macizas, era fácil reconocer los mismos rasgos característicos de construcción con los que me había familiarizado tanto en el curso de mis exploraciones a lo largo del antiguo *limes* de la provincia china de Gansú. Las torres databan evidentemente de la época, alrededor del año 100 a. C., en que el emperador Wu de Han protegió la ruta que iba de Dunhuang a Loulan con una muralla y una línea de puestos de vigilancia.

Por la gran altura de estas torres y las distancias entre ellas, así como por otros indicios, se puede deducir con seguridad que estaban destinadas principalmente a la transmisión de señales de fuego. La importancia de esta antigua carretera debió de reducirse mucho después de que la extensión del control chino al norte del Tian Shan abriera la ruta por Hami, y después de que se abandonara la ruta por Loulan. Pero los hallazgos de monedas, documentos chinos en papel y similares, entre los montones de basura cercanos a las torres, demuestran que la línea marcada por estas torres seguía siendo frecuentada en tiempos del periodo Tang.

La necesidad de disponer de sistemas de señalización debió de hacerse sentir especialmente aquí en tiempos de los Han, ya que fue principalmente desde este extremo nororiental de la cuenca del Tarim, que alberga el oasis de Korla, desde donde debieron de producirse las incursiones de los hunos que, según sabemos por los anales de las dinastías Han Oriental y Occidental, amenazaron más de una vez el dominio chino sobre Loulan y la seguridad de la ruta que la atravesaba. Korla marca el extremo oriental de la línea de oasis que se extiende a lo largo de la base del Tian Shan, y que, desde la antigüedad hasta nuestros días, ha servido como la gran carretera del norte de la cuenca del Tarim. Pero Korla es también el punto más cercano al gran valle de Karashar, que toma media jornada de marcha recorrer. Este valle desciende ampliamente abierto desde las grandes mesetas de Yulduz, en su cabecera, terreno favorito de pastoreo de las razas nómadas, desde los hunos hasta los mongoles actuales, y ha constituido en todo momento el acceso más fácil para las incursiones e invasiones nómadas.

El valle de Karashar, en su extremo sur y cerca de la ciudad que le da nombre, se ensancha en una cuenca subsidiaria ocupada en su mayor parte por el gran lago conocido como Baghrash Kol. Es de este lago, que actúa como un gran embalse natural para las aguas del Kaidu Gol o río Karashar, de donde Korla obtiene su abundante suministro de riego, y el Konche Darya, ese considerable y constante volumen de agua que le permitió en la antigüedad actuar como afluente principal del río seco durante la mayor parte del año.

Por razones probablemente relacionadas con su población actual, mayoritariamente mongola, la zona naturalmente fértil que bordea el lago Baghrash Kol está hoy en día comparativamente poco cultivada. No obstante, como demuestran los documentos chinos, la situación era diferente en la antigüedad, cuando este territorio de la entonces llamada Yanqi tenía importancia económica y política. Prueba de ello es la gran extensión de la circunvalación en ruinas conocida como Baghdad Shahri, que marca la posición de la antigua capital cerca de la orilla norte del lago. Allí, el efecto de la humedad del subsuelo impregnado de sales, junto con unas condiciones atmosféricas menos secas que en la propia cuenca del Tarim, ha destruido por completo todos los restos estructurales. Pero un mejor campo para el trabajo arqueológico se me ofreció en mi segunda expedición cuando, en diciembre de 1907, pude excavar una extensa colección de santuarios budistas en ruinas conocidas por los mahometanos locales con el nombre de Mingoi, las «mil casas».* Estas salpican unas terrazas rocosas bajas que sobresalen de las estribaciones del Tian Shan, al norte de la desembocadura del lago.

La disposición de las ruinas en largas hileras de celdas separadas, de tamaño variable, pero todas similares en planta y construcción, facilitó la limpieza sistemática con un gran número de trabajadores. Aparte del efecto destructivo de la lluvia y la nieve, los templos habían sufrido muchos daños a causa de un gran incendio. Éste, a la vista de los hallazgos de monedas que fechadas en el siglo IX d. C., bien pudo estar relacionado con las primeras invasiones mahometanas que se produjeron en ese periodo. Pero a pesar del celo iconoclasta y de las condiciones climáticas, las excavaciones se vieron recompensadas con abundantes restos arqueológicos. Las profundas capas de escombros que llenaban el interior de las celdas más grandes y los pasadizos de circunvalación arrojaron una gran cantidad de excelentes esculturas pequeñas en estuco, que antaño habían adornado frisos en las paredes. El calor del incendio había contribuido a preservarlas al conferir una dureza al estuco de yeso —similar a la terracota— que, de otro modo, probablemente habría sufrido mucho por las condiciones imperantes en la atmósfera local. De algunos de los pasadizos redondeados recuperamos interesantes paneles al fresco que un entierro a tiempo había salvado tanto del fuego como de la humedad. Los hallazgos de paneles pintados y delicadas tallas de madera ricamente doradas demuestran que estos santuarios estuvieron antaño profusamente adornados con ofrendas votivas.

El estilo de estas reliquias artísticas, con raras excepciones como la estatuilla de madera de un lokapala o «guardián del lugar», que es un notable ejemplo del tallado tipo Tang, muestra claramente la influencia predominante del arte grecobudista, tal como se desarrolló en el extremo noroeste de la India. Pero lo que confiere un interés

---

* Este complejo de ruinas arqueológicas se conoce en la actualidad como el templo de Shikshin, Shorchuk o Qigexing.

muy especial a la mayoría de las esculturas de estuco, para el estudioso de la historia de este arte importado en Asia central, es la curiosa tendencia que muestra el modelado de las cabezas y la representación de ciertas actitudes hacia un tratamiento que recuerda a la escultura gótica. Parece el resultado de una evolución paralela, tanto más curiosa y digna de mención, cuanto que su curso es totalmente inconexo, aunque tal vez sus causas últimas estén relacionadas.

En mi segunda expedición, en enero de 1907, se me presentó la ocasión de poner a prueba la creencia popular, tanto en Korla como en otros oasis del borde septentrional de la cuenca del Tarim, acerca de ciudades enterradas en la arena, supuestamente avistadas en el desierto que se extiende hacia el sur. Es cierto que el desierto entre la línea de estos oasis y el cinturón fluvial de selva que acompaña al Tarim y sus afluentes septentrionales desde el lado de Kucha y Bugur es comparativamente estrecho y no está invadido por arenas altas. Pero la creencia está muy extendida.

Las insistentes afirmaciones de los cazadores de Korla sobre ciudades amuralladas me indujeron a organizar una corta expedición en la zona desértica no estudiada entre los cauces de los ríos Inchike y Charchak, al suroeste de Korla. Geográficamente, era interesante, ya que mostraba los cambios provocados por el desplazamiento del curso de los ríos. Sin embargo, dicho viaje al final reveló que aquellos elaborados informes no tenían más fundamento que la existencia de algunas tumbas mahometanas, y de rudimentarias cabañas de pastores junto a los lechos secos de los ríos. Mis supuestos guías tenían buena fe a su manera y lamentaban sinceramente que mis «artes mágicas», en las que habían basado su esperanza de descubrir aquellas ruinas y sus tesoros enterrados, no resultaran lo bastante fuertes como para vencer a los espíritus malignos que ocultaban las ciudades amuralladas que su imaginación, alimentada por el viejo folclore, les había dejado ver antes, ¡y siempre durante una tormenta de arena!

En mi tercera expedición, Korla sirvió, en los primeros días de abril de 1915, de conveniente punto de reunión para los diversos grupos en los que nos habíamos dividido desde Turfán. Desde allí, partimos de nuevo unos días más tarde para el largo viaje a Kashgar. La tarea de Lal Singh consistía en mantenerse cerca del Tian Shan y hacer un reconocimiento de toda la cordillera principal, mientras la estación temprana y el tiempo disponible lo permitieran. Mohammed Yakub, el segundo topógrafo, fue enviado al sur, a través de los ríos Konche e Inchike, hasta el Tarim, con instrucciones de inspeccionar su cauce principal, tal como se extendía en ese momento hasta las proximidades de Yarkanda. Con él soltamos la mayor parte de nuestros camellos para que se beneficiaran de los abundantes pastos de las selvas ribereñas después de todas las privaciones que habían sufrido desde el otoño de 1913. Yo mismo, en aras de las tareas arqueológicas, tuve que mantenerme en la larga línea de oasis que bordea el pie meridional del Tian Shan.

A través de este tramo sigue pasando la principal ruta comercial de la cuenca del Tarim, como siempre lo ha hecho desde la antigüedad. Esta bien conocida carretera, que se extiende a lo largo de unos mil kilómetros desde Korla hasta Kashgar, me permitió recoger muchas observaciones útiles tanto sobre las condiciones físicas y económicas actuales de los oasis como de su pasado histórico. Pero las oportunidades de exploración se vieron limitadas por diversas razones, por lo que mi relato de este viaje será breve.

La ocupación continuada, unida a la irrigación intensiva, ha permitido que sobrevivan pocos restos estructurales en los oasis más pequeños, mientras que en el terreno desértico, alrededor o entre ellos, no había suficiente arena que ayudase a la conservación de los restos. Así, en el oasis de Bugur, a cinco marchas al oeste de Korla, donde creo que se encontraba la antigua Luntai, mencionada en los *Anales de la dinastía Han* como la sede del protector general chino de toda la cuenca del Tarim, no se encontraron ruinas antiguas. Pero en el desierto arcilloso situado más allá, en dirección a Kucha, encontré una serie de enormes atalayas a lo largo de la ruta de las caravanas que demostraban claramente que la antigua carretera china debía de seguir esta misma ruta.

En Kucha, la carretera llega a un oasis que, después de Kashgar, es el mayor al pie sur del Tian Shan. Aparte de la extensión de la zona cultivada y de los recursos económicos que le aseguran las condiciones de regadío derivadas de dos ríos considerables, Kucha disfruta también de la ventaja de una posición geográfica particularmente favorable para el comercio. Es aquí donde se unen a la carretera las rutas que conducen al norte, a través de las montañas, a ricas extensiones de Zungaria, mientras que al sur se puede llegar directamente a Jotán por la ruta que atraviesa el desierto de Taklamakán a lo largo del lecho del río Jotán. Todo ello explica la importancia, tanto política como cultural, que ha tenido el territorio a lo largo de la historia. Esta importancia se refleja en los numerosos e impresionantes restos de templos y santuarios rupestres que ilustran las florecientes condiciones de los establecimientos religiosos budistas en Kucha y los amplios recursos de la población que los mantenía.

Situadas en su mayor parte en puntos donde los ríos descienden de las estribaciones y no lejos de las rutas principales, estas ruinas no podían dejar de atraer la atención desde el principio. En consecuencia, habían sido exploradas a fondo por expediciones alemanas, francesas y rusas, incluso antes de que mi segundo viaje me permitiera, en 1908, hacer una breve visita a Kucha. Así, la mayor parte de las interesantísimas pinturas murales que adornaban los santuarios rupestres de Kizil y Kumtura habían llegado al Museo Etnográfico de Berlín para ser objeto de importantes publicaciones de los profesores Grünwedel y von Le Coq. Los hallazgos de manuscritos que recompensaron esas exploraciones también habían sido de considerable valor, ya que, aunque limitados en extensión, nos han dado a conocer la lengua de la antigua Kucha, que, como la que se hablaba en la zona de Turfán, ha demostrado pertenecer a la familia de las lenguas indoeuropeas y estar más estrechamente relacionada con la rama italoeslava que con la aria.

A pesar de las limitaciones resultantes de estos trabajos anteriores, había suficiente trabajo arqueológico y geográfico para mantenerme ocupado durante las tres ajetreadas semanas que pasé en el oasis de Kucha y sus alrededores. Con la ayuda de Afrazgul Kan, se hizo un cuidadoso reconocimiento tanto de la zona actualmente cultivada como de la que, por la evidencia de numerosos yacimientos antiguos encontrados dispersos en el desierto de matorrales al sur, este y oeste, debió formar parte del oasis en otro tiempo. En varios de estos yacimientos se encontraron hallazgos arqueológicos de interés que proporcionaban pruebas definitivas del periodo de ocupación, que se remontaba a la época budista. De este modo, el estudio proporcionó sólidos fundamentos para creer que el área sobre la que se extendía el oasis de Kucha en tiempos de los Tang debía requerir para su cultivo medios de irrigación muy superiores a los disponibles en la actualidad.

La conclusión parecía indicar claramente que el caudal de los dos ríos que alimentan los canales de Kucha ha disminuido considerablemente desde el periodo budista. Pero aquí, como en el caso del oasis de Jotán, que en muchos aspectos muestra detalles curiosamente correspondientes a los de Kucha, la evidencia arqueológica no nos permite responder definitivamente a las preguntas de hasta qué punto esta disminución fue la causa directa del abandono durante los tiempos históricos de la tierra una vez irrigada y por qué etapas se procedió. No obstante, el hecho en sí de la reducción del volumen de agua en estos ríos merece ser tenido en cuenta al considerar el tan discutido problema de la desertificación en Asia central.

En mi primera y breve visita a Kucha, en enero de 1908, partí de allí para emprender el difícil y, en algunos aspectos, arriesgado viaje que me llevó al sur del Tarim, a través de los imponentes páramos del Taklamakán, hasta donde el río Keriya muere entre las dunas. En *Desert Cathay* he relatado todas las angustiosas experiencias que vivimos en aquel viaje de aventuras, y aunque pudiera dedicar aquí un espacio a relatarlas de nuevo, supondría una digresión demasiado grande del tema que nos ocupa.

A principios de mayo partí de Kucha hacia el oeste, no sin pesar por tener que dejar el verdor de sus bellos huertos y sus atractivas gentes, geniales y educadas, tal como las describen los relatos chinos en la antigüedad. Afrazgul Kan fue enviado a dibujar el mapa de la antigua y ruta más corta a Aksu, que conduce a través del desierto de matorrales al sur de una estéril cadena de colinas exteriores, y que al no tener agua durante varias marchas está prácticamente abandonada. Para visitar un par de lugares budistas de menor importancia, tuve que seguir la carretera que atraviesa la cuenca subsidiaria de Bai. Ésta se encuentra al norte de la cadena montañosa y está regada por el río que fluye hacia Kucha desde cerca del paso glaciar del Muzart en el Tian Shan.

El tórrido calor del verano turquestano había empezado a hacer estragos cuando llegamos al oasis de Aksu. Así que no lamenté del todo que este estrecho cinturón de cultivos a lo largo de ambas orillas del río Toshkan, que desciende desde el noroeste, no ofreciera restos antiguos que explorar. La zona no parece haber tenido importancia en la antigüedad, y su población actual se compone de dolanos más bien toscos; provenientes de una inmigración tardía de una tribu turca originalmente seminómada.

Nuestras seis largas marchas más adelante, hacia Maralbexi, transcurrieron en su mayor parte por terreno desértico, a la vista de montañas desnudas pertenecientes a un saliente del Tian Shan que rodea el pequeño oasis de Kalpin. En mayo de 1908, durante mi segunda expedición, llevé a cabo un reconocimiento de esas áridas cordilleras. Después de salir de ellas tracé una línea de torres de vigilancia en ruinas que marcaban la línea de la antigua carretera por donde discurría a través de lo que ahora es un desierto arenoso y sin agua, muy al norte de la ruta actual. El cambio del cauce del río Kashgar más allá de Maralbexi explica esta desviación de la antigua ruta de las caravanas.

En los alrededores de Maralbexi —otro asentamiento de dolanos— donde los cursos de los ríos Tarim y Kashgar se aproximan estrechamente, crestas rocosas separadas, últimos retoños del Tian Shan, se elevan como islas desde una amplia llanura ribereña todavía pantanosa en algunos lugares. Un par de ellas, situadas justo donde la carretera actual pasa por el pueblo de Tumshuk, albergan algunas ruinas de santuarios budistas que datan del periodo Tang. Fueron debidamente visitadas, pero como ya habían sido excavadas por Pelliot y el profesor von Le Coq, no me ofrecieron razón para detenerme. En el otoño de 1913 ya había explorado los restos de un pequeño yacimiento budista situado en una posición similar, mucho más al norte. Junto con otros indicios arqueológicos, sugería que el curso principal del río Kashgar, que la moderna ruta de caravanas de Maralbexi a Kashgar abraza primero por su orilla izquierda y luego por la derecha, había conducido probablemente hasta tiempos medievales mucho más cerca del pie de la escarpada cadena de colinas exteriores que dominan la llanura al este de Kashgar.

Luego, cerca de Faizabad, me adentré en el borde oriental del gran y fértil oasis de Kashgar, y el último día de mayo pasé una vez más por Chini Bagh, al abrigo siempre hospitalario del Consulado General Británico, que desde el año 1900 había servido como la base más apreciada y útil para todas mis exploraciones en Asia central.

CAPÍTULO XIX

De Kashgar al Pamir de Alichur

Las calurosas semanas de junio de 1915 que siguieron a mi llegada a Kashgar me mantuvieron trabajando duro en el seguro embalaje de mi colección de restos arqueológicos, que sumaban ciento ochenta y dos pesadas maletas y viajarían a través del Karakórum hasta Cachemira. Además, me ocupé de una multitud de otras tareas prácticas que se vieron aligeradas por la amable hospitalidad que me dispensó en mi antigua base el coronel —ahora general de brigada— sir Percy Sykes, que había sustituido temporalmente a sir George Macartney como cónsul general de Su Majestad. Aunque un viaje de caza al Pamir pronto me privó de la agradable compañía de este distinguido oficial del Departamento Político de la India y de su hermana, la talentosa escritora y viajera miss Ella Sykes; continué beneficiándome enormemente de toda la comodidad y ayuda que obtuve del acomodo amablemente ofrecido a mi persona en Chini Bagh.

Sin embargo, lo que más contribuía a mantenerme animado era la perspectiva de llevar a cabo mi largamente deseado plan de viajar a través del Pamir ruso y las montañas al norte del Oxus. Aquellas grandes regiones del «techo del mundo» y del extremo oriental de Irán me habían fascinado desde mi juventud por su variado interés geográfico y sus asociaciones étnicas e históricas. Durante mucho tiempo, las condiciones políticas parecieron impedir el acceso a ellas por los viajeros británicos y, en particular, por los que, como yo, servían al Gobierno indio. Pero la conclusión del acuerdo anglo-ruso, que reconciliaba los intereses asiáticos de ambos imperios, parecía alentar la esperanza de que, al menos en parte, la barrera pudiera levantarse en beneficio de mis objetivos académicos. En consecuencia, en el otoño de 1913 dirigí una petición al Departamento de Asuntos Exteriores del Gobierno de la India para que, con la aprobación del Ministerio de Asuntos Exteriores en Londres, se solicitara al Gobierno ruso un permiso para visitar la porción de las montañas Alay en el Pamir y las zonas montañosas hacia el oeste por las que debió pasar la ruta del antiguo comercio de la seda desde China a Bactriana.

La experiencia anterior me había inducido a prever un margen de tiempo suficiente para los necesarios trámites diplomáticos y la lentitud de las comunicaciones postales en el Turquestán chino. De todos modos, sentí un gran alivio cuando una valija de correo recibida en Kucha en abril de 1915 trajo la alentadora información semioficial de Simla de que el deseado permiso había sido concedido por el Ministerio de Asuntos Exteriores ruso. Me sentí debidamente agradecido por la alianza entre Rusia y el Imperio británico, cimentada por la guerra, que probablemente había contribuido a asegurar esta concesión.

No obstante, mis esperanzas de que se realizara rápidamente mi plan, que en definitiva debía llevarme a través del Turquestán ruso hasta el sudeste de Persia para trabajar el invierno siguiente, se desvanecieron a mi llegada a Kashgar. El representante diplomático ruso, el cónsul general y príncipe Mestchersky, mantenía relaciones muy amistosas con su colega británico y me ofreció una recepción muy amable. Pero declaró que no había recibido instrucciones sobre el permiso necesario para mi entrada en territorio ruso. Cuando se dirigió a Tashkent, la oficina del gobernador general se declaró igualmente ignorante de la concesión del permiso en cuestión. Naturalmente, el suspense me causó gran ansiedad. Sea como fuere, un telegrama directamente enviado por mí al embajador británico en Petrogrado me permitió obtener de sir George Buchanan la seguridad de que el permiso deseado había sido debidamente concedido por el ministerio imperial. En consecuencia, el príncipe Mestchersky accedió muy amablemente a aceptar el mensaje que me había enviado como autoridad suficiente para expedir el permiso especial requerido.

Tuve motivos adicionales para sentirme muy agradecido por la consideración así mostrada cuando, al exponerle los intereses científicos que me traían a aquella región, el culto diplomático accedió de buen grado a que el permiso se aplicara a todo el Pamir y a las partes colindantes del Turquestán ruso. No cabe duda de que sus amables recomendaciones a las autoridades rusas al otro lado de la frontera y en el Estado protegido de Bujará me permitieron disfrutar de su eficaz ayuda durante mis viajes de los tres meses siguientes. Cuando pienso en la desconfianza con que se trataba a los visitantes británicos en el Turquestán ruso en años anteriores, y en las condiciones aún más adversas que prevalecen desde entonces en esas partes del mundo, debo dar gracias por el bondadoso destino que facilitó mi largamente esperada visita, justo durante el intervalo favorable creado por la guerra.

El 6 de julio pude salir de Kashgar hacia las montañas del oeste, después de haber completado los preparativos para el transporte seguro de mis ochenta pesados camellos cargados de muestras arqueológicas a la India. Pero las inundaciones estivales en los valles del Kunlun no permitieron que el valioso convoy se pusiera en marcha de inmediato hacia los pasos del Karakórum. Así que Lal Singh, a cuyo cuidado tuve que confiar la caravana, había salido entretanto a reconocer las altas montañas nevadas que se extienden por la gran cordillera de Muztagh Ata hacia el norte hasta la cabecera del río Kashgar, donde se unen con el Tian Shan.

Antes de que se reuniera conmigo para darme las últimas instrucciones, pude disfrutar de una semana de deliciosa paz, muy necesaria para muchas tareas urgentes de escritura, en el aislamiento de una pequeña montaña cubierta de abetos, por encima del campamento kirguís de Bostan Arche. Más abajo, en el valle, mis valientes camellos, esos resistentes compañeros en los páramos del desierto de Lop y otros lugares, disfrutaron de semanas de feliz pastoreo al fresco. Cuando llegó el momento de abandonar aquel refugio alpino, sentí la separación definitiva de ellos, casi tanto como la temporal del devoto Lal Singh. De mis restantes ayudantes indios sólo me quedé con el joven Afrazgul Kan, de quien sabía que estaba siempre dispuesto a ser útil, incluso donde no se podía hacer ningún estudio o excavación.

Con una deliciosa sensación de libertad recuperada después de semanas de trabajo, el 19 de julio envié desde mi campamento de montaña mi última y pesada bolsa de correo para Kashgar y la India, y partí hacia el alto paso de Ulugh Art y el Pamir. Al día siguiente cruzamos el difícil paso a una altitud de unos cinco mil metros. Desde el estrecho collado, superado después de una subida muy empinada, las nubes que se levantaban a intervalos revelaban una gran vista a través del amplio valle de Moji hacia la poderosa muralla oriental de los Pamires rusos. Por debajo del paso se veían los tramos medio e inferior de un magnífico glaciar de unos quince kilómetros de largo que descendía de un espolón coronado de hielo hacia el sur.

El descenso, difícil en todas partes y en algunos lugares impracticable para animales cargados, conducía a través de una sucesión de espolones escarpados en el norte, cerca de donde pequeños glaciares sobresalen y los dividen. Cuando llegamos a un terreno más fácil, con vistas al morro del gran glaciar, me sentí debidamente impresionado por el hecho de haber pasado la gran barrera montañosa meridional, la antigua Imaos, que dividía lo que Ptolomeo denominó como Escitia Interior y Exterior; como lo hace ahora el extremo oriental de Irán de las marcas más occidentales del dominio centroasiático de China. Aquella misma noche, después de cincuenta kilómetros a pie y a caballo, llegué a la zona de pastoreo kirguís de Kuntigmaz, en el valle principal de Moji. Allí me encontré con sir Percy y miss Ella Sykes, que regresaban del Pamir de Taghdumbash, y al día siguiente disfruté en su campamento de un feliz día de reencuentro.

Cinco días de rápido viaje me llevaron a lo largo del Pamir más septentrional de China y por el desfiladero del afluente más occidental del río Kashgar. Al cruzar el paso de Koshbel, a una altitud de unos cuatro mil metros, en el camino hacia este último, obtuve mi primera vista de la gran cordillera Trans-Alay, que se extiende de este a oeste y se eleva hasta picos de más de seis mil metros de altitud. Mientras ascendíamos por el lecho del río Markansu, que envía sus aguas hacia Kashgar, pasamos la frontera rusa sin señalizar. Esa noche nos alcanzó una tormenta de nieve a una temperatura muy por debajo del punto de congelación. Al día siguiente, el 26 de julio, llegamos al collado de Kyzylart, donde la carretera militar que une los puestos rusos en el Pamir y a lo largo del Oxus con la provincia de Ferganá cruza la cordillera Trans-Alay a una altitud de unos cuatro mil metros.

Fue una sensación extraña encontrarme de nuevo, después de dos años, en un camino de carretas debidamente señalizado con hitos. No nos habíamos encontrado con un solo ser humano desde que salimos de un campamento kirguís por encima de Moji, hasta que descendiendo hacia el norte llegamos esa misma tarde a la pequeña posada de Pordobe. Allí encontré a un amable aduanero ruso, osete del Cáucaso de nacimiento, recién llegado de la estación de Irkeshtam, en la carretera principal Ferganá-Kashgar. Por él supe que el coronel Iván Yagello, encargado militar y político de la División del Pamir, tenía prevista su llegada al día siguiente en un rápido viaje desde su cuartel general a Tashkent. Una parada de un día en Pordobe me aseguró un encuentro con este distinguido oficial, a quien una carta enviada desde Kuntigmaz por un rápido jinete kirguís había avisado de mi llegada.

La experiencia pronto me demostró que ni siquiera en el lado indio del Hindukush podría haber esperado acomodos más completos que los que demostró haber hecho en mi favor el coronel Yagello, tanto en el Pamir como en los demás territorios a su cargo del Alto Oxus de Waján, Xughnan y Roshán. Había ocupado la cátedra de lenguas orientales en la Escuela del Estado Mayor de Tashkent y, como estaba muy interesado en la geografía y etnología de las regiones del Oxus, estaba ansioso por ayudar en cualquier investigación que pudiera arrojar luz sobre su pasado. Gracias sobre todo a la buena disposición del coronel Yagello y a su previsión, logré ver diversos lugares interesantes; muchos más de los que había previsto en mi programa original, en el relativamente corto tiempo de que disponía y sin perder un solo día.

Una de las principales razones que me habían impulsado desde el principio a extender mi tercera expedición a través del Pamir y las zonas montañosas adyacentes, en el lado ruso del Oxus, era la esperanza de poder estudiar sobre el terreno cuestiones relacionadas con las antiguas rutas por las que se habían desarrollado los primeros contactos entre China y Asia occidental. La experiencia adquirida en otras partes de Oriente me había enseñado mucho antes las ventajas de ese estudio sobre el terreno en lo que se refería a cuestiones de geografía histórica. Esto explica la especial satisfacción que sentí cuando comencé a recorrer en toda su longitud aquel gran valle del Alay. Catorce años antes, al regreso de mi primera expedición, sólo había podido ver su cabecera en mi camino desde Irkeshtam hasta el pie del paso de Taldyk.

Los hechos topográficos, las condiciones climáticas y los recursos locales apoyan la conclusión de que a lo largo de la gran vía natural de la cuenca del Alay, que bordea de este a oeste el alto borde septentrional de los Pamires y continúa más abajo por el fértil valle del Kyzylsu o Surkhab, el «río rojo», pasaba antaño la ruta que los antiguos comerciantes de seda procedentes de China y de la cuenca del Tarim seguían hasta el Oxus medio. De esta ruta, Ptolomeo, el gran geógrafo del siglo II d. C., nos ha conservado un importante y muy discutido registro de Marino de Tiro, su famoso predecesor. En él se describen los progresos realizados en dirección opuesta por los agentes comerciales de «Maës, el macedonio también llamado Titianus» cuando viajaban desde Bactra, la actual Balj, hasta el «país de los seres», o China, para comprar su seda.

No hay necesidad de discutir aquí los detalles que este registro indica en cuanto a la dirección seguida por la ruta. Sir Henry Yule, el gran estudioso de los viajes antiguos, ya había establecido hace tiempo que la ruta ascendía desde el Oxus hasta el Alay, cuando demostró que el «valle del Komedoi», a través del cual se dice que ascendía hacia Imaos, no podía ser otro que Karategin, el valle del Surkhab. Los geógrafos árabes medievales aún lo conocían con el nombre de *Kumedh*. El valle de Karategin y su continuación oriental, el valle del Alay, ofrecen de hecho la línea de comunicación más fácil desde el Oxus hasta la cuenca del Tarim. Pero las ventajas de las características físicas que hacen que el Alay sea particularmente adecuado para servir como una carretera natural entre los dos me fueron explicadas mejor por la experiencia de mi viaje a través de él.

A lo largo de ciento diez kilómetros, desde donde la carretera militar rusa cruza el canal abierto del Alay, se extiende con una anchura ininterrumpida de diez a veinte kilómetros en su base hasta el pueblo kirguís de Daraut Kurghan. Hacia el este, a lo largo de otros treinta kilómetros hasta el collado de Taun Murun, donde la ruta del lado de Kashgar entra en el Alay, la vaguada es igualmente ancha y fácil. Las condiciones climáticas, más húmedas que en el Pamir meridional, proporcionan por doquier una amplia vegetación estepari. De ahí que el Alay constituya la gran zona de pastoreo estival para miles de nómadas kirguises que cada año se desplazan hasta allí desde las llanuras de Ferganá con sus rebaños, camellos y caballos. Yo recordaba muy bien sus pintorescas caravanas de camellos cargados con ricas alfombras, fieltros y otras confortables posesiones de los hogares nómadas, ya que me había encontrado con ellos en su migración regular cuando viajé a principios de junio de 1901 desde Irkeshtam a Osh y Andiyán, en Ferganá. Ahora, el calor del verano había hecho que sus campamentos se establecieran en los valles laterales más altos en busca de la hierba fresca, y luego descenderían más tarde en la estación para pastar a lo largo del valle principal. Por todo el camino, la gran cordillera nevada del sur, con el monte Kaufmann elevándose a casi seis mil metros, ofrecía unas vistas panorámicas grandiosas en la distancia.*

---

*   El monte Kaufmann pasó a llamarse pico Lenin, aunque más recientemente ha sido renombrado como pico Ibn Sina.

Mucho antes de llegar a Daraut Kurghan, a una altitud de unos tres mil metros, encontré vestigios de antiguos cultivos y restos de viviendas de piedra toscamente construidas, como las que ocupan ahora los seminómadas kirguises más abajo durante los meses de invierno. Del mismo modo, en el lado de Kashgar, se encuentran cultivos en Irkeshtam, aproximadamente a la misma altitud. Así, los antiguos caminantes podían estar seguros de encontrar refugio y algunos suministros locales a lo largo de esta antigua ruta, excepto en una distancia de al menos cien kilómetros en la parte más alta del Alay. Aunque de diciembre a febrero la nieve yace de manera profunda en el Alay, la ruta sería practicable incluso entonces, al igual que el paso de Terek —cuatro mil metros de altitud—, muy frecuentado desde Irkeshtam a Ferganá, lo es ahora en esa estación, siempre que hubiera tráfico suficiente para mantener la vía abierta.

Tal comercio entre la cuenca del Tarim y el Oxus medio fue servido una vez por la ruta a través de Karategin y el Alay que ya no existe. Balj y el resto del Turquestán afgano, al sur del Oxus, hace tiempo que dejaron de recibir tráfico procedente de China. El poco comercio local que sube por Karategin desde el lado del Oxus procede de Daraut Kurghan hacia Margilán o Andiyán en Ferganá, mientras que las exportaciones del lado de Kashgar encuentran su camino a través del paso de Terek hacia estos lugares por el ferrocarril ruso.

Daraut Kurghan, donde me vi obligado a hacer una breve parada para organizar el transporte y los suministros, es una pequeña localidad situada en el punto en que el valle de Karategin se abre hacia el Alay. Un puesto aduanero ruso vigilaba aquí la frontera del territorio de Bujará. Cinco kilómetros más abajo se encuentra la aldea de Chat, con una amplia zona bien cultivada y una circunvalación en ruinas de tamaño considerable, ocupada durante los turbulentos tiempos que precedieron a la anexión rusa del Turquestán. Es un punto muy adecuado para una gran estación al borde de la carretera, y es en esta vecindad donde podemos situar con seguridad la famosa torre de piedra que el registro clásico conservado por Ptolomeo menciona como el lugar al que se llega desde Bactra «cuando el viajero ha ascendido el barranco», es decir, el valle de Karategin.

Es igualmente probable que, cito, la «estación del monte Imaos, de donde parten los comerciantes en su viaje a Sera», que el relato de Ptolomeo sobre la ruta comercial a China menciona en los límites orientales del territorio de los nómadas sacas, corresponda a la actual Irkeshtam. Este es todavía un lugar bien conocido por aquellos que llevan a cabo el animado comercio de caravanas de Kashgar a Ferganá, y que se enfrentan aquí a los caprichos y exacciones de las estaciones de aduanas chinas y rusas, ambas establecidas cerca la una de la otra.

Desde Daraut Kurghan me dirigí hacia el sur para atravesar la sucesión de altas cordilleras nevadas que separan la cabecera del Muksu y los ríos de Roshán y Xughnan de la parte superior del Oxus. Era la única ruta, aparte de la bien conocida que conduce a través del Kyzylart y más allá del gran lago Karakul, por la que me era posible cruzar los Pamires rusos de norte a sur y ver algo de las grandes cordilleras que los apuntalan por el oeste. Por esta razón me había decidido por esta ruta. Pero resultó muy difícil de seguir, incluso con unos ponis tan excepcionalmente resistentes como los que me consiguió el coronel Yagello en los pocos campamentos kirguises que encontré. Hubo, sin embargo, abundante recompensa en la cantidad de interesantes observaciones geográficas que se recogieron y en las espléndidas vistas que ofreció en una región poco explorada y en partes todavía insuficientemente estudiadas.

Hasta el río Tanimaz, un gran afluente del Murghab que nace en el Gran Pamir, nuestra ruta pasaba junto a una gran cordillera cubierta de glaciares que forma, por así decirlo, el contrafuerte noroccidental del Pamir. Los kirguises la conocen vagamente como Seltagh o Muztagh, la «montaña de hielo». Rara vez han contemplado mis ojos en el Himalaya, el Hindukush o el Kunlun, un espectáculo más imponente que la enorme pared glaciar del Muztagh, que se elevaba ante mí con magnífica brusquedad sobre el ancho lecho del torrente del Muksu, después de haber cruzado el Trans-

Alay por el Tarsagar, nuestro primer paso desde Daraut Kurghan. Su cresta, audazmente dentada, parecía elevarse muy por encima de los seis mil cuatrocientos metros, y los picos individuales revestidos de hielo alcanzaban una gran altura por encima de ella.

Hasta entonces no se habían determinado con el teodolito o el clinómetro las elevaciones exactas de ésta y otras cordilleras prominentes que se alzaban sobre la porción occidental del Pamir y los valles que desembocaban en el Oxus. Ni Afrazgul ni yo mismo pudimos evitar lamentarnos una y otra vez por las obvias consideraciones que impedían cualquier intento de trabajo topográfico en suelo ruso, por modesto que fuera su alcance. Pero incluso así, me pareció que la altura alcanzada por la cumbre principal del macizo de Muztagh era claramente mayor que la del monte Kaufmann en el Trans-Alay. Por eso me sentí muy satisfecho cuando supe que una expedición ruso-alemana, dirigida por el conocido geógrafo y viajero, el doctor R. Rickmers, había elegido en 1929 esta gran zona alpina como escenario de sus exploraciones sistemáticas y había determinado que la altitud del Muztagh superaba a la del monte Kaufmann.

La ruta directa más allá del macizo del Muztagh habría conducido al Muksu, y de allí al valle por el que se accede a los pasos de Zulumart y Takhtakoram, que dan acceso a las zonas de drenaje del gran lago Karakul y del río Tanimaz. Pero las crecidas alimentadas por el enorme glaciar Seldara o Fedchenko, como ha sido bautizado en honor del explorador ruso que lo vio por primera vez, cerraban completamente esta ruta desde la primavera hasta finales del otoño. Así que nos vimos obligados a atravesar un paso de unos cuatro mil quinientos metros de altitud, en la cabecera del desfiladero de Kayindi. Antiguas morrenas bloqueaban por completo este último en algunos lugares y hacían muy problemático el ascenso.

Más allá del Kayindi, el terreno adquirió un carácter más fácil, como el del Pamir, y al descender por una meseta se abrió un amplio panorama hacia el Seldara y los valles que desembocan en él. Después cruzamos el paso de Takhtakoram, a una altitud de más de cinco mil metros, tras una fácil ascensión por unos hermosos estanques de un verde intenso. La necesidad de conseguir un nuevo medio de transporte y un nuevo guía para nuestro siguiente viaje me obligó a ponerme en contacto con Kokan Beg, el *ming bashi* o jefe de los kirguises que pastorean hacia el este, en torno al gran lago Karakul. Así que al día siguiente, 8 de agosto, cruzamos el monte Kyzyl Bel hasta este campamento de verano situado a casi cuatro mil metros sobre el nivel del mar. Ataviado con condecoraciones imperiales y un magnífico cinturón de plata, tenía un aspecto imponente. Quince años después me enteré con pesar, en el Pamir de Taghdumbash, de cómo el duro trato bolchevique había privado a Kokan Beg de casi todas sus posesiones y le había llevado a refugiarse en territorio chino, donde murió más tarde.

Por aquel hábil jefe supe por primera vez del gran lago que cuatro años antes se había formado en el valle del río Murghab tras un violento terremoto. Cubriendo lo que antes había sido el Pamir de Sarez, este nuevo lago bloqueaba completamente la ruta por la que yo pretendía llegar al Pamir de Alichur a través del paso de Marjanai. No me importó desviarme por la conocida ruta que pasa por la estación rusa conocida como el Puesto Pamirski, sino que decidí bajar hasta Saunab, la última aldea en la cabecera del valle de Roshán. Confiaba en poder remontar desde allí el Murghab y encontrar un paso por la gran presa que había creado el nuevo lago. Kokan Beg no creía que con nuestro equipaje pudiéramos rodearlo. Pero entonces supe que para los kirguises, que nunca caminan si pueden evitarlo, un paso de montaña significa uno practicable para los animales.

Aprovechamos un día de parada en Karachim para tomar medidas antropológicas de los kirguises allí acampados, buenos ejemplos de esa resistente tribu turca que en escaso número desafía los rigores del clima del Pamir con ráfagas heladas en invierno. Luego retrocedimos de nuevo hacia el río Tanimaz. Al cruzar a su orilla derecha, a cierta distancia por debajo del punto donde su afluente principal, procedente de un gran glaciar del macizo de Muztagh, gira hacia el sur, pronto encontramos el fondo del valle completamente asfixiado bajo enormes masas de detritos rocosos. El mismo cataclismo que bloqueó el valle del Murghab los había arrojado desde las laderas del espolón que flanquea el valle por el oeste. Se alzaban en salvaje confusión hasta sesenta metros o más por encima de lo que había sido la antaño cultivada llanura de Palez. Fue muy difícil avanzar tres kilómetros, y me alegré de corazón cuando al atardecer del 12 de agosto llegamos a los pocos caseríos dispersos de Pasor, ocupados por pastores tayikos y enclavados entre frondosos álamos y sauces.

Al día siguiente, una marcha por escarpados acantilados que sobresalían del río, por altas mesetas, nos llevó al lugar donde el Tanimaz se une a lo que había sido el lecho del Murghab, ahora prácticamente seco. Más arriba, en el pintoresco pueblo de Saunab, conocido como Tash Kurghan o «torre de piedra» por los kirguises, nos encontramos en el asentamiento más alto de esos montañeses de habla iraní, o ghalchas, que habitan la apartada zona alpina de Roshán. Eran hombres altos y fornidos, muchos de aspecto bastante europeo. Su pelo rubio, sus ojos azules o grises como el acero y sus pobladas barbas los distinguían a primera vista de sus vecinos nómadas kirguises. Estos montañeses de Roshán, junto con los de los valles de Waján y Xughnan, al sur, representan la raza alpina con notable pureza, como se encuentra también en algunas partes de Europa. Así que tuve mucho trabajo durante un día de parada recogiendo registros antropométricos y observando lo mucho que la reclusión alpina había permitido sobrevivir aquí en costumbres, arquitectura doméstica, sencillas tallas decorativas de madera y cosas por el estilo. También fue un placer volver a ver campos de trigo bien cultivados y arboledas de árboles frutales, los primeros que veíamos desde que abandonamos la campiña de Kashgar.

Aquí conseguimos un grupo de porteadores indispensables para seguir avanzando. La única ruta que nos quedaba antes de alcanzar el Pamir meridional era la de los desfiladeros por los que el Murghab, o Bartang, como los kirguises llaman al río superior, se había abierto paso. El paso de estas gargantas estrechas resultó excepcionalmente difícil debido a las consecuencias del gran terremoto de febrero de 1911. Los enormes deslizamientos de tierra que lo acompañaron habían obstruido completamente en muchos lugares el paso del río y destruido las vías que existían a lo largo o por encima de él. El gran río, que antaño rivalizaba en caudal con el río Panj y que en un tiempo fue considerado el principal tributario del Oxus, había dejado de fluir por completo. Hileras de profundos estanques alpinos, con colores de exquisita belleza, habían sustituido aquí y allá al río y contribuido a nuestras dificultades. En algunos puntos, los detritos seguían moviéndose por las laderas como lodo y no ofrecían ningún punto de apoyo.

En la segunda marcha trepamos hasta un empinado espolón flanqueado al norte por una alta cresta de roca destrozada que el desprendimiento había arrastrado desde el lado opuesto del valle. Al descender, divisé el estrecho lago en forma de fiordo que se había formado en lo que antes era la desembocadura del valle de Shedau por la misma enorme presa que había bloqueado el río Bartang. Tras luchar con muchas dificultades sobre los detritos de roca amontonados en la más salvaje confusión, nos abrimos camino más allá del extremo norte del lago Shedau y a lo largo del pie de aquella enorme presa.

Por fin llegamos al espolón que divide lo que era el valle del Shedau de lo que había sido el Pamir de Sarez. Al ascender por este espolón hacia el sudeste, se reveló toda la magnitud de aquel gran cataclismo. La caída de toda una montaña de la cordillera del norte había convertido el Pamir de Sarez, antaño zona de pasto favorita de los kirguises, en un hermoso lago alpino que, según un relato ruso, tenía ya en 1913 más de treinta kilómetros de largo y desde entonces se había ido extendiendo por el valle. Enormes masas de rocas y detritus habían sido empujadas por el ímpetu de los desprendimientos hacia el empinado espolón que flanquea la desembocadura del valle de Shedau. El gigantesco dique así formado parecía elevarse, incluso entonces, cuatro años después del gran deslizamiento, unos trescientos cincuenta metros por encima del nivel del nuevo lago. Una parte de las laderas más altas de la montaña, por encima de la presa, parecía todavía en movimiento, y las avalanchas de piedras que descendían por ella explicaban las nubes de polvo que se levantaban a lo lejos.

Al pie de este espolón encontré un pequeño grupo ruso al mando del profesor Preobrazhenski, que acababa de llegar de la ladera del Pamir de Alichur para realizar un reconocimiento de la gran presa. Los científicos rusos habían llegado en balsas de piel desde la extensión meridional del lago, a la que llegaron a través del paso de Langar, el mismo al que yo deseaba dirigirme. Me dieron una muy amable bienvenida, pero estaban seguros de que mi intención de pasar a lo largo de las escarpadas laderas por encima de esa ensenada resultaría impracticable. Sin embargo, como los valientes jefes de Roshán que nos acompañaban estaban dispuestos a hacer el intento, ascendimos por el espolón hasta una altitud de unos cinco mil metros y acampamos cerca de un pequeño manantial.

Cuando, a la mañana siguiente, una empinada bajada nos condujo a las deslumbrantes aguas verdes de la ensenada de Yerkh, me di cuenta de las dificultades que entrañaba seguir avanzando por las precipitadas laderas rocosas derribadas por el terremoto y a través de peligrosos desprendimientos de detritus, en muchos lugares aún susceptibles de moverse. Afortunadamente, todos nuestros hombres de Roshán eran excelentes escaladores, como corresponde a personas criadas en montañas como las suyas. También eran expertos en construir *rafaks*, o salientes de maleza y piedras, a lo largo de precipicios que de otro modo serían intransitables. Pasaron cinco horas antes de que hubiéramos cruzado la peor de aquellas traicioneras escarpas, aunque la distancia directa era de apenas dos kilómetros.

Después de llegar a la cabecera de la ensenada y ascender por el valle durante un par de kilómetros, encontramos una pequeña parcela de terreno llano donde, desde el terremoto, algunas familias procedentes de Roshán habían reanudado los cultivos. Incluso aquí, unos ciento cincuenta metros por encima del nivel del lago, se dejaba sentir la continua subida de las aguas de este. Después de un día de serena parada en este agradable lugar, remontamos el valle hacia el sur y, al acercarnos al paso de Langar, fuimos recibidos, con fortuna, por un transporte kirguís que el comandante del Puesto Pamirski había tenido la amabilidad de enviar para ayudarnos. Así, el 20 de agosto cruzamos el paso de Langar, casi llano, cubierto de taludes, a una altitud de unos cuatro mil quinientos metros, llegamos al extremo occidental del gran lago Yashilkul, donde contemplamos una hermosa vista de la cadena de Buruman, que separa el Pamir de Alichur de la cabeza del valle principal de Xughnan. Aquí habíamos vuelto a pisar una antigua ruta que atravesaba el «techo del mundo».

CAPÍTULO XX

Por la parte alta del Oxus

Después de todos los pasos y desfiladeros por los que nos había conducido nuestra ruta desde que dejamos el Alay, el viaje por delante parecía fácil a pesar de la altura del terreno por el que pasaba. Al remontar durante dos días el ancho valle del Pamir de Alichur, nos dimos cuenta de las ventajas que su llanura, que se extiende de este a oeste a lo largo de más de cien kilómetros, ofrecía desde tiempos remotos para acceder directamente al territorio montañoso de Xughnan desde el lado de la cuenca del Tarim. Tenemos pruebas directas del uso de esta ruta por los viajeros y tropas chinas cuyos movimientos a través del Pamir, hacia Xughnan y el Oxus medio, han llegado hasta nosotros.

Así, sabemos que cuando Gao Xianzhi, el general chino a cuya gran hazaña de cruzar el paso glaciar del Darkot ya me he referido en el capítulo tercero, hizo su famosa expedición en el 747 d. C. a través del Pamir para expulsar a los tibetanos del Oxus, condujo la columna principal de su fuerza por este camino hasta Xughnan. Lo hizo, obviamente, por el bien de los suministros que debían asegurarse allí desde el lado de Badajshán. Cuatro años más tarde, por esta ruta, Wukong, un humilde viajero chino, se dirigió al noroeste de la India. Allí vivió unos treinta años como monje budista. De regreso a casa, entre muchas dificultades y peligros, regresó a Kashgar una vez más a través de Xughnan, justo a tiempo antes de que el colapso final del dominio chino cerrara el paso a través de la cuenca del Tarim.

Cuando casi nueve siglos más tarde los chinos volvieron a establecer su poder sobre el Turquestán oriental, fue en el Pamir de Alichur donde una fuerza manchú alcanzó al último gobernante khoja de Kashgar y a sus súbditos en su huida hacia Xughnan y Badajshán, y los derrotó con una gran matanza. Tampoco Süme Tash, el punto donde se obtuvo esta victoria en 1759, se habría convertido de nuevo en 1892 en un escenario de derramamiento de sangre, si su posición en el extremo oriental del Yashilkul no hubiera sido señalada por los chinos, y luego por los afganos, como un lugar adecuado para vigilar la importante ruta a Xughnan que continúa a lo largo de la orilla norte del lago.

En el acantilado de Süme Tash, al que llegamos al final de un día de marcha a lo largo del sinuoso lago, se alza un pequeño santuario. Antaño albergaba una estela con la inscripción china que conmemoraba aquella victoria de 1759. La inscripción había sido retirada al Museo de Tashkent, después de que los cosacos del coronel Yonov, el 22 de junio de 1892, aniquilaran al pequeño destacamento afgano que resistió hasta el final en un puesto cercano. Pero la maciza base de granito de la estela seguía *in situ*, emblema de aquel poder chino que durante los últimos dos mil años se había hecho sentir una y otra vez, incluso más allá del monte Imaos.

Dos marchas por el ancho y herboso valle del Pamir de Alichur nos llevaron a Bash Gumbaz, el principal campamento de verano de los kirguises que pastorean en este Pamir. Luego, tras un día de parada, necesario para el trabajo antropométrico y la obtención de provisiones frescas, nos dirigimos hacia el sur para cruzar la alta cadena que divide el Alichur del Gran Pamir. El 26 de agosto la cruzamos por el paso de Bash Gumbaz, que, a pesar de su elevación de unos cinco mil metros, estaba limpio de nieve. A medida que descendíamos hacia la brillante extensión del lago Victoria, o Zorkol, donde nace el brazo del Gran Pamir del Oxus y se unen las fronteras de Rusia y Afganistán, se abría una gran vista panorámica hacia la cordillera coronada de glaciares que divide el Gran Pamir de la parte superior de Waján.

Desde mi juventud había deseado ver el Gran Pamir y su hermoso lago, del que el capitán John Wood, su descubridor moderno en 1838, ha dado una descripción tan gráfica. Este deseo aumentó consi-

derablemente cuando el conocimiento más profundo de la topografía
de la región del Pamir confirmó mi creencia de que los recuerdos de
aquellos grandes viajeros, Xuanzang y Marco Polo, estaban asociados con la ruta que pasaba junto al lago.

El 27 de agosto, día de descanso que pasamos en la soleada orilla
del lago, fue de lo más agradable, aunque el viento helado que soplaba a una altitud de casi cuatro mil metros, nos hizo sentir un frío
glacial, incluso cuando el sol brillaba en un cielo poco nítido. Por la
mañana el termómetro marcaba una temperatura mínima de −11 °C.
En la paz que reinaba, sin ningún signo de actividad humana, pasada o presente, era fácil perder la noción del tiempo y sentir como si
las emanaciones espirituales de aquellos viejos y queridos patrones
de mis viajes aún se aferraran a tan bello paisaje.

Mientras miraba a través de las profundas aguas azules del lago
hacia el este, donde éstas parecían desvanecerse en el horizonte, pensé que era digno de considerar la antigua creencia tradicional de que
el legendario lago central era el origen dónde nacían los cuatro mayores ríos de Asia. La narración de Xuanzang refleja esta creencia en
un curioso relato que narra los hechos observados por mí mismo. La
claridad, el sabor fresco y el color azul oscuro del lago son tal y como
él los describe. Lo que los kirguises nos contaron sobre sus orillas llenas de aves acuáticas en primavera y otoño, y sobre la abundancia de
sus huevos entre la fina maleza de la orilla, concuerda exactamente
con el relato del piadoso viajero. Tampoco puede sorprendernos que
la imaginación de los antiguos viajeros que pasaron por esta gran lámina de agua a tal altura, y tan lejos de la ocupación humana, le
atribuyera una gran profundidad y escondiera en ella «toda clase de
monstruos acuáticos» como los que se le contaron a Xuanzang.

El relato de Marco Polo sobre el «Pamier» deja igualmente claro
que su ruta le llevó más allá del gran lago. Su gráfica descripción es
tan precisa en sus detalles que no puedo renunciar a citarla
íntegramente:

> Y cuando dejas este pequeño territorio [Waján], y cabalgas tres
> días hacia el noreste, siempre entre montañas, llegas a una altura tal,

que se dice que es el lugar más alto del mundo. Y cuando se ha llegado a esta altura se encuentra un gran lago entre dos montañas, y de él un hermoso río que corre a través de una llanura vestida con los mejores pastos del mundo, de tal manera que una bestia magra engordará hasta saciarse en diez días. Hay un gran número de bestias salvajes; entre otras, ovejas salvajes de gran tamaño, cuyos cuernos miden seis palmos de largo. Con estos cuernos los pastores hacen grandes cuencos para comer, y los utilizan también para cerrar los rediles de su ganado por la noche. A monseñor Marco le contaron también que los lobos eran numerosos y mataban a muchas de esas ovejas salvajes. De ahí que se encontraran grandes cantidades de cuernos y huesos, que se amontonaban junto a los caminos para guiar a los viajeros cuando había nieve en el suelo.

La llanura se llama Pamier, y cabalgarás a través de ella durante doce días seguidos, sin encontrar nada más que un desierto sin viviendas ni nada verde, por lo que los viajeros se ven obligados a llevar consigo todo lo que necesiten. La región es tan elevada y fría que ni siquiera se ve volar ningún pájaro.

Desde que el capitán John Wood confirmó todos estos detalles, la narración de Marco Polo ha sido reconocida, en palabras de sir Henry Yule, como una de las «más espléndidas anticipaciones de la exploración moderna» del gran veneciano. Así pues, sólo es necesario añadir algunas observaciones.

La sensación de que este era el «lugar más alto del mundo» también me impresionó extrañamente. La excelencia de los pastos estaba atestiguada por los informes de grandes rebaños de ovejas que eran llevados anualmente al Gran Pamir desde el lado de Waján. En el momento de mi viaje pastaban en los valles laterales del norte. Las «ovejas salvajes» de Marco, las *Ovis poli*, justamente llamadas así por él, siguen teniendo sus parajes favoritos en las alturas sobre el lago. Encontramos un gran rebaño de ovejas cerca del paso de Bash Gumbaz, y en pequeñas zonas cubiertas de hierba, más abajo, encontramos numerosos cuernos y huesos de otras ovejas que, tras haber sido empujadas abajo a causa de la nieve invernal, habían caído víctimas de los lobos. Durante nuestra parada, el rifle de Afrazgul

Kan consiguió rápidamente una hermosa cabeza en uno de los valles laterales sobre el lago, que me sirvió de recuerdo. La zona es conocida por los cazadores de osos y panteras.

Mi estancia de un día junto al lago Victoria no pasó sin que una pieza de inteligencia arqueológica confirmara una vez más la exactitud de los registros históricos chinos. Al describir la expedición de Gao Xianzhi en el año 747 a través del Pamir, los anales Tang mencionan que concentró sus fuerzas en un punto de la parte superior del Oxus, correspondiente a la actual Sarhad, por tres rutas, desde el este, el oeste y el norte. Las dos primeras discurrirían, obviamente, a lo largo del río Panj, el brazo principal del Oxus. Pero sobre la ruta septentrional, que debía de discurrir por el lado del Gran Pamir, no pude obtener ninguna información de mapas o libros. Sin embargo, dos kirguises de mi grupo, que habían viajado mucho, me informaron sobre un antiguo camino que seguían los pastores tayikos de Waján y que atravesaba la cordillera alta al sur del lago Gran Pamir hasta Sarhad. A través de mis anteojos pude distinguir claramente la cabecera del valle, conocido como Shorjilja, al que conduce esta ruta. Aunque, desgraciadamente, el valle se hallaba en el lado afgano de la frontera, según lo determinado por la Comisión de Límites Anglo-Rusa, por lo que me fue imposible comprobar la información sobre el terreno.

Tras viajar a lo largo de la orilla derecha de la rama del Gran Pamir del Oxus, que forma el límite entre el territorio ruso y el afgano, llegué a la primera aldea de Waján en tres marchas, tal como dice la estimación de la ruta de Marco Polo. Allí, en Langar Kisht, cerca de la confluencia del río Pamir con el Panj, recibí una bienvenida muy amable del comandante del pequeño puesto que custodia la parte superior del Waján ruso. Incluso antes de llegar a él, mis ojos se alegraron al ver a lo lejos la muralla nevada del Hindukush, custodiada por picos que parecían agujas. Su línea divisoria marca la frontera con la India.

Lo cerca que se encuentran sus montañas aquí, en Waján, separadas del territorio ruso sólo por la estrecha franja de suelo afgano en la orilla izquierda del Panj, me fue recordado también de otras maneras. Así, cuando Sarbuland Kan, el *ming bashi* o jefe de los wajaníes del lado ruso del río, vino a saludarme en el camino, descubrí que había sido su hijo, establecido en el valle de Ashkumán, controlado por el agente político británico de Gilgit, quien había estado al mando del grupo que dos años antes me había ayudado a cruzar el difícil paso de Chillinji hacia Hunza.

Fue una gran satisfacción encontrarme en Waján. Por remoto que fuera este valle del brazo principal del Oxus, pobre en clima y ahora también en población y recursos, ha tenido importancia desde tiempos remotos como la vía más directa desde las fértiles regiones de la antigua Bactriana hasta la línea de los oasis a lo largo del borde meridional de la cuenca del Tarim y, por tanto, hacia China. En mayo de 1906 sólo había podido seguir el curso superior del río desde Sarhad hasta su nacimiento en los glaciares del Wajir. El acceso a la parte principal del Waján me estaba vedado a ambos lados del río. Ahora podía descender por el gran valle de forma menos apresurada y en la que probablemente era la más favorable de sus estaciones.

Después del sombrío Pamir, fue refrescante contemplar el aspecto verde que presentaba la parte cultivada de Waján durante la primera quincena de septiembre, a pesar de encontrarse a una elevación de dos mil quinientos a tres mil metros sobre el nivel del mar. Afortunadamente, me libré de los vientos fríos del este que durante la mayor parte del año hacen que viajar por Waján sea muy difícil. Las cosechas de trigo y avena acababan de madurar en las terrazas cuidadosamente regadas, y los pequeños huertos de los rincones más protegidos prometían una modesta cosecha de fruta. Incluso donde el terreno cultivado en el fondo del valle estaba interrumpido por empinadas estribaciones rocosas que descendían cerca del río o por extensiones de residuos arenosos a lo largo de su orilla, la vista podía descansar con alegría en los gloriosos paisajes que se abrían hacia el sur. Elevándose por encima de los estrechos valles laterales, y aparentemente muy cerca, se veían con magnífica audacia los picos cubiertos de hielo de la cordillera principal del Hindukush, que se elevaban a seis mil quinientos metros o más. Tenían el mismo aspecto que en el testimonio de Song Yun, un antiguo peregrino chino que pasó por aquí de camino al Indo, quien los había descrito como picos de jade.

El lugar ofrecía buenas oportunidades para el trabajo antropológico mediante mediciones y observaciones de la población wajaní. De estirpe antigua, esta ha conservado, además de su lengua irania oriental, también su raza alpina bien definida. El cabello y los ojos claros de los wajaníes ya habían impresionado al observador viajero jesuita Bento de Góis cuando pasó por Waján en 1602 en busca de «Cathay» y observó su parecido con los flamencos de Europa.

Pero lo que más llamó mi atención fueron las ruinas de antiguas fortalezas, algunas de ellas de considerable extensión y en parte notablemente bien conservadas, que se encontraban en las estribaciones de las colinas que dominaban el valle. Había razones de gran interés arqueológico en observar sus planos, la construcción y la decoración de sus murallas abaluartadas. La protección natural que ofrecían las paredes rocosas inescalables de los espolones y barrancos siempre se había utilizado con habilidad en estas defensas. No es éste el lugar para describirlas en detalle, ni es necesario que exponga las razones que, incluso en ausencia de pruebas arqueológicas directas como sólo las excavaciones podrían producir, me llevan a creer que varios de estos fortines se remontan a un periodo que corresponde aproximadamente a la dominación sasánida, o posiblemente incluso algo anterior. Su atribución local a los «kafires», es decir, a los infieles, confirma la creencia tradicional de que se remontan a épocas anteriores a la introducción del Islam.

Se puede tener una idea del trabajo que debió suponer la construcción de estas fortalezas por el hecho de que en una de ellas, conocida como Zamr-i-atish Parast —el «Zamr del adorador del fuego»—, posee sucesivas líneas de murallas, con numerosos bastiones y torreones sólidamente construidos con piedras toscas o grandes ladrillos secados al sol, que ascienden por las laderas de un espolón escarpado de más de trescientos metros de altura y tienen una circunferencia de más de seis kilómetros. La extensión y notable solidez de tales defensas, aun cuando su único propósito fuera el de servir de refugio temporal en tiempos de peligro, demuestran claramente que en el momento de su construcción, Waján debía de contar con una población y unos recursos muy superiores a los actuales. Según las cifras que me han proporcionado, la parte rusa de Waján cuenta con unas doscientas familias; aunque éstas suelen ser numerosas, no es probable que la población total de ese lado del río supere las tres mil almas. La necesidad de tales fortificaciones se explica por el hecho de que Waján, debido a la apertura del valle y a su posición en una gran línea de comunicación, debe haber estado siempre expuesta a las invasiones, y particularmente, como muestra la historia moderna, desde el oeste.

La sequedad del clima explica el notable estado de conservación de las ruinas wajaníes. No sé a qué se debe la longevidad que he observado entre sus habitantes. Un curioso ejemplo de ello me lo proporcionó el *pir* o líder espiritual de los ismailíes —una corriente mahometana— en Waján, a quien conocí ocupado en una visita de sanación por medio de la fe a un devoto enfermo. El anciano afirmó tener una edad que superaba con creces los cien años, y ciertamente lo parecía. Para mi sorpresa, me proporcionó datos exactos que demostraban que había sido el anfitrión del capitán Wood cuando en el invierno de 1838 éste se dirigió al Pamir. También tenía claros recuerdos del tiránico gobierno del sultán Murad de Badajshán, cuyas fechorías en esta región se mencionan a menudo en la clásica narración del capitán Wood.

Más abajo, en el valle, pasé a la pequeña extensión de Ishkashim, que, separada de Waján por una sucesión de desfiladeros rocosos, es nombrada como una jefatura distinta tanto por Xuanzang como por Marco Polo. Aquí tuve ocasión de contemplar los notables restos de una antigua fortaleza en ruinas conocida como el castillo de Khakha,[*] cerca de la bonita aldea de Namadgut. Sus macizos muros, construidos con ladrillos secados al sol y en algunos lugares con más de diez

---

[*] También conocido como la fortaleza de *Qah Qaha* o *Qaqa*.

metros de grosor, coronan la cima de dos colinas contiguas. Éstas se elevan precipitadamente sobre el profundo foso del río, que aquí es impracticable en cualquier época del año. La eminencia rocosa aislada de casi dos kilómetros de largo que encierran estas murallas está dominada en su extremo occidental por una ciudadela. También aquí la extensión de las fortificaciones indica una población y unos recursos muy superiores a los actuales.

Luego, un día de marcha me llevó a la pequeña base rusa de Nut, que está frente al asentamiento principal de Ishkashim en el lado afgano y también a la aproximación desde ese lado del Oxus al Dorah, el más fácil de los pasos hacia Chitral. Allí me recibió muy hospitalariamente su comandante, el capitán Tumanovich. Fue muy agradable encontrar en él a un oficial familiarizado tanto con el persa como con el turco. Tal conocimiento de las lenguas locales, inusual en aquella época entre los oficiales rusos de la provincia de Turquestán, me facilitó la conversación mucho más de lo que hubiera podido hacerlo con mi rudimentario ruso. Tampoco pude dejar de apreciar las maneras hogareñas de la casa de *madame* Tumanovich, que no escatimaba en agasajos con largas sesiones de té y cigarrillos, como parecía ser obligatorio en otros puestos de avanzada rusos. Una parada de dos días me brindó la grata oportunidad de tomar registros del idioma de Ishkashim, una de las lenguas iraníes orientales que se conservan entre las aisladas comunidades de montañeses del curso superior del Oxus, y de la que no se tenía constancia hasta entonces. Las muestras han sido publicadas por mi viejo amigo, sir George Grierson, una autoridad lingüística.

Desde Nut, donde el Oxus forma su gran curva hacia el norte, descendí por el río a través de esa porción muy confinada del valle que se conoce como Gharan. Hasta la reciente construcción de un camino de herradura bajo órdenes rusas, había sido el terreno de más difícil acceso tanto desde el norte como desde el sur. La escasísima población de Gharan dependía entonces de Badajshán, a cuyas fértiles extensiones se podía acceder a través de valles laterales que descendían de las mesetas hacia el oeste. Esto explica por qué Marco

Polo se refiere en su relato de Badajshán a «esos finos y valiosos rubíes de Balas», en realidad producto de Gharan. Por encima de la pequeña aldea de Sist pasé por los pozos en los que solían excavarse mediante trabajos forzados, que era monopolio de los *mirs*[*] de Badajshán.

Las marchas a través de Gharan, con constantes subidas y bajadas por una pista rocosa muy estrecha a lo largo de precipicios, habían sido bastante fatigosas. Así que me alegré bastante cuando el 12 de septiembre llegué a la desembocadura del valle abierto en el que el considerable río que une los arroyos de Xughnan lleva su agua al Oxus. A poca distancia por encima de la confluencia llegué a Khoruk, sede administrativa de la «División Pamir» rusa. Enclavado entre arboledas de nogales y otros árboles frutales que la altitud de unos dos mil metros permite que crezcan a buena altura, Khoruk es un lugar atractivo, y la muy amable y servicial acogida que me dispensó el coronel Yagello, que para entonces había regresado de su visita a Tashkent, hizo que mi estancia de dos días allí fuera muy agradable y provechosa. El amistoso interés mostrado por este consumado oficial en los objetivos de mi viaje, me hizo posible extender mi visita a Xughnan más allá de lo que había esperado originalmente. Con su eficaz ayuda facilitó también en gran medida mi posterior paso por los territorios de las colinas del norte, entonces bajo el dominio del emir de Bujará.

En Khoruk, la influencia civilizadora rusa se manifestó de diversas maneras, como la iluminación eléctrica del pequeño acantonamiento y una escuela rusa muy frecuentada. Mi breve estancia allí me permitió recoger información útil sobre el pasado de Xughnan y las costumbres actuales de su población. Los relatos chinos sobre el territorio contenidos en los anales Tang y los itinerarios de varios peregrinos budistas coinciden en atribuir a la población de los «cinco Shini», es decir, Xughnan —forma alternativa del nombre local—, un carácter feroz e intrépido. Xuanzang, que no visitó Xughnan en persona, oyó describirlos a su paso por Waján como

---

[*] Mir es un título de origen persa otorgado a gobernantes.

propensos a «asesinar a sangre fría y dados al robo y al saqueo». Este relato sobre los xughníes se ve plenamente corroborado por la reputación, tanto de valientes como de violentos, de la que aún gozan entre sus vecinos más mansos, tanto al sur como al oeste. Sus incursiones eran todavía un tema de vivo recuerdo entre la gente de Waján, y la actual ocupación de Sarikol, en el lado chino de la cabecera del Oxus por una población que habla una lengua, que difiere muy poco de la xughní, apoya la creencia tradicional en la conquista de Xughnan.

Las incursiones e invasiones habían pasado a la historia desde que el poder afgano, primero, y el ruso, después, se impusieron a lo largo de la parte alta del Oxus. Pero el instinto migratorio y el espíritu emprendedor que engendran la escasez de tierras cultivables y la falta de pastos adecuados en los estrechos valles siguen manifestándose. Así, descubrí que, empujados por la pobreza de su tierra natal, estos magníficos montañeses acudían anualmente en masa a Ferganá para trabajar temporalmente como peones agrícolas. Otros muchos solían buscar empleo como sirvientes en Kabul o en Samarcanda y otros lugares del norte. A veces resultaba divertido observar a los hombres que viajaban vestidos con batas viejas o extraños trajes militares, que evidentemente habían llegado desde los bazares de Peshawar a través de Kabul.

Desde Khoruk subí por Shakhdara, el más meridional de los dos valles principales de Xughnan, hasta donde su cabecera se acerca a las mesetas que comunican con el Pamir de Alichur. En numerosas partes pasamos junto a ruinas de fuertes y *chiusas* que guardaban puntos particularmente difíciles en estrechos desfiladeros, todo lo cual recordaba la inseguridad crónica que reinaba en los viejos tiempos. En algunas de estas ruinas, la maciza construcción parecía apoyar claramente las tradiciones que les atribuían un origen *kafir*, es decir, anterior a Mahoma. Lo mismo ocurría en el valle de Ghund, algo más amplio, que cruzamos por la ruta de Dozakhdara. Su nombre, que corresponde al Höllenthal, o valle del Infierno, tan común en los Alpes, proviene de las molestas laderas de restos rocosos de una antigua morrena que asfixia su cabecera durante kilómetros.

Tras descender por el valle de Ghund, desde donde se une el camino de carros rusos que une Puesto Pamirski y el Pamir de Alichur con Khoruk, obtuve algunas impresiones de la porción media de este gran valle del que había visto la cabecera apenas un mes antes, por encima de la desembocadura del Yashilkul. Los *aksakals*, o sabios varones, que servían de depositarios de la tradición local, me hablaron del control intermitente de los chinos y de las severas exacciones que Xughnan había sufrido por últimos *mirs* o jefes locales. Se dice que su práctica de vender mujeres y niños como esclavos para aumentar sus ingresos provocó una amplia emigración a los kanatos del norte. Esto explicaba el estado semidesértico de varias aldeas pintorescas que pasamos por el camino.

El posterior dominio afgano y, el régimen de Bujará que le había seguido durante un tiempo, habían sido casi igualmente opresivos. A pesar del control directo ruso bajo militares «políticos», como se dice en la India, aseguró una gran mejora, no había durado lo suficiente en el momento de mi viaje para reparar estos estragos. Difícilmente se podía prever entonces cuán pronto la revolución rusa y el ascenso soviético traerían nuevos problemas y sufrimientos a estos aislados valles alpinos de la región del Oxus.

CAPÍTULO XXI

De Roshán a Samarcanda

PARA llegar a Roshán, la zona montañosa que linda con Xughnan por el norte, habría sido más fácil descender por el valle del Ghund hasta el Oxus por debajo de Khoruk y luego, desde Kala Bar Panja, en la orilla opuesta, seguir la orilla derecha del río por el camino de herradura ruso recién construido hasta Kala Wamar, la capital de Roshán. Sin embargo, yo ansiaba por ver algo de la alta cordillera nevada que divide Xughnan de Roshán y la cuenca del río Bartang, al que había llegado por primera vez hacía más de un mes en Saunab. Preferí, pues, dirigirme a Roshán por el paso elevado que atraviesa la cordillera desde lo alto de la pequeña aldea de Shitam. Por ligero que fuera nuestro equipaje, resultó imposible llevarlo en ponis cargados más allá de un punto situado a unos cuatro mil metros sobre el nivel del mar.

En la ascensión realizada al día siguiente con hombres cargados, fue necesario avanzar alternativamente sobre un glaciar muy agrietado y escalar empinados acantilados de roca antes de que, tras diez kilómetros de tan penoso progreso, se alcanzara el estrecho arete de roca que forma el paso a una altitud de unos cinco mil metros. Las magníficas vistas que se abren desde esta altura fueron una recompensa digna de nuestro esfuerzo. Hacia el oeste y el noroeste se extendían las cabezas de finos glaciares, que se unían más abajo en una gran corriente de hielo que descendía hasta el valle de Raumedh. Hacia el suroeste, a través de la línea de cresta audazmente dentada de la cordillera, podía ver a lo lejos las cimas nevadas de las montañas que campan anhelantes hacia Badajshán. Esta región, hacia la que me había sentido atraído desde mi juventud, estaba destinada a permanecer cerrada para mí.

Un descenso algo más fácil sobre lechos de nieves y, luego a lo largo de la pared de hielo gris del glaciar, nos llevó después de unos diez kilómetros al morro de este último, y cerca de él al primer punto donde era posible acampar. Gracias a los arreglos hechos bajo las órdenes del coronel Yagello, encontramos aquí un pelotón de fornidos soldados de Roshán esperando para relevar a nuestros esforzados portadores de Xughnan. Un día más de marcha por el valle del Raumedh, a través de una sucesión de antiguas terrazas de morrena y de estrechos desfiladeros, nos permitió llegar al valle del Bartang, cerca de la aldea de Khaizhez.

Los dos días de viaje que nos llevaron hasta Kala Wamar bastaron para impresionarme con las excepcionales dificultades que ofrecen al tráfico las tortuosas gargantas en las que el río Bartang se ha abierto paso hasta el Oxus. Ahora comprendía por qué Roshán ha sido siempre el menos accesible de todos los valles que descienden del Pamir, y por qué ha conservado la mayor parte de su herencia primitiva en cuanto a la población y costumbres tradicionales.

La línea de avance discurría por desfiladeros estrechos y profundos, entre imponentes macizos montañosos salvajemente dentados por encima y sumamente escarpados a sus pies. Después de cruzar de Khaizhez a la orilla derecha del río, en una balsa de pieles de cabra, siguió una sucesión de subidas y bajadas por precipitadas paredes rocosas donde el camino conducía a lo largo de estrechos salientes o estaba representado sólo por puntos de apoyo de unos pocos centímetros de ancho. Me alegré bastante de poder evitar algunos de los peores tramos subiéndonos a una pequeña balsa de piel de cabra allí donde la ausencia de cataratas peligrosas permitía su uso. Guiada desde atrás por hábiles nadadores, nos permitió deslizarnos por el agitado río en un paisaje de impresionante naturaleza salvaje. Los picos nevados, audazmente dentados, se asomaban una y otra vez por encima de las altas paredes rocosas que, a medida que las rebasábamos, parecían cerrarse sobre nosotros como las fauces de un inframundo. Mientras tanto, el equipaje era transportado con seguridad por porteadores de pies seguros a través de escarpados precipicios; vistos desde el río, los hombres parecían grandes arañas.

Las aldeas enclavadas aquí y allá en las desembocaduras de los barrancos, y semiocultas entre finos árboles frutales, aliviaban en agradable contraste la uniformidad sombría de estos desfiladeros prohibitivos. Las viviendas de los lugares donde iniciamos nuestro viaje parecían desde fuera casuchas sin pretensiones. Pero en su interior, llenas de humo como estaban, se podían ver arreglos indicativos de ruda comodidad y obviamente derivados de la antigüedad. Así, la sala de estar, en su planta y en la disposición del techo de claraboya y de las plataformas para sentarse, mostraba invariablemente el mayor parecido con la arquitectura interior de las residencias excavadas en antiguos yacimientos del Taklamakán y de otras aún ocupadas en los valles del Hindukush, al sur. Este pequeño rincón de Asia, en su reclusión alpina, parecía no haber sido afectado por el paso del tiempo. Me sentí inclinado a preguntarme si podría haber presentado una imagen muy diferente a algún visitante bactriano o indoescita en los últimos siglos antes de Cristo.

La misma impresión me produjo el aspecto físico de los hombres que encontré por el camino y que posteriormente pude examinar antropométricamente en Kala Wamar. Eran hombres esbeltos, enjutos a causa del constante movimiento por caminos imposibles —por los que no podría pasar ni un caballo o una res—. Todos mostraban rasgos bien definidos, a menudo de regularidad casi clásica, generalmente ojos claros y cabello rubio. Entre los montañeses de habla iraní de los valles que recorrí en la región del Oxus, los habitantes de Roshán me parecieron haber conservado la raza alpina en su máxima pureza. Mi amigo, el señor T. C. Joyce, conservador del Departamento Antropológico del Museo Británico, después de efectuar un análisis pericial de las medidas y observaciones recogidas por mí, ha confirmado desde entonces esta impresión.

Antes de llegar a la confluencia del río Bartang con el Oxus, hubo que atravesar más desfiladeros donde la vía se aferra a paredes rocosas —casi verticales— mediante frágiles *rafaks* o escaleras de madera. Finalmente, un tramo de terreno bastante abierto dio acceso a Kala Wamar, la capital de Roshán. Allí pasé un día de delicioso descanso haciendo trabajos antropométricos en un agradable huerto adyacente al ruinoso castillo desde el que los *mirs* de Xughnan solían gobernar esta zona dependiente. También me permitió recuperar algunas piezas interesantes de antiguas tallas de madera que, con motivo de unas reformas previstas, habían sido retiradas de la casa del *ming bashi* y guardadas con la leña. Entre su ornamentación era fácil reconocer la pervivencia de motivos decorativos, como una flor estilizada en forma de clemátide, que me recordaron a los relieves grecobudistas de Gandhara y las tallas de madera de los yacimientos de Niya y Loulan.

El interior de la misma casa ofrecía una típica ilustración de la curiosamente elaborada disposición del vestíbulo que sirve de sala de estar para toda la gran familia en invierno. Cada uno de los pilares de madera que sostienen el techo tiene un nombre particular, y cada parte de la plataforma dividida por los pilares tiene un uso especial. Era divertido observar que un hueco elevado justo debajo del techo, que servía de lugar para dormir a los niños, estaba provisto de una especie de calefacción hipocáustica gracias a los terneros que se alojaban en un armario situado debajo.

Se dice que las mujeres de Roshán son famosas por su belleza y, en particular, por su tez clara. Tuve la oportunidad de comprobar esta reputación cuando, en compañía del jefe de la aldea, me crucé con tres generaciones de su familia reunidas en un grupo cerca de su casa. La esposa y la madre eran tan hermosas como las damas de Europa, y las dos niñas eran muy guapas. Para aumentar el atractivo de la tez de la mayor, según la moda local, su abuela se afanaba en ese momento en embadurnar sus sonrosadas mejillas con unas bayas silvestres destinadas a blanquear la piel.

El 27 de septiembre salí de Kala Wamar para dirigirme a Karategin, a través de los valles y cordilleras más orientales de lo que hasta 1877 había sido el principado de Darwaz, y que desde entonces había pasado a depender del emir de Bujará. Se acercaba la estación en que los pasos altos de la ruta que había planeado seguir podían quedar bloqueados por la nieve. Así que me vi obligado a viajar rápidamente. Esto me resultaba más fácil, ya que una parte considerable de esta zona alpina de Bujará había sido descrita anteriormente en publicaciones como *Duab of Turkestan*, del doctor Rickmers, accesible también a lectores no familiarizados con el ruso. Por esta razón mi relato de esta parte de mi viaje es sucinto.

La comunicación entre Roshán y Yazgulam, el valle contiguo por el norte, era antes prácticamente imposible a lo largo del Oxus debido a una sucesión de formidables desfiladeros. La reciente construcción de un camino de herradura ruso a lo largo de las paredes rocosas había cambiado la situación. Pero yo preferí seguir el viejo camino y crucé la cordillera que divide Roshán de Yazgulam por el paso de Adude. Alcancé el collado glaciar de la divisoria de aguas a una altitud de unos cuatro mil quinientos metros. El descenso nos condujo por zigzags a través de un glaciar muy agrietado y luego por una sucesión de viejas morrenas hasta un valle estrecho lleno en su fondo de matorrales de abedules y enebros. La noche nos sorprendió antes de llegar al pueblo de Matraún.

Los oficiales de Bujará que me recibieron allí a la mañana siguiente me aseguraron la ayuda que el coronel Yagello me había prestado en el Darwaz. Sus alegres trajes de seda y sus rostros morenos me hicieron darme cuenta de lo pronto que iba a dejar atrás las tierras alpinas del Alto Oxus. El pueblo de Yazgulam, estimado en unas ciento noventa familias, había disfrutado durante mucho tiempo de la ventaja de ocupar una especie de tierra de nadie entre las jefaturas de Darwaz y Xughnan-Roshán. Razón que les permitía aprovecharse imparcialmente, cuando se presentaba la ocasión, de sus vecinos de ambos lados. Aunque su lengua está estrechamente relacionada con la xughní, su relación más frecuente con Darwaz se reflejaba tanto en su aspecto físico como en el hecho de que, como todos los *ghalchas*, o montañeses del norte, se supone que son suníes. Sin duda, mientras duró el dominio fanático de Bujará sobre Xughnan y los demás valles situados más al sur, sus habitantes también tuvieron que profesar este credo mahometano ortodoxo, aunque todos ellos pertenecían a la secta herética ismailí, cuyo líder es el casi divinizado Aga Khan, tan conocido en Londres y París.

Después de pasar rápidamente por Yazgulam, me alegré de llegar a la desembocadura del gran valle de Wanj por el nuevo camino de herradura a lo largo de la orilla del Oxus. Como casi todo el camino está excavado en paredes rocosas perpendiculares, o bien atravesado por estrechos balcones construidos con audacia, comprendí fácilmente por qué el paso por estos sombríos desfiladeros era antes arriesgado incluso para los montañeses locales e imposible para el transporte de cargas. Después de esto, el carácter abierto y los abundantes cultivos del valle del Wanj supusieron un cambio agradable. El 1 de octubre, una larga marcha valle arriba, pero fácil, demostró que el clima era más húmedo. En las laderas más bajas se veían campos cultivados en terrazas sin irrigación y sobre ellas abundantes árboles. Grandes huertos alrededor de los pueblos e hileras de árboles entre los campos daban un aspecto de parque al fondo del valle.

En consonancia con la alteración del paisaje, se produjo un cambio en el aspecto y las costumbres de la población. Como todos los tayikos de las colinas de Bujará, sólo hablaban persa. Aunque su antigua lengua iraní oriental ha sido abandonada, probablemente representan la raza iraní autóctona de la antigua Sogdiana con mayor pureza que los sartos de las llanuras. Las grandes granjas encaladas con sus tejados planos también reflejaban el cambio de las condiciones climáticas y de vida.

Pesadas nubes se habían cernido sobre las montañas aquel día y habían ocultado a la vista los grandes picos cubiertos de hielo entre las cabeceras del Seldara y el Tanimaz, que yo había visto desde el otro lado, en mi camino hacia el sur desde el Alay. Al día siguiente llovió y nevó mucho sobre las montañas, lo que me obligó a detenerme en el pueblo de Sitargh. El paso que llevaba su nombre debía llevarnos a Khingab, la cabecera de la gran zona montañosa conocida como Wakhia Bala. Los jefes locales temían los riesgos de intentar el paso en esas condiciones, pero fueron lo bastante inteligentes como para aceptar una declaración por escrito en la que se comprometían a no hacerse responsables si algo salía mal. Afortunadamente, el cielo se despejó a tiempo para permitirnos emprender la marcha hacia el paso mucho antes del amanecer.

La subida era empinada, aunque fácil al principio, por laderas cubiertas de vegetación alpina. Luego nos condujo por grandes morrenas cubiertas de nieve, más allá de un glaciar escarpado, hasta que después de siete horas desde el comienzo se alcanzó la estrecha cresta que formaba el paso a una altitud de unos cuatro mil quinientos metros. La vista desde el paso se limitaba a la cabeza del gran glaciar por el que se desciende. Sin embargo, tras haber hecho nuestro camino sobre el glaciar durante unos tres kilómetros, zigzagueando entre muchas grietas largas, un panorama magnífico se abrió sobre la corriente enorme del hielo y los glaciares laterales de gran tamaño que se unen dentro de la cordillera, al sur. No fue hasta después de una marcha total de unos dieciséis kilómetros desde el paso, a través de laderas de morrenas laterales, que se alcanzó el morro, de unos cuarenta y cinco metros de altura, del arroyo helado. Cinco kilómetros más abajo, nos alegramos de encontrar un lugar para acampar durante la noche en una pequeña meseta cubierta de hierba.

El 4 de octubre una marcha fácil nos llevó a Pashmghar, el pueblo más alto de Khingab. Pasamos el primer cultivo a una elevación de unos tres mil metros y vestigios de campos abandonados ya cinco kilómetros más arriba. Sabía que el considerable arroyo de Garmo que teníamos que vadear estaba alimentado por los glaciares que revestían la cara occidental del gran macizo de Muztagh, que tanto me había impresionado al acercarme a él a principios de agosto desde el norte. Ahora no había tiempo para divisarlo. En lugar de eso, tenía que descender el valle principal de Wakhia Bala en dos marchas para acceder a Karategin a tiempo, antes de que una nevada temprana pudiera bloquear el último paso alto que quedaba por cruzar.

Estas marchas nos condujeron a través de una sucesión de pintorescas aldeas enclavadas entre huertos y árboles. No obstante, los efectos de la mala administración llevada a cabo desde Bujará se manifestaban claramente en la gran cantidad de buenas tierras que quedaban sin cultivar y también en otros signos. Las magníficas túnicas de seda, que solían combinar todos los colores del arcoíris, con las que desfilaban para recibirme los jefes, incluso de los lugares más pequeños, apenas podían engañar como signo de prosperidad. Pronto supe que la presentación de estas *khiliats* era un método tradicional de extorsión que partía de la corte del Emir. Desde Bujará, se enviaba a los favoritos del soberano, o a otros funcionarios cuyos sueldos estaban atrasados, a llevar estas túnicas de honor a los gobernadores de las provincias como muestra de la especial satisfacción del soberano. Las costumbres exigían que la persona que las traía en nombre del emir fuera recompensada en plata por el destinatario. A continuación, el gobernador se reembolsaba a sí mismo, pasando estos preciosos regalos a través de sus subordinados no remunerados a los *amlakdars* o jefes de subdivisiones, y así sucesivamente, hasta que al final todo este despliegue de grandes favores había servido para timar a los jefes locales y, mediante estos, a los agricultores. Con unos métodos de administración fiscal y de justicia completamente medievales, uno apenas podía sorprenderse de la indiferencia con la que los súbditos del emir vieron desaparecer el régimen de Bujará tras la revolución rusa. No podían prever qué desgracias peores les esperaban tras la «liberación» cometida por los agentes soviéticos.

Las fuertes lluvias me obligaron a detenerme el 6 de octubre en Lajirkh, cerca del destartalado cuartel general del *amlakdar* de Wakhia Bala. Pero afortunadamente el tiempo volvió a despejarse y, a pesar de la nieve fresca en las montañas, nos permitió, en el transcurso de los dos días siguientes, atravesar primero el paso de Girdan i kaftar, o el «cuello de la paloma», y luego la elevada meseta de Tupchak, de carácter parecido al Pamir. El doctor Rickmers, que hizo de Tupchak su base para prolongadas exploraciones alpinas, ha descrito la imponente serie de altas cumbres y finos glaciares que la bordean por el sur.

Cuando pasé de la meseta a través de la gran cordillera que se extiende a lo largo de todo el valle del Surkhab y bordea Karategin por el sur, disfruté de una magnífica vista panorámica. Se extendía desde la cordillera nevada de Pedro el Grande, al oeste, pasando por la gran cadena de Cis-Alay, hasta la muralla de hielo formada a lo lejos, al este, por los picos del Muztagh, que yo había divisado por primera vez desde el paso de Tarsagar. De este modo, tras dos meses de instructivo vagabundeo por el Pamir y los altos valles de la parte alta del Oxus, había regresado al valle de los Komedoi y a la línea del antiguo comercio de la seda que deseaba seguir desde el Alay.

Al descender por valle abierto sobre las fértiles laderas donde la lluvia y la nieve permiten el cultivo sin irrigación, me di cuenta de que la cosecha se estaba llevando a cabo desde unos dos mil metros de altitud. Tomado en relación con el hecho de que en Waján los cultivos en elevaciones más de seiscientos metros habían sido cortados un mes antes, esto ilustraba el efecto de condiciones climáticas mucho más húmedas. En Karategin volví a encontrarme con gente de habla turca, de origen kirguís, asentados en cómodas aldeas. Pero hay buenas razones para creer que la fertilidad de la tierra, combinada con el fácil acceso a ricos pastos, debió de atraer allí a invasores de raza turca mucho antes de que la última oleada migratoria trajera a estos kirguises.

Esta temprana ocupación turca de Karategin queda demostrada por su denominación actual y los nombres locales predominantes, que son turki. Por lo tanto, era de especial interés observar cómo los colonos kirguises, que sin duda habían ganado este deseable territorio por conquista, al igual que sus predecesores de origen turco, ahora estaban siendo lentamente expulsados de nuevo de este territorio por el reflujo constante de los tayikos de Darwaz y de las extensiones al oeste. Los kirguises de Karategin, que invariablemente siguen observando su acostumbrada migración seminómada a las zonas de pastoreo estival, son evidentemente incapaces de extraer tanto producto de su tierra como sus laboriosos aunque más mansos vecinos.

El proceso aquí observado facilita la comprensión de cómo la población iraní original de la antigua Sogdiana ha conseguido, también en las llanuras de las actuales Samarcanda y Bujará, recuperar una parte predominante de la tierra que le había sido arrebatada una y otra vez por los invasores nómadas. Los matrimonios mixtos de kirguises con mujeres tayikas, de los que me enteré a mi paso por Karategin, ilustran otro potente proceso por el que la antigua población iraní ha transformado gradualmente el carácter racial de sus conquistadores turcos, cuando no absorbido por completo.

En el cuartel general del *mir* que administra Karategin, en Gharm, pasé un agradable día el 11 de octubre acampado en el gran jardín de ese hospitalario dignatario. Me proporcionó interesantes destellos del pintoresco estilo medieval de pompa y circunstancia oficial que aún sobrevivía en estos tranquilos remansos del Turquestán occidental. Desde allí, dos agradables marchas me llevaron hasta el punto en que el valle del Surkhab, girando hacia el sur, se contrae enormemente y deja de ser practicable para el comercio durante una distancia considerable. Allí, cerca del pueblo de Ab-i-garm, llamado así por sus aguas termales, nuestra ruta se desvió hacia el oeste. Era sin duda la misma que habían seguido aquellos antiguos comerciantes de seda hasta Bactra.

Allí dejé atrás el último de los valles que descienden de la región del Pamir y me adentré en las llanuras del valle abierto del antiguo cacicazgo independiente de Hissar, drenado por dos afluentes del Oxus, los ríos Surkhan y Kofirnihan. Parecía difícil renunciar a una visita al sur del Oxus, por donde pasa más cerca de Balj, la antigua Bactra. Pero en cuanto al tiempo necesario para llegar a Sistán, mi lejana meta persa, donde debía continuar el trabajo de invierno, me obligaba a buscar el ferrocarril transcaspio en Samarcanda por la ruta más cercana y lo más rápidamente posible. Así que mi viaje a través de estas partes relativamente bien conocidas del territorio de las colinas de Bujará se hizo en nueve marchas rápidas que cubrieron en total unos cuatrocientos treinta kilómetros.

La fértil región a través de la cual me llevaron las cuatro primeras marchas debió de ofrecer un atractivo especial a los invasores nómadas de Sogdiana. En el camino de Ab-i-garm a Faizabad atravesamos espléndidas tierras de pastoreo. Todas ellas están en manos, como las de los valles del norte, de los terratenientes uzbekos de Hissar, que se trasladan allí durante el verano con sus rebaños de ovejas y grandes manadas de vacas y caballos. En las amplias extensiones de llanura fértil que bordeamos en los tres días siguientes a lo largo de su borde septentrional, pasando por Dusambé, Kara Tagh y Regar, las tierras más productivas susceptibles de irrigación seguían en manos de los uzbekos. Pero la mano de obra la proporcionan en gran parte los tayikos, y gran parte de la tierra también parece estar pasando lentamente a sus manos, ya sea como arrendatarios o como propietarios.

El conservadurismo con el que la conquistadora raza turca aún se aferra a las costumbres seminómadas quedó bien ilustrado por las cabañas portátiles, de juncos y cubiertas de fieltro, que encontramos instaladas en los patios de muchas aldeas uzbekas. Habían sido traídas de las zonas de pastoreo de verano, y los propietarios seguían prefiriendo utilizarlas como alojamiento en lugar de las chozas de barro construidas a su alrededor. A pesar de las exacciones practicadas por los funcionarios corruptos de Bujará, todo lo que vi de esta zona favorecida por el suelo y el clima sugería un buen grado de comodidad rural y un floreciente comercio agrícola. Poco podía prever toda la miseria que, en pocos años, un inútil levantamiento mahometano contra el régimen revolucionario ruso y su despiadada represión por las fuerzas soviéticas iban a traer a esta pacífica región.

La ruta habitual y más fácil desde el tramo de Hissar me habría llevado hacia el suroeste, a la antigua carretera que pasa de Termez, en el Oxus, a través de las colinas más bajas y más allá de la llamada «puerta de hierro» hacia Samarcanda y Bujará, los epicentros de la antigua Sogdiana a lo largo de la historia. Pero para acortar el viaje y ver algo de las montañas que separan Hissar de las áridas estepas de Bujará, elegí el camino que llevaba hacia el noroeste, pasando por Tash Kurghan, hasta Shahrisabz. Primero atravesamos estrechos desfiladeros en forma de cañón y luego subimos por pintorescas laderas cubiertas de bosques hasta el paso de Karkhush, ya nevado. Más adelante, descendimos por mesetas abruptas, con ricos pastos muy frecuentados por los nómadas uzbekos, hasta el amplio y abundante valle irrigado que se abre hacia Karchi. Allí llegué a la gran ciudad de Shahrisabz el 20 de octubre, y al día siguiente un largo y polvoriento viaje en una traqueteante taranta rusa me llevó a través del paso de Takhta Karacha y el amplio valle de Zeravshán hasta Samarcanda.

En esta gran y bulliciosa ciudad sentí que mi largo viaje por las antiguas vías centroasiáticas había llegado a su fin. Había que visitar los enormes montículos de escombros de Afrasiab, al este de la ciudad actual, que marcaban el emplazamiento de la antigua capital de Sogdiana, llamada *Maracanda* por los historiadores de Alejandro Magno, y bien conocida por los registros chinos. Más cerca aún estaban los nobles monumentos con los que el emperador Timur había adornado este centro de la grandeza mogola medieval. Pero la parte rusa de Samarcanda parecía haber crecido mucho desde mi primera visita quince años antes y daba el aspecto, aún más que antes, de una ciudad de Europa oriental.

Había muchas cosas en las calles de la ciudad rusa que recordaban el triste hecho de la gran lucha que sacudió los cimientos de la Europa moderna. También había signos que presagiaban ominosamente la agitación que amenazaba al imperio de los últimos invasores de Asia central. Y aquí, en este antiguo escenario histórico, este relato de mis andanzas por Asia central llega ahora a su fin.

FIN

PANORÁMICA DESDE EL LADO SURESTE DEL LAGO VICTORIA, GRAN PAMIR

DESPRENDIMIENTO CAUSADO POR UN TERREMOTO SOBRE EL VALLE DE BARTANG,
MOSTRANDO EL EXTREMO OCCIDENTAL DEL RECIÉN FORMADO LAGO SAREZ

PICOS DEL HINDUKUSH VISTOS DESDE EL RÍO PANJ

TORRE EN EL EXTREMO NORTE DE LA CIUDADELA DE ZAMR-I-ATISH PARAST

MURALLAS Y TORRES EN LA CARA NOROESTE DEL CASTILLO DE KHAKA

DESCENSO EN BALSA DE PIEL POR LAS GARGANTAS DEL RÍO BARTANG, ROSHÁN

GLACIAR VISTO DESDE EL ESTE EN EL DESCENSO DEL PUERTO DE GIRDAN I KAFTAR

ANTIGUA TALLA DE MADERA A LA ENTRADA DE LA CASA DE UN MING BASHI, KALA WAMAR

www.ingramcontent.com/pod-product-compliance
Lightning Source LLC
Chambersburg PA
CBHW051707160426
43209CB00004B/1053